베스트셀러 집필교사가 직접 경험한
슬기로운 AI 학급 경영 실전 지침서

교사주도 AI 활용
특수교사 학급경영

한경화, 김동인, 정명철, 이현희, 이선아, 김미연 지음

최신교육과정

2022개정
교육과정 기반
교사 교육과정

현장 노하우

학교(학급)
개별화교육
학급경영 노하우

수업설계

생성형 AI활용
다학년 다수준
수업설계

교육과학사

"우리 교실의 주인공은 학생과 교사이다.
결코 AI가 이를 대신할 수 없다!
단지, 우리는 AI를 활용할 뿐이다"

프롤로그

특수교사의 하루는 늘 분주합니다. 아침 등교 지도를 시작으로 학생의 특성을 파악하고 수업을 구성하며, 개별화교육계획을 작성하고, 보호자와의 상담까지 이어지는 과정은 생각보다 훨씬 복합적입니다. 그 안에는 수업과 생활지도, 중재와 지원, 행정과 기록까지 수많은 역할이 얽혀 있습니다. 교사의 실천은 단순한 '수업 전달' 그 이상이며, 학생의 성장과 안전, 그리고 교실 전체의 리듬을 함께 만들어가는 정교한 운영이자 조정입니다. 하지만 그 모든 일을 수행해야 하는 특수교사는 때로, 너무 혼자입니다. 특히 특수학급 교사들은 소속은 일반학교지만 어디에 기대고 무엇을 기준 삼아야 할지 불명확한 채, 혼자 판단하고 결정하며 학급을 운영해야 하는 경우가 많습니다. 이런 환경 속에서 교사들이 반복적으로 느끼는 것은, 나의 수업과 학생의 성장을 함께 고민해 줄 체계와 지원이 부족하다는 점입니다.

이 책은 바로 이러한 교사들의 현실에서 출발합니다.

특수교육에서의 '학급경영'은 곧 교육 실천의 중심입니다. 수업, 생활지도, 학생 이해, 행동 중재, 개별화교육계획, 통합학급과의 연계, 보호자와의 소통 등 모든 교육적 실천은 학급이라는 공간 안에서 일어나며, 그 모든 것이 교사의 손을 통해 설계되고 조율됩니다. 그러므로 학급경영은 곧 교사의 전문성 그 자체이며, 특수교육을 가장 직접적으로 실현해 내는 공간입니다.

최근 교육 현장에는 AI라는 새로운 도구가 등장하며, 교사들에게 또 다른 변화의 파도를 일으키고 있습니다. 하지만 기술은 늘 교사를 중심으로 할 때 비로소 힘을 발휘합니다. 이 책은 바로 그런 관점에서 기획되었습니다. AI는 어디까지나 교사의 손을 거쳐야 의미 있고, 교실 안에서 교사의 교육 철학과 실천을 더 정교하게 도와주는 보조 도구로 쓰일 때 진정한 가치를 가집니다.

이 책은 크게 세 개의 흐름으로 구성되어 있습니다. 첫 번째는 교사의 전문성과 학급경영의 기초를 다지는 실천 중심의 접근, 두 번째는 개별화교육계획과 교육과정 운영에서의 AI 활용, 마지막은 초・중등 특수학급과 특수학교에서의 실천 적용과 운영 사례입니다.

1장은 학급의 주인이자 설계자인 교사를 중심으로 시작합니다. '교실의 중심은 교사다'라는 선언은 단지 상징적인 말이 아닙니다. 학급을 이끌어가는 교사야말로 모든 관계와 구조의 핵심입니다. 교사로서 어떤 관점과 철학을 갖고 학급을 바라볼 것인가, 그리고 어떻게 관계를 설계하고 운영할 것인가를 중심으로 리더십의 실제를 풀어냅니다. 처음 학급을 맡은 교사도 쉽게 따라 할 수 있도록 학급경영의 시작점, 역할 인식, 학생 중심 운영 원칙 등을 구체적으로 안내합니다.

2장에서는 개별화교육계획(IEP)을 중심으로, 교사가 주도적으로 계획을 수립하는 구조를 제안합니다. IEP는 특수교육의 핵심 도구이며, AI는 그 과정을 보조할 수 있습니다. 이 장은 개별화교육의 개념부터 유형, 성취기준과의 연계, 수립 절차까지 체계적으로 설명하며, AI가 어떻게 목표 진술, 평가 기준 작성, 데이터 분석을 도울 수 있는지 실질적인 방법을 제공합니다. 특히 교과 중심과 생활 지원 중심 IEP 모두를 다루며, 교사가 실제 적용 가능한 사례를 중심으로 구성하였습니다.

3장은 교육과정과 AI의 연계를 다룹니다. 교육과정은 교사의 수업을 지탱하는 뼈대이자, 학급경영의 방향을 정하는 나침반입니다. 이 장은 특수교육에서의 교육과정 운영 원리, 그리고 특수학교와 특수학급 각각에서의 실행 방안을 분리하여 다루며, AI를 활용해 교육과정을 해석하고 적용하는

실제 방법까지 안내합니다.

4장은 학급 운영의 필수 요소들을 하나하나 짚어주는 장입니다. 생활지도, 교육법, 생활기록부 작성, 성적 평가와 같은 행정 실무부터, 통합학급과의 연계 운영 전략까지 담고 있어, 교사들이 실질적인 학급 운영에서 놓치기 쉬운 부분들을 정리할 수 있도록 돕습니다.

5장은 다시 교사에게 시선을 돌립니다. AI는 도구일 뿐, 핵심은 교사의 교육 철학과 개입이라는 메시지를 중심에 둡니다. 이 장에서는 교사의 판단과 조정이 없을 때 AI는 효과를 내지 못한다는 점을 강조합니다. 변화하는 교육 환경 속에서도 교사는 여전히 중심임을 분명히 하고, AI와 교사의 건강한 관계 설정을 안내합니다.

6장부터는 본격적으로 실천 중심의 특수학급 운영 사례로 들어갑니다. 초등 특수학급을 운영하는 교사를 위한 이 장은, 운영 계획 수립, 개별 학생 파악, IEP 수립, 시간표 구성, 교수학습 설계까지 흐름대로 설명되어 있어, 교사가 그대로 따라 할 수 있도록 구성되어 있습니다. 특히 'AI 활용 TIP' 코너를 통해, 교사가 실제로 AI를 활용해 부담을 줄일 수 있는 지점만 골라서 제시하였습니다.

7장은 중등 특수학급의 운영에 초점을 맞추어, 교과 중심 수업과 진로·자립 지원을 위한 전략을 제시합니다. 시간표 구성, 주제 중심 수업, 개별화교육계획, AI 활용 인문학 수업, 맞춤형 평가까지 단계적으로 담았습니다. 특히 중학생의 행동 지도, 자존감 형성, 통합학급 적응 등 실제 현장의 고민을 함께 다루며, 교과와 생활을 아우르는 실천 중심의 학급 운영 방안을 소개합니다.

8장은 특수학교를 운영하는 관점에서 학급경영을 다시 정리합니다. 이 장에서는 보다 다양한 장애 특성과 수준을 가진 학생들을 지도해야 하는 특수학교 교사들이 고려해야 할 행동 중재, 교사 교육과정 적용 전략, IEP 수립, 교수학습 설계 방식을 안내합니다. 또한, AI가 어떤 실질적 도움을 줄 수 있는지도 함께 담았습니다.

이 책은 단지 'AI를 소개하는 책'이 아닙니다. 또한 '학급경영을 정리하는 기술서'도 아닙니다. 이 책은 특수교사가 중심이 되는 학급 운영 실천서입니다. 그리고 AI는 교사의 실천을 돕는 유용한 도구로서, 적절한 시점에 교사의 손길을 지원하는 보조자 역할을 하게 됩니다. 특수학급과 특수학교의 교사로서 교육 현장을 지키고 있는 여러분이, 더 이상 모든 일을 혼자 짊어지지 않아도 되도록, 이 책은 구체적이고 실행 가능한 안내서로 구성되었습니다. 이 책을 따라가다 보면, 어느 순간 교사 스스로가 학급경영의 구조를 세우고, 교육과정과 수업을 주도하며, AI를 자기 방식으로 유연하게 활용할 수 있는 힘을 얻게 될 것입니다.

이 책이 여러분의 교실에 따뜻한 힘이 되기를 바랍니다. 혼자 고민하던 시간들이 하나하나 연결되어, 여러분의 교실이 더욱 정돈되고 따뜻해지기를 응원합니다. 무엇보다, 교사 스스로가 자신의 교실을 설계하고 변화시킬 수 있다는 신념을 되찾게 되기를 진심으로 바랍니다.

2025년 6월

공동저자 일동

차 례

PART 3 교사가 만드는 학급경영 「AI는 도구일 뿐」

Part 1

교사의 로드맵

학급경영의 기본 다지기

1

교실의 중심은 교사다! 특수교사의 리더십

STEP 1. 학급경영, 어디서부터 시작할까?

"새 학년, 첫 시작, 첫인상은 참 중요하다는 생각이 듭니다. 학생과 학부모님과의 첫 만남을 어떻게 준비해야 할지 막연하고 걱정이 됩니다."

리더는 공동체에 비전을 제시하고 약속을 합니다.

학급경영은 학생, 학부모까지 포함하는 공동체 안에서 그 약속을 나누는 것으로 시작해야 합니다. 1년의 약속이 정해지는 날이기도 하니 첫 만남에서는 더욱 잘못된 정보를 전하거나 실패할 미션을 약속하는 선무당이 되지 말아야 합니다.

최근에는 AI의 도움으로 조금만 더 공들이면 내 전문성을 더 잘 보여줄 수 있습니다. 누구라도 첫 만남에서 신뢰와 진정성을 주면 이후의 시간이 서로 편안해지는 법입니다. 그 점을 기억하고 첫 만남을 준비하며, 교사는 필요한 정보와 태도를 우선순위대로 준비하는 시간이 필요합니다.

학교마다 새 학기를 시작하는 기간은 다르지만 대체로 2월 중반부터 3월 초까지 만나게 되는 수많은 과제들이 있습니다.

교육과정 수립, 수업 계획, 장애 원인과 특성 파악, 긍정적 행동 지원, 학부모 상담 등 연초에 교사로서 우리가 해내고, 알아야 할 전문 정보를 세다 보면 열 손가락이 모자랍니다. 하지만, 우선순위대로 차근차근 잘 챙기면 됩니다.

책을 집필할 때 목차가 제일 우선되는 것과 같으니 내 기준에서 학급경영의 요소를 나누고 포인트로 삼을 주제를 줄 세워보도록 합니다.

상담을 위해 계획하는 우선순위는 크게 4가지입니다.

1. 학부모 상담 준비(요구 수준과 가능 수준의 조율 등)
2. 장애 원인과 특성 파악 및 정보 안내
3. 긍정적 행동 지원 계획 - 가정과의 공조 사항 명시화
4. 수업 지도 계획 수립

3월이 시작되기 전, 1년 수업의 흐름이 되는 교사 교육과정, 수업의 스타일, 학생의 장애 원인과 개별 특성 파악, 긍정적 행동 지원 계획, 학부모 상담에 대한 생각을 머릿속에서 미리 정리하고, 가능하다면 이전 학년도 담임의 도움을 받아 조사해 두면 많은 도움이 됩니다.

무엇보다 중요한 것은 담임교사로서 자신이 어떤 역할을 해야 하는지에 대한 분명한 입장과 확신입니다.

우리의 하루는 24시간입니다.

저자는 학부모님에게 '24시간'이라는 주제로 상담을 이어가는 것을 잊지 않습니다.

교사는 최선을 다해 8시간을 학생과 함께하지만, 나머지 16시간은 가족들과 함께하게 됩니다. 예를 들어, 식습관 조절을 요청하시는 학부모님께는 "학교에서 1끼를 먹고 집에서 2끼를 먹는데, 다이어트의 포인트는 어디에 있을까요?" 하고 위트 있게 반문해 보는 거죠.

교사가 주도하는 상담의 포인트는 바로 그 점입니다. 학부모님이 자녀와 함께하는 16시간의 조력이 약속된다면 더 드라마틱한 결과를 기대할 수 있다는 것에 합리적인 이해를 하시도록 돕고 앞으로 있을 여러 중재에 대한 가정의 협조에 동의를 구합니다. 교사는 마법사가 아님을 인지시키고 학생과 동행하는 8시간에 대한 정확한 교육계획과 근거를 공감하도록 만드는 것이 중요합니다.

- 담임교사로서의 자신의 입장에 대한 확신
- 학부모에게 24시간 중에 서로의 역할과 협조 약속하기

STEP 2. 특수교사의 역할과 리더십

"가끔 주객이 전도되는 마음이 들 때가 있어요,
학부모님이 저를 무시하는 것 같은 생각이 들기도 하고요.
그런데 옆 반 선생님에게는 참 깍듯하단 말이죠."

전문가니까 인정할 수밖에 없는 것입니다.

TV 프로그램 '냉장고를 부탁해'를 보다 보면 수많은 셰프들이 왜 대단한가 하는 생각을 종종 하게 됩니다. 15분 남짓한 시간 동안 근사한 요리를 뚝딱 만들어 내는 그들이 사용하는 재료는 결국 스튜디오로 실려 온 나의 냉장고 안에 있던 것들인데 내가 해내지 못했던 요리들을 맛있고 의미 있게 만들어 내니 냉장고의 주인인 게스트의 입장에서는 손바닥을 치며 감탄하게 됩니다.

냉장고의 주인들은 자신의 요리 방식이나 생활방식에 대해 최선을 다해왔지만, 해결하지 못했던 요리 과제들을 거부할 수 없는 조합과 즉석에서 뚝딱 콜라보하며 해결책을 내놓는 순발력에 고개를 끄덕이며 감탄할 수밖에 없는 것입니다.

우리 학부모들도 그렇습니다. 모든 것을 내려놓고 나와 마주한 학부모의 입장에서 잠시 생각해 보는 것도 좋습니다. 우리의 학생, 즉 양육하는 자녀가 특수교육 서비스의 수요자이긴 하지만 그런 자녀와 함께 다닌 특수학교나 학급의 시간 또한 특수교육경력으로 생각할 수 있습니다.

"서당 개 삼 년이면 풍월을 읊는다."라는 속담이 있죠?

예를 들어, 특수교육 대상 학생으로 중학교 2학년의 학부모가 되었다면 벌

써 특수교육 8년차로 담임교사가 하는 연초의 학급경영 이야기를 8번 듣고 공개수업을 16회째 참관하는 입장이 될 수 있습니다. 알림장이나 상담, 학부모회 등으로 특수교육의 진지한 이야기를 다양한 소통경로를 통해 고민해 왔을 것이고 더하여, 교육정책과 복지정책의 변화 하나하나에 늘 관심을 기울여 왔다면 그들에게 이제 특수교육 현장에 진입한 초임교사가 담임교사로 배정이 되었다는 소식은 다소 걱정스러울 수도 있고 선뜻 반기기 어려울 수도 있는 것입니다.

그래서 더욱 첫 대면이 중요합니다.

서로 좋은 결과를 얻고자 함에 동의하고 얘기를 나누되 휘둘리지 않는 중심을 가지고 있어야 합니다. 다음은 SNS에 누군가가 올린 글입니다.

"눈 맞춤도 어려운 중도·중복 장애학생의 부모님이 올해 우리 아이가 쓰기와 읽기가 가능하도록 지도해 달라고 요청했습니다."

답답한 마음을 커뮤니티에 올리게 된 우리 동료 선생님의 마음이 느껴집니다.
여러분은 이 상황에 어떤 입장을 취할 것인가요?
이런 경우, 저라면 이렇게 제안합니다.
"학부모님을 교육의 동행자로서 참여시켜 보세요."

학생의 변화를 위해 가정의 협조를 요청하는 것입니다. 가능하다면, 현재 학습수행수준 진단검사를 아래 안내된 사이트(국가기초학력지원센터)를 이용해 가정에서 직접 해보도록 안내합니다. 그것이 어렵다면 교실에서 교사가 검사한 '공식적인' 학습수행수준을 확인받습니다.

- 국가기초학력지원센터
  : https://k-basics.org/user/StdtPrimary2.do?menuSeq=645
  국가기초학력지원센터를 이용하면 다음의 화면처럼 다양한 학교급별로 현재의 학습수행수준을 검사할 수 있습니다.

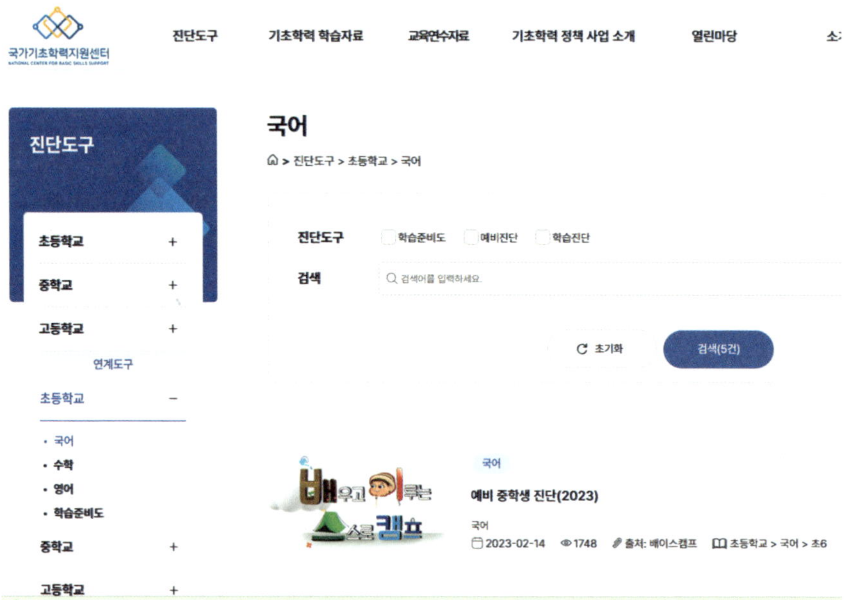
국가기초학력지원센터
진단도구
기초학력 학습자료
교육연수자료
기초학력 정책 사업 소개
열린마당
진단도구
초등학교 +
중학교 +
고등학교 +
연계도구
초등학교 −
• 국어
• 수학
• 영어
• 학습준비도
중학교 +
고등학교 +
국어
> 진단도구 > 초등학교 > 국어
진단도구
학습준비도
예비진단
학습진단
검색
검색어를 입력하세요.
초기화
검색(5건)
국어
예비 중학생 진단(2023)
국어
2023-02-14
1748
출처: 배이스캠프
초등학교 > 국어 > 초6

학습 요소 수
총 1439 개
문항 수
총 37342 개
영상 수
총 668 개
차근차근 진단하기 : 읽기
읽기:50문항
차근차근 읽기학습:369문항
루루라라파닉스
총 59학습 요소 282문항
차근차근 진단하기 : 수학
수와 연산:473문항
도형:100문항
측정:109문항
규칙성:33문항
자료와 가능성:27문항
예비 중학생 진단
국어:150문항
수학:150문항
영어:150문항

'배이스캠프'의 다양한 검사의 예(초1~고1)

이 검사는 '배우고 이루는 스스로 캠프'라는 사이트로 연결됩니다. 예를 들어, 읽기 검사의 경우에는 그림을 제시하고 맞는 단어를 여러 개 중에서 선택하게 합니다. 그리고 이 결과에 대응하여 선생님께서 디자인한 교육계획에 가정의 숙제도 반드시 포함하도록 합니다. 매일 자녀와 학습지를 한 장이라도 풀어본 부모님은 교실에서의 상황도 더 잘 이해할 수 있습니다. 그리고 이런 약속은 예상외로 드라마틱한 결과를 불러오게 됩니다. 제가 지도한 학급의 경우, 부모님과의 신뢰가 매우 깊어졌습니다.

상담을 받은 한 고등학교 3학년 학부모님은 "지금까지 이런 상담은 처음 받아봤습니다. 너무 믿음직스럽고 감사합니다."라고 하셨습니다.

학급경영에는 실수가 필연적으로 발생합니다.

그때마다 학부모님과의 신뢰 관계가 이후 상황이 흘러가는 방향에 큰 역할을 하게 됩니다. 이러한 이유로, 학부모님을 중요한 협력자이자 응원자라고 생각하며, 그 기대에 부응하기 위해 교사로서의 전문성을 지속적으로 준비하는 것이 매우 중요합니다.

수시로 장애원인과 특성에 대해 공부합니다.

우리는 이미 대학 전공을 통해 전문성을 가지고 있다고 생각합니다. 그렇다면, 아래 몇 가지 질문에 스스로 대답해 볼까요?

1. 과잉행동장애의 원인은 일반적으로 어떻게 설명할 수 있을까?
2. 시종일관 처져있고 우울함을 표현하는 학생은 왜 그럴까?
3. 병원에서 제공하는 약물치료는 어떤 방식으로 이루어지는가?
4. 자폐범주성장애학생 중 소음에 민감한 학생이 있다면, 어떤 원인을 들 수 있을까?

적당한 대답이 떠오르지 않는다면, 다음의 정보를 통해 우리의 전문성을 준비해 보는 것이 어떨까 합니다.

Q. 과잉행동장애의 원인은 일반적으로 어떻게 설명할 수 있을까요?

A. 의학적으로 과잉행동장애는 기질적 원인과 함께 호르몬과 신경전달물질이 큰 비중을 차지합니다. 감정과 기분에 관여하는 주연으로 도파민, 세로토닌, 가바(GABA)와 암파(AMPA)가 있습니다. **도파민은 기분, 각성, 움직임, 쾌락 등에 영향을 줍니다.** 도파민의 밸런스가 깨지면 과잉행동이나 소위, 조증이라 불리는 현상을 유발할 수 있습니다.

의학적으로 진단되는 조증(躁症)은 우리가 일반적으로 말하는 '들뜬 상태'가 아닙니다. 정확하게 말하면 과도하게 흥분한 상태라서 기쁨만이 아니라 분노, 우울, 자괴감 등에도 격한 흥분을 느껴 통제 불능이 되는 것까지 포함합니다. 이 경우, 학생은 쉽게 지치게 될 수 있고 편안한 수면도 취하기 어려울 수 있습니다. 불면증으로 밤을 보내고 나면 등교 후 피곤해하거나 졸린다고 표현할 수 있습니다.

Q. 시종일관 처져있고 우울함을 표현하는 학생은 왜 그럴까요?

A. 앞서 언급한 신경전달물질 중 **세로토닌은 기분, 섭식, 수면에 영향을 줍니다.**

세로토닌을 '만족 배달부'라고 생각해 볼까요? 뇌신경 세포인 뉴런 사이에서 '아, 배도 부르고 기분도 좋다.'와 같은 만족감을 배달하러 나갔다가 길을 잃어버리거나 (재흡수의 방식으로) 납치되어 사라진다면 우울해지고 기분도 처지게 되는 것입니다. 이런 우울함이 병적으로 보이는 단계가 되면 개인의 의지로 해결하기 어렵습니다.

이 경우, 어른들이 절대 하지 말아야 하는 말이 바로 "요즘 애들은 정신력이 약해서 그래."와 같은 말입니다. 우리는 원인을 알고 적절한 대책을 함께 강구해 보아야 합니다.

Q. 병원에서 제공하는 약물치료는 어떤 방식으로 이루어지는가요?

A. 도파민이 갑자기 불쑥 솟아 지나친 파이팅을 할 때, 가바(GABA)[1]가 도움을 줄 수 있습니다. 가바는 도파민의 어깨를 툭툭 치며 "적당히 해라, 이 녀석아."하고 진정시켜 주는 역할을 합니다.

1) 대표적 억제성 신경전달물질.

정상적인 경우, 우리들은 이 작용이 자연스럽게 일어나 일상 속에서도 적절한 반응태도를 보이게 됩니다. 이러한 작용이 스스로 잘 이루어지지 않는 경우, 인위적으로 억제성 신경전달물질에 관한 약물을 처방받아 도움을 받을 수 있습니다.

반대로 세로토닌의 실종 등으로 기분이 처지게 되는 경우, 암파(AMPA)[2]가 도움을 줄 수 있습니다. 우울증이 심한 경우도 관계가 있으며, **프로작(PROZAC)은 이런 식으로 도움을 주는 대표적 약물입니다.** 세로토닌이 역할을 하지 못하고 재흡수되어버리는 일을 막고 좀 더 많은 신경전달물질이 시냅스에 머무르도록 도와줍니다. 이렇게 기분을 돋우어 우울한 증상을 완화시켜 줍니다.

"우리 애는 약 먹으면 계속 자요."

하던 옛날에 비해 요즘에는 과학적으로 검증된 약물이 많이 개발되었으며 선택지가 많아져서 상담과 관찰을 통해 한번에 해결될 수도 있습니다.

Q. 자폐범주성장애학생 중 소음에 민감한 학생이 있다면, 어떤 원인을 들 수 있을까요?

A. 원인 중에 하나로 **시상의 과민**을 들 수 있습니다. 시상은 감각을 담당하는 뇌영역입니다. 소리, 온도, 촉감 등 우리 주변의 정보를 다양한 형태로 우리에게 전합니다.

2) 대표적 흥분성 신경전달물질.

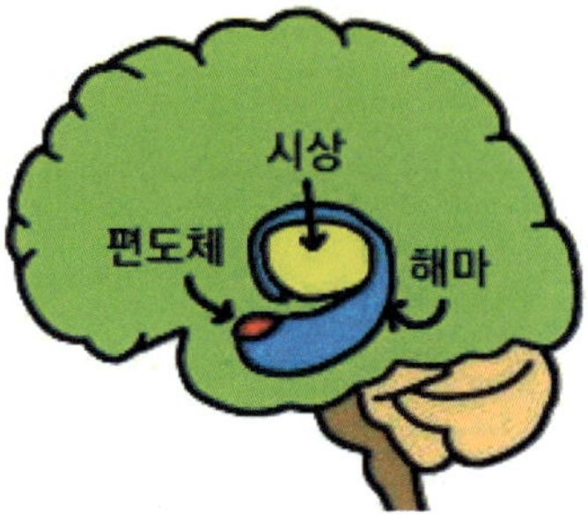

자폐범주성장애(ASD)의 시상은 감각자극에 놀라울 정도로 과민하게 만드는 경우가 있습니다.

평소, TV 볼륨 크기가 10이 적당하다고 느껴 왔는데, 손님이 와서 20으로 틀어 놓으면 정신이 산만해지고 귀가 괴롭습니다. 이와 마찬가지의 경우가 있습니다. 볼륨은 일반적 크기인데 시상에서 과민하게 느껴 큰 볼륨처럼 불편하게 느껴지는 경우입니다. 다음은 본교의 한 학생을 진단한 정신건강의학과 의사의 설명입니다.

"이 학생은 계단을 내려가는 중력의 변화도 느낀다고 보면 됩니다."

즉 롤러코스터가 하강하기 시작할 때 우리가 느꼈던 -가슴이 울렁하던- 그 설명하기 어려운 불안감을 어떤 학생은 계단 한 칸을 내려가는 과정에서도 느낄 수 있다는 얘기입니다.

이렇게 간단한 몇 가지의 예만 들어보아도 우리들의 전문성을 어느 정도 자평(自評)할 수 있습니다. 학교 현장의 상황을 모르고, 또는 어떨 때는 나의 전문성을 모르고 학부모님이 교사를 무시한다고 종종 섭섭함을 느끼는 것도 당연합니다. 저 또한 그런 경우로 불편했던 적이 있었습니다. 하지만, 전공자로서 교실 현장에서 자주 만나게 되는 상황에 대한 지식을 가지고 있거나 탐색하는 노력을 충분히 해왔는가에 대해서는 생각해 볼 필요가 있습니다.

스스로에게 자문했을 때, 만족스럽지 않다면 동료 교사, 학부모 등 공동체 안에서 소통하는 과정에서 좀 더 설득력 있는 정보를 나누고 신뢰를 얻기 위해 시간을 더 할애하면 좋을 것입니다.

- 시기를 놓치지 않는 첫 대면이 중요합니다.
- 학부모님을 교육의 동행자로서 참여시킵니다.
- 신뢰로운 경로를 통해 학력 진단을 선행합니다.
- 교사가 먼저 장애 원인과 특성에 대해 수시로 공부합니다. 범접할 수 없는 정보로 전문가가 되는 것은 충분히 설득력을 얻는 데 매우 중합니다.

STEP 3. 학생 중심 학급 운영의 핵심 원칙

"학급 운영에 참가시키기 어려운 학생이 있어서 고민됩니다. 그리고 웬만한 강화전략은 학생들이 익숙해서 별로 관심이 없는 것 같아요."

수많은 쇼핑사이트 중에서 배송비 무료, 후기 별점 등 우리는 만 원짜리 물건 하나 구입하는 데도 온 신경을 쏟아부으며 만족을 찾습니다. 반대로 귀찮음과 잔소리는 누구나 싫어합니다. 본능적으로 만족과 편안함을 추구하는 사람의 심리는 학생들도 마찬가지일 것입니다.

추운 겨울, 온돌방 따뜻한 아랫목으로 슬금슬금 옮겨 가듯이 내게 부담이 적은 곳, 내가 마음대로 할 수 있는 매우 허용적인 교사나 투정을 부려도 일관성 있는 중재가 어려운 학부모에게 머무르며 그곳에 나쁜 습관을 뿌리내리게 마련입니다.

담임교사로서 학급 배정을 받으면 3월 초 학부모와의 상담 시간에 명확히 알리는 것 중의 하나가 행동계약(칭찬스티커) 시스템입니다. 꼭 개선해야 하겠다고 정한 목표행동이 학부모님과 서로 정해지면 학부모님의 동의를 얻어 알림장의 맨 뒷장에 칭찬스티커를 붙이는 페이지를 구성하고 연간으로 진행합니다.

집에서 받는 스티커도 학교에서 동일한 가치를 지닌다는 점을 학생에게 확인시키면 이후로는 상당히 교육적인 역할을 하는 것을 보아왔습니다. 하지만, 모든 학생에게 동일하게 제공할 필요는 없다고 생각하며 행동이나 학습 노력에 대한 개선이 필요한 경우 적극적으로 활용합니다.

더불어 **중요한 것은 스티커의 가치에 합의하는 것입니다**.

참가상 주듯이 매일 쉽게 주지 않고 사용할 수 있는 스티커의 총량을 제한하여 제공하여야 합니다. 학생이 잘못하면 이유를 확인하도록 하고 그에 대한 약속도 정하도록 합니다. 필자의 경우에는 약속을 하고 칭찬스티커 모음판에서 스스로 떼도록 합니다. 눈물을 흘리더라도 단호하게 진행합니다. 더불어 방향성에 동의한 동료 교사나 교실의 지원 인력에게도 같은 방식으로 안내하고 협력을 요구합니다.

학생들의 동의를 구하여 함께 만든 학생 중심의 칭찬시스템과 교사를 포함한 어른들의 일관된 중재가 성공적인 학급 운영의 규칙을 만듭니다. 학생들에게는 무엇을 원하는지 연초 학급 회의에서 정할 권한을 줍니다. 이름과 사진을 AI로 팝아트 스타일로 바꾼 캐릭터를 이용해 칭찬판을 꾸미고 칭찬스티커 10개가 모이면 학급복권을 제공합니다. 여러 장을 책상에 깔아두고 스스로 뽑는 재미를 제공하면 두근두근 즐거운 시간이 됩니다. 학급복권으로 뽑힌 칭찬 약속을 칭찬판에 네임펜으로 기록하며 잊지 않도록, 그리고 부러움을 이용한 선의의 경쟁을 하도록 환경을 조성합니다.

네임펜으로 10개씩 정산하고 기록한 칭찬판

다음은 올해 우리 반에서 운영 중인 칭찬스티커와 학급복권입니다.

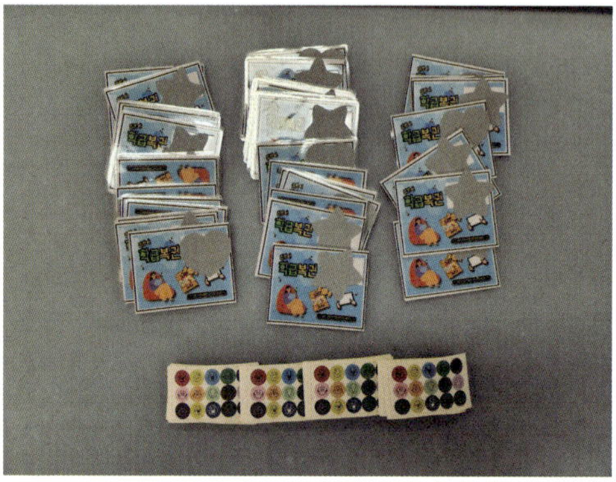

동전을 긁어서 확인하는 방식의 학급복권과 칭찬스티커

인터넷 쇼핑으로 한번 붙이면 복권처럼 글씨를 가려주는 은색 스티커를 살 수 있다는 것은 많이들 알고 있습니다. 아래처럼 직접 칭찬 약속을 적게 하고 '꽝'도 몇 개를 넣을지 학생들에게 권한을 주는 것이 우리 반에서는 참 좋았습니다. 그래야 무엇이 나오든 억울해하지 않고 '꽝'을 통해 알 수 없고 변화무쌍한 세상의 이치도 잠시 경험하게 됩니다.

태블릿 이용권, 빈백 이용권, 간식 2개 등 학생들이 정하고 스스로 적은 칭찬 약속과 꽝

요즘에는 AI가 적용된 미리캔버스 등이 유용합니다. 올해는 디자인이 더 예뻐진 이유가 미리캔버스의 디자인을 활용한 덕입니다. 편안한 자세로 휴식을 할 수 있는 빈백그림도 사탕과 젤리 등의 간식을 조합한 그림과 태블릿 활용 장면까지 멋진 일러스트들이 쉽게 구해져서 학생들과 학급복권을 꾸미는 재미가 더 커졌습니다.

학생의 생활 전반에 대해 어떤 식으로든, 어떤 크기로든 영향을 주는 모든 이가 참여하여 긍정적 행동 지원을 위한 자연스러운 조건형성이나 교육활동을 제대로 세팅하지 않으면 공든 탑은 언제든지 무너질 수 있습니다. 그러므로 토큰 경제를 적용하든, 행동계약(칭찬스티커)을 적용하든, 동료 교사와 함께 공유하고 학부모에게 알리고 개입시키기 위해 노력해야 합니다. 그래야 학생의 입장에서 무슨 행동이 나에게 즐거운 피드백을 가져다주는지 알게 되고 만만한 곳에서 숨어 안주하지 않도록 하여 긍정이 가득한 학급경영이 가능해집니다.

2

개별화교육계획(IEP) 교사가 설계하고 AI가 돕는다!

STEP 1. 개별화교육과 개별화교육계획의 의미

"개별화교육은 국어와 수학처럼 교과 학습을 중심으로 계획하면 되나요? 장애가 심한 학생도 교과 학습을 위한 개별화교육으로 계획하면 될까요?"

학교에서는 개별 학생을 대상으로 무조건 만들어야 하는 법적 문서가 있습니다. 초・중등 교육을 받는 학생이라면 예외 없이 가지고 있어야 하는 문서로 「학생생활기록부」가 여기에 해당합니다.

학생생활기록부는 초・중등교육법 제25조를 근거로 학생의 학업성취도와 인성(人性) 등을 종합적으로 관찰・평가하여 기록하게 됩니다. 학생생활기록에는 인적사항, 학적사항, 출결상황, 자격증 및 인증 취득상황, 교과학습 발달상황, 행동특성 및 종합의견, 그 밖에 교육목적에 필요한 범위에서 교육부령으로 정하는 사항을 기록하게 됩니다.

특수교육대상자는 여기에 법적 문서가 한 가지 더 추가됩니다. 바로 「개별화교육계획(Individualized Education Plan: IEP)」입니다. 개별화교육계획은 장애인 등에 대한 특수교육법 제22조를 근거로 작성해야 하는 법적 문서로 특수교육대상자라면 학생생활기록부와 함께 무조건 가지고 있어야 하는 법적 문서입니다.

개별화교육계획(IEP)은 법적 문서입니다.

그러면 개별화교육은 무엇일까요? 장애인 등에 대한 특수교육법에서는 "개별화교육"이란 각급학교의 장이 특수교육대상자 개인의 능력을 계발하기 위하여 장애유형 및 장애특성에 적합한 교육목표・교육방법・교육내용・특수교육 관련서비스 등이 포함된 계획을 수립하여 실시하는 교육으로 정의하고 있습니다. 법적 정의를 바탕으로 보자면 개별화교육계획은 국어나 수학과 같이 학습적인 부분을 중심으로 교육하는 교육계획이라기보다는 특수교육대상자의 장애유형과 특성, 교육적 요구를 고려하여 적절한 교육계획을 수립하는 것이고, 개별화교육은 이를 실시하는 것이라고 볼 수 있습니다.

개별화교육계획은 특수교육대상자의 장애 유형과 특성, 교육적 요구 등을 종합적으로 고려하여 교육뿐 아니라 장애와 관련된 각종 지원 방안을 포함한 종합적인 교육 지원 계획입니다.

예를 들어 특수교육대상자가 기본적인 생활은 가능하나 교과 학습에 집중적인 교육이 필요하다면 국어와 수학과 같이 교과 학습을 중심으로 개별화교육계획이 수립되고 교육될 수 있습니다. 장애가 심한 학생이라면 신변처리와 자기관리 등 기본생활습관 형성을 중심으로 개별화교육계획이 수립되고 교육될 수도 있을 것입니다. 만약 고등학교 졸업을 앞둔 학생이라면 자기관리와 취업에 필요한 목표와 교육내용을 중심으로 교육될 수 있습니다.

개별화교육은 무엇을 해야 한다고 정해져 있지 않습니다. 특수교육대상자의 장애유형과 특성, 교육적 요구에 따라 서로 다른 교육과 지원이 필요하며 그에 따라 어떤 학생은 국어, 수학의 교과 학습을 중심으로 개별화교육을 하지만 다른 학생은 화장실 이용하기와 식사도구 사용하기를 중심으로 개별화교육을 할 수 있습니다. 즉 특수교육대상자를 중심으로 필요한 내용이 개별화교육계획으로 수립되고 교육되는 것이지 교육해야 할 내용이 미리 정해져 있는 것은 아니라는 것입니다.

- **개별화교육:** 각급학교의 장이 특수교육대상자 개인의 능력을 계발하기 위하여 장애유형 및 장애특성에 적합한 교육목표·교육방법·교육내용·특수교육 관련서비스 등이 포함된 계획을 수립하여 실시하는 교육
- **개별화교육계획 작성:** 특수교육대상자를 중심으로 교육목표·교육방법·교육내용·특수교육 관련서비스 등이 결정되어야 함
- **개별화교육의 법적 근거:** 장애인 등에 대한 특수교육법

STEP 2. 교육과정과 개별화교육계획 구분

"우리 반은 학생의 장애가 심한 편이어서 국어, 수학과 같은 교과 내용을 학습하기보다 생활기술을 익히는 것이 필요해요. 그래도 개별화교육계획은 교과 교육과정을 중심으로 수립해야 하나요?"

특수교육을 하는 특수교사로서 갈등을 느낄 때가 있습니다. 바로 특수교육 대상 학생이 배워야 하는 것과 필요한 것이 다를 때입니다. 여기에서 '배워야 하는 것'은 해당 학교에서 편성・운영하는 교육과정을 의미합니다.

교육과정은 '우리나라에서 학교를 다니는 학생들은 모두 배워야 하는 내용'을 고시해 놓은 교육과정 문서[1]를 의미합니다. 따라서 아무리 심한 장애를 가지고 있다고 하더라도 일반학교에 다니고 있다면 초등학교와 중학교의 경우 공통 교육과정, 고등학교의 경우 학점 기반 선택 중심 교육과정(이하 선택 중심 교육과정)을 **동일하게 적용**하고 이를 배워야 합니다. 만약 특수학교라면 공통 교육과정, 선택 중심 교육과정, 기본 교육과정 중에서 적용하게 됩니다. 정리하면,

교육과정은 특수교육 대상 학생이 장애와 상관없이 '배워야 하는 것'으로 교사는 학생들이 배워야 하는 것을 효과적으로 배울 수 있도록 적합한 교수・학습 방법, 자료 등을 제공해야 할 것입니다.

1) 교육과정 구분: 한경화, 김동인(2024). 하루에 한 장 뜯어먹는 교육과정 기초 다지기 참고.

개별화교육은 문서로서의 교육과정과 차이가 있습니다.

개별화교육은 특수교육 대상 학생의 장애 유형과 장애 특성, 교육적 요구 등을 종합적으로 고려하여 결정하게 됩니다. 즉 교육과정처럼 배워야 할 것이 정해져 있지 않고 특수교육 대상 학생 개인의 능력 계발에 필요한 것이 무엇인지에 따라 달라지게 됩니다.

따라서,

개별화교육계획은 특수교육 대상 학생에게 '필요한 것'을 가르칠 수 있게 계획되어야 합니다.

이를 정리하면 다음 그림과 같습니다. 교육과정은 보편성을 바탕으로 모든 학생들이 동일하게 배워야 하는 것을 제시하고 있습니다. 따라서 교사는 특수교육 대상 학생이 배울 수 있게 가르쳐야 합니다.

반면, 개별화교육계획은 개별성을 바탕으로 특수교육 대상 학생에게 필요한 것을 가르쳐야 하기에 학생들의 개별화교육계획의 학기별/월별 목표가 동일할 수도 있고, 각기 다를 수도 있습니다.

따라서 개별화교육계획의 학기별/월별 목표는 교과를 중심으로 수립되는 것이 아닙니다. 특수교육 대상 학생의 장애유형과 장애 특성, 교육적 요구 등에 따라 교과를 중심으로 수립될 수도 있고, 생활 지원을 중심으로도 수립될 수 있습니다.

물론 교과 중심과 생활 지원 중심 모두를 포함할 수도 있습니다.

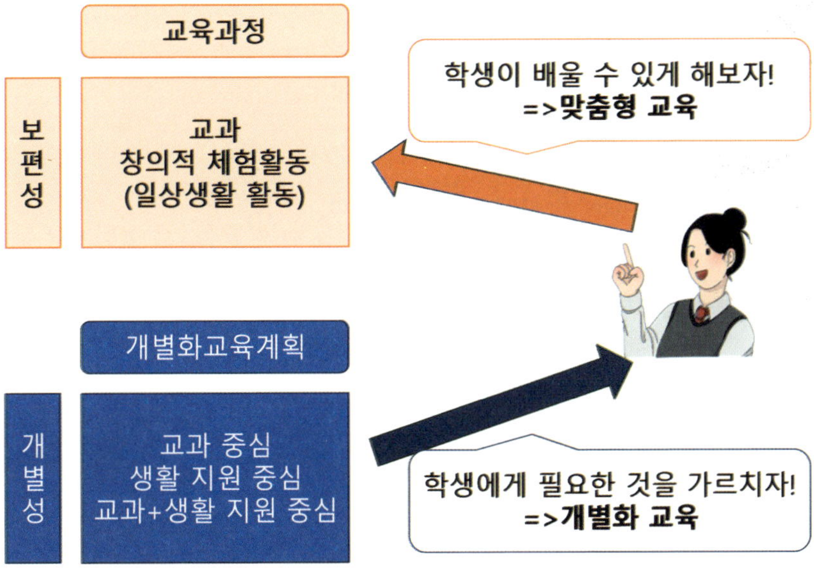

[교육과정과 개별화교육계획의 구분]

- **교육과정 문서:** 모든 학생이 보편적으로 배워야 하는 것
- **개별화교육계획:** 특수교육 대상 학생 개인의 능력 계발에 필요한 것
- **공통 교육과정:** 초등학교와 중학교에서 편성 · 운영
- **학점 기반 선택 중심 교육과정:** 고등학교에서 편성 · 운영
- **기본 교육과정:** 특수학교의 초등학교, 중학교, 고등학교에서 편성 · 운영

* 2022 개정 특수교육 교육과정 기준

STEP 3. 개별화교육계획 유형

"우리 반은 학생이 5명인데 학년도 다르고, 수준도 다 달라요. 개별화교육계획을 어떤 방향으로 설정해야 할까요?"

특수교육 대상 학생에게 적합한 개별화교육을 위해 개별화교육계획은 어떤 방향으로 수립해야 할까요? 이를 위해 먼저 특수교육 대상 학생의 장애 유형과 장애 특성, 교육적 요구가 무엇인지 파악해야 합니다. 개별화교육은 무엇을 가르쳐야 하는지 결정되어 있는 것이 아닙니다.

가령, 일반 초등학교 6학년에 배치되어 있다고 해서 당연히 국어, 수학 교과 내용을 중심으로 개별화교육계획을 수립하는 것이 아닙니다. 만약 자기관리가 잘 되지 않아 현재 학교 생활에서 어려움을 겪고 있고 중학교에 진학하였을 때에도 어려움이 예측되는 학생이라면 개별화교육계획의 목표를 청결유지와 같은 생활 지원 중심으로 수립하는 것이 적절할 것입니다.

즉 개별화교육계획은 해당 학년군의 교과 교육과정과 내용 요소, 성취기준 등 교과 학습 내용을 먼저 고려하기보다

**특수교육 대상 학생의 장애 유형, 특성, 교육적 요구,
현재와 앞으로의 삶에서 우선적으로 필요한 것이
무엇인지 고려하는 것이 중요합니다.**

다음으로 개별화교육계획의 유형을 아는 것이 필요합니다. 특수교육 대상 학생에게 적합한 개별화교육을 하려면 당연히 학생에게 적합한 개별화교육계획이 수립되어야 할 것입니다. 개별화교육계획가이드북(국립특수교육원, 2019)에

서는 개별화교육계획의 유형을 다음과 같이 구분하였습니다.

교과 중심 개별화교육계획과 생활 지원 중심 개별화교육계획, 교과 및 생활 지원 중심 개별화교육계획으로 구분하였습니다.

교과 중심 개별화교육계획의 경우 기본적인 일상생활에 필요한 생활 기술 등을 익히는 것보다 교과 학습에 대한 요구가 우선인 학생에게 적절한 유형이 될 것입니다. 교과 중심 개별화교육계획의 하위 유형과 수립 방식을 살펴보면 다음과 같습니다.

<table>
<tr><th colspan="2">구분</th><th>수립 방식</th></tr>
<tr><td rowspan="3">성취 기준 중심 교과 내 통합</td><td>교과 내 통합 개별화교육계획</td><td>• 해당 학년군의 성취기준과 관련하여 교과 내에서 기능, 원리, 개념, 주제 등을 중심으로 교육내용을 재구성하여 수립</td></tr>
<tr><td>교과 내 내용대체 개별화교육계획 (공통-기본 교육과정 간 내용대체)</td><td>• 해당 학년군의 성취기준과 관련하여 개별화교육계획을 수립할 때, 기본 교육과정의 내용 요소와 성취기준을 참고하여 수립</td></tr>
<tr><td>교과 내 내용대체 개별화교육계획 (타 학년군 내용대체)</td><td>• 해당 학년군의 성취기준과 관련하여 개별화교육계획을 수립할 때, 타 학년군의 내용 요소와 성취기준을 참고하여 수립</td></tr>
<tr><td colspan="2">성취기준 중심 교과 간 통합 방식의 개별화교육계획</td><td>• 여러 교과 성취기준을 생활 주제, 기능, 태도 등 다양한 기준을 중심으로 통합하여 교육내용을 재구성하여 수립</td></tr>
<tr><td colspan="2">교과서 중심의 개별화교육계획</td><td>• 교과서의 단원 전개계획에 따라 수립
• 교과서의 단원 전개계획을 적합화하여 수립
• 교과서를 재구성하여 수립</td></tr>
</table>

[교과 중심 개별화교육계획의 하위 유형과 수립 방식]

* 국립특수교육원(2019). 개별화교육계획운영가이드북. p.16 표를 수정하여 제시하였음.

생활 지원 중심 개별화교육계획은 일상생활에 필요한 기술이나 타인과의 관계 형성 및 유지, 장애로 인해 보완・대체 또는 강화해야 하는 기술 등을 학습해야 하는 학생에게 적절한 유형이 될 것입니다. 생활 지원 중심 개별화교육계획의 영역의 예를 살펴보면 다음과 같습니다.

생활 지원의 영역	생활 지원 활동의 예
의사소통	• 필요한 것 요구하기 • 수어 배우기 • 점자 배우기 • 보완대체의사소통 수단 사용하기 • 지시 따르기
신변자립	• 손 씻기 • 식사하기 • 화장실 이용하기 • 옷 입기
사회적 기술	• 순서 기다리기 • 화해하기 • 인사하기 • 학급 규칙 지키기 • 사과하기
행동 지원	• 자해 행동 줄이기 • 수업 방해 행동 줄이기 • 공격적 행동 줄이기
진로・직업 활동	• 자신에게 주어진 일 완수하기 • 대중교통 수단 이용하기 • 과업 계획 세우기 실천하기 • 시간 지키기
여가 활동	• 동아리 활동하기 • 놀이 참여하기 • 화분 가꾸기 • 취미 활동 참여하기 • 여행하기
정서적 지원	• 감정 조절하기 • 어려운 과업 견디기

[생활 지원 중심 개별화교육계획 영역의 예]

* 국립특수교육원(2019). 개별화교육계획운영가이드북. p.17.

교과 및 생활 지원 중심 개별화교육계획은 교과 교육에 대한 교육적 요구와 생활 지원에 관한 교육적 요구를 모든 지닌 학생에게 적절한 유형이 될 것입니다. 교과 및 생활 지원 중심 개별화교육계획의 경우 교과 중심의 개별화교육과 생활 지원 중심 개별화교육 실행의 균형과 조화를 위해 개별화교육계획 수립

과목의 수, 교육 내용과 범위 등을 조정하는 것이 필요합니다.

이를 정리하면 개별화교육계획의 유형은 다음 그림과 같이 교과 학습을 중심으로 계획한 '교과 중심형', 생활 지원을 중심으로 계획한 '생활 지원 중심형', 교과 학습과 생활 지원을 모두 교육하기 위해 계획한 '교과 및 생활 지원 중심형'으로 구분할 수 있습니다(국립특수교육원, 2019).

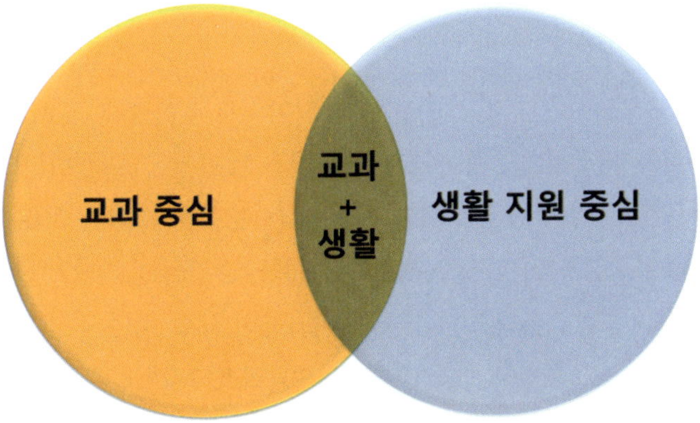

[개별화교육계획 유형]

- **교과 중심 개별화교육계획:** 교과 학습에 대한 요구가 우선인 학생에게 적합
- **생활 지원 중심 개별화교육계획:** 일상생활에 필요한 기술이나 타인과의 관계 형성 및 유지, 장애로 인해 보완·대체 또는 강화해야 하는 기술 등을 학습해야 하는 학생에게 적합
- **교과 및 생활 지원 중심 개별화교육계획:** 교과 학습에 대한 교육적 요구와 생활 지원에 관한 교육적 요구를 모두 지닌 학생에게 적합

STEP 4. 개별화교육계획과 성취기준

"개별화교육계획 목표를 수립할 때 성취기준을 무조건 넣어야 하는 건가요?"

개별화교육계획의 목표를 수립할 때 성취기준을 포함할지, 포함하지 않을지에 대한 판단은 개별화교육계획의 유형에 따라 달라질 수 있습니다. 생활 지원 중심 개별화교육계획을 수립한다고 하면 관련 교과를 찾기도 어려울 뿐 아니라 관련 성취기준을 찾기는 더 어려울 것입니다.

사례와 같이 일반고등학교 3학년(특수학급)에 재학 중인 학생이 있다고 가정해 보겠습니다. 이 학생의 경우 졸업 후 전공과 진학이나 취업이 어려워 지역에 있는 장애인복지관을 이용해야 합니다. 때문에 개별화교육의 학기목표를 다음과 같이 수립하였습니다. 이와 같은 경우 선택 중심 교육과정의 교과에서 관련 성취기준을 찾기에는 무리가 있어 성취기준을 포함하지 않았습니다.

영역	진로・직업 활동	학년	특수학급 고등학교 3학년
현행 수준	• 도보로 혼자 등하교를 할 수 있음 • 자주 가는 치료실을 보호자와 함께 버스로 이동할 수 있음 • 다른 사람이 예약해 준 교통약자 콜택시를 이용하여 목적지까지 갈 수 있음 • 내려야 할 장소를 확인하고 정차 벨을 눌러야 할 곳을 가르쳐 주면 해당 위치에서 벨을 누를 수 있음		
학기목표	<학기목표> - 버스를 이용하여 장애인 복지관을 찾아 간다.		

[생활 지원 중심 개별화교육계획 목표 수립의 예]

개별화교육계획의 목표를 생활 지원 중심으로 수립했다면 해당 학년군의 교과 교육과정에서 관련 성취기준을 찾아서 연결하기에 어려움이 있습니다. 특히 학교급이 올라갈수록 생활 지원 중심 개별화교육계획의 목표와 관련된 교과 성취기준을 찾기는 더욱 어려울 수밖에 없습니다.

한편 기본 교육과정의 경우 공통 교육과정이나 선택 중심 교육과정에 비해 교과 교육과정의 내용 요소와 성취기준의 수준과 난이도가 낮습니다. 때문에 생활 지원 중심 개별화교육계획이라 할지라도 개별화교육계획의 목표와 성취기준을 연결하기에 상대적으로 수월한 면이 있습니다. 그러나 장애가 심한 학생을 대상으로 하는 생활 지원 중심 개별화교육계획의 목표라면 기본 교육과정이라 할지라도 교과 교육과정과 연결하기에 어려움이 있을 수 있습니다. 따라서 **기본 교육과정을 운영하는 특수학교의 경우 개별화교육계획의 목표와 관련된 성취기준이 있다면 포함하여 작성할 수 있지만 관련 성취기준이 없다면 생략할 수도 있습니다.**

생활 지원 중심 개별화교육계획의 경우 '목표의 내용'과 성격이 가장 가까운 교과를 '관련 교과'로 지정하되 관련 성취기준은 생략해도 크게 무리는 없을 것입니다.

영역	행동 지원	학년	특수학교 중학교 3학년
현행 수준	• 수업 시간에 질문을 많이 함 • 발표할 때 큰 소리를 지르듯이 말함 • 다른 학생이 발표할 때 책상을 흔들거나 '내가 할 거야'라고 말하며 방해 행동을 함		
학기 목표	<학기목표> - 발표할 때 손을 들고 차례를 기다리며 적절한 크기의 소리로 말한다. *** 관련 기본 교육과정 성취기준** [9국어01-04] 대화 예절을 지키며 상대방의 말에 적절한 질문과 대답으로 대화를 이어 간다.(생략 가능)		

[생활 지원 중심 개별화교육계획 목표 수립의 예-교육과정 연결]

교과 중심 개별화교육계획은 교과 내용을 중심으로 개별화교육계획의 목표를 수립하기 때문에 관련 교과와 관련 성취기준을 연결하기가 수월한 편입니다.

다음과 같이 개별화교육계획의 목표가 교과 교육과정과 연결될 수 있는 내용과 수준이라면 '관련 과목'과 '관련 성취기준'을 제시할 수 있습니다. 특히 해당 학생은 일반학교에 재학 중인 학생이기 때문에 관련 성취기준으로 '공통 교육과정'의 성취기준을 제시하였습니다. 만약 기본 교육과정을 적용하는 특수학교라면 '기본 교육과정'의 성취기준을 제시하는 것이 필요합니다.

관련 과목	국어	**학년**	초등학교 1학년
현행 수준	• 간단한 지시사항을 듣고 따름 • 원하는 물건이 있을 때 말을 하지 않고 손으로 가리키거나 끌어당겨서 달라고 요구함 • 다른 사람의 행동을 보고 따라 함 • 제시하는 그림과 같은 그림을 찾음		
학기 목표	<학기목표> - 이야기를 듣고 생각나는 것을 다양한 방법으로 자유롭게 표현한다. *** 관련 공통 교육과정 성취기준** [2국01-03] 상대의 말을 집중하여 듣고 말차례를 지키며 대화한다. [2국01-04] 자신의 경험이나 생각을 바른 자세로 발표한다.		

[교과 중심 개별화교육계획 목표 수립의 예]

그런데 공통 교육과정이나 선택 중심 교육과정에서 관련 성취기준을 연결하기 어려워 기본 교육과정의 내용을 활용하여 개별화교육계획 목표를 수립해야 한다면 무엇을, 어떻게 표기해야 할까요?

2022 개정 특수교육 교육과정 총론에서는 일반학급 및 특수학급에 배치된 특수교육 대상 학생의 교육과정의 경우 특수교육 교육과정에 따른 교과용 도서를 사용할 수 있으며, 특수교육 교육과정의 교과(군) 내용과 연계하거나 대체하여 운영할 수 있다고 제시되어 있습니다.

이를 고려하여 다음과 같이 방안을 제안할 수 있습니다.

공통 교육과정(또는 선택 중심 교육과정)의 관련 성취기준과 기본 교육과정의 내용 요소와 기본 교육과정 교과서의 관련 단원을 함께 제시할 수 있습니다.
다만 교과서는 교육과정 자료이므로 생략 가능합니다.

아래의 예를 중심으로 해당 학년군의 성취기준과 기본 교육과정의 내용 요소, 교과서의 관련 단원을 함께 제시하는 것이 어떤 의미를 갖는지 다음과 같이 설명할 수 있습니다.

> '특수교육 대상 학생의 장애 유형과 장애 특성, 교육적 요구 등을 반영하여 수립한 개별화교육계획의 목표는 해당 학년군의 성취기준과 관련성이 있다. 그러나 개별화교육계획의 목표와 해당 학년군 성취기준에서 관련성의 차이가 크기에 기본 교육과정을 활용하여 학생에게 적합한 개별화교육계획 목표를 제시하였다.'

관련 과목	국어	학년	초등학교 4학년
현행 수준	• 간단한 지시사항을 듣고 따름 • 원하는 물건이 있을 때 말을 하지 않고 손으로 가리키거나 끌어당겨서 달라고 요구함 • 다른 사람의 행동을 보고 따라 함 • 제시하는 그림과 같은 그림을 찾음		
학기 목표	<학기목표> - 이야기를 듣고 생각나는 것을 다양한 방법으로 자유롭게 표현한다. *** 관련 공통 교육과정 성취기준** [4국01-05] 목적과 주제에 알맞게 자료를 정리하여 자신감 있게 발표한다. [4국01-06] 주제에 적절한 의견과 이유를 제시하고 서로의 생각을 교환하며 토의한다. * 관련 기본 교육과정 - 내용 요소: 일상생활과 관련된 단어, 친숙한 단어를 사용하여 말하기 교과서 관련 단원: (기본)국어4-1. 생각을 말해요 - 내용 요소: 움직임을 나타내는 말, 말 듣고 행동하기 교과서 관련 단원: (기본)국어4-2. 잘 듣고 척척		

[교과 중심 개별화교육계획 목표 수립의 예-타 교육과정 활용]

이와 같은 방식은 기본 교육과정을 활용하는 것뿐 아니라 타 학년군 교육과정을 활용할 때에도 동일한 방식으로 제시할 수 있습니다. 이를 바탕으로 교과 중심 개별화교육계획에서 관련 성취기준을 제시하는 방식을 다음과 같이 정리할 수 있습니다.

1. 교과 중심 개별화교육계획의 목표를 수립하고 해당 학년군의 교육과정에서 관련 성취기준을 분석하여 관련 성취기준으로 제시합니다.

2. 만약 개별화교육계획의 목표와 해당 학년군의 관련 성취기준의 차이가 큰 경우 타 교육과정(또는 타 학년군 교육과정)에서 개별화교육계획의 목표, 해당 학년군의 관련 성취기준과 관련성이 높은 내용 요소와 교과서의 관련 단원(내용)을 찾고 이를 함께 제시할 수 있습니다.(교과서 관련 단원은 생략 가능)

3. 해당 학년군의 성취기준과 활용하는 교육과정의 구분이 적절한지 다시 한번 확인합니다.

[교과 중심 개별화교육계획 관련 교육과정 제시 요령]

- **생활 지원 중심 개별화교육계획:** 개별화교육계획 목표의 내용과 수준에 따라 관련 성취기준을 생략 또는 제시가 가능함
- **교과 중심 개별화교육계획:** 해당 학년군 교육과정의 성취기준을 연결하여 제시하되, 타 교육과정(또는 타 학년군)을 활용할 경우 관련 내용 요소와 교과서의 관련 단원(내용)을 함께 제시하는 것을 제안함

STEP 5. 개별화교육계획 수립을 위한 준비와 절차

"개별화교육계획을 수립하기까지 전체 과정이 그려지지 않아 답답해요. 무엇을 준비하고, 어떤 절차로 진행해야 할까요?"

개별화교육계획을 수립하기 위해 가장 먼저 해야 할 일은 무엇일까요? 바로 개별화교육지원팀을 구성하는 것입니다. 장애인 등에 대한 특수교육법 시행규칙 제4조(개별화교육지원팀의 구성 등) ①에 따르면 각급학교의 장은 법 제22조 제1항에 따라 매 학년의 시작일부터 2주 이내에 각각의 특수교육대상자에 대한 개별화교육지원팀을 구성하여야 합니다. 따라서 개별화교육계획 수립에 앞서 개별화교육지원팀을 구성해야 합니다. 여기에서 주의해야 할 점 세 가지가 있습니다. 첫째, 개별화교육지원팀을 구성하는 시기입니다. 장애인 등에 대한 특수교육법에서는 매 학년의 시작일부터 2주 이내에 개별화교육지원팀을 구성하도록 제시하고 있습니다. 그런데 어떤 교사들은 매 학년 시작일을 3월 2일로 생각하는 경우가 있습니다. 그 이유는 3월 1일이 국경일이기 때문입니다. 그러나 초·중등교육법 제24조(수업 등) ①에서는 학교의 학년도는 3월 1일부터 시작하여 다음 해 2월 말일까지로 한다고 제시하고 있습니다. 따라서 개별화교육지원팀을 구성하는 기간은 3월 2일이 아닌

매 학년의 시작일 3월 1일을 기준으로 2주 이내에 구성해야 합니다.

특히 개별화교육지원팀을 구성하는 기간은 법으로 정해져 있기 때문에 반드시 정해진 기간을 지켜 개별화교육지원팀을 구성해야 합니다.

둘째, 각각의 특수교육대상자에 대해 개별화교육지원팀을 구성해야 한다는

것입니다. 특수학교나 특수학급이 설치되어 있는 일반학교의 일부 교사 중 특수교육대상자 수와 상관없이 개별화교육지원팀 하나만 구성하면 된다고 오해하는 경우가 있습니다. 그것은 잘못된 것입니다.

개별화교육지원팀은 특수교육대상자 각각에 대해 구성되어야 합니다.

셋째, 개별화교육지원팀의 구성은 학생의 요구에 부합하고 팀 운영의 실행 가능성을 높이기 위해 학생의 교육적 배치형태에 따라 달라질 수 있습니다. 개별화교육지원팀의 구성은 기본 구성원과 선택 구성원으로 나누어 구성할 수 있습니다. 기본 구성원은 특수교육 대상 학생의 학교 구성원과 보호자를 포함하며 개별화교육지원팀의 구성과 운영에 필수적인 인원으로 구성하며, 선택 구성원은 특수교육 대상 학생의 교육적 요구를 토대로 기본 구성원의 협의와 학교장의 최종 결정을 거쳐 필요한 인원으로 구성할 수 있습니다(국립특수교육원, 2019).

<table>
<tr><th colspan="2">유형</th><th>기본 구성원</th><th>선택 구성원</th></tr>
<tr><td rowspan="4">교육적 배치에 따른 구분</td><td>특수학급 설치학교</td><td>• 개별화교육지원팀장[2]
• 특수교육 교원
• 일반교육 교원
• 보호자</td><td rowspan="2">• 부담임교사
• 교과전담교사
• 보건교사
• 상담교사
• 영양교사
• 학교의 진로・진업교육 담당 교원(전문가)
• 행정실장</td></tr>
<tr><td>특수학급 설치학교 (순회교육 대상자)</td><td>• 개별화교육지원팀장
• 특수교육 교원
• 일반교육 교원
• 순회교사
• 보호자</td></tr>
<tr><td>특수학급 설치학교 (순회학급 설치학교)</td><td>• 개별화교육지원팀장
• 특수교육 교원(순회학급 교사)
• 일반교육 교원(담임교사/교과담당교사)
• 보호자</td><td rowspan="2">• 특수교육 관련서비스 담당인력
• 시군구 주민센터 사회복지사
• 학생의 기타 가족
• 교육(지원)청 특수교육 담당자</td></tr>
<tr><td>특수학급 미설치교</td><td>• 개별화교육지원팀장
• 순회교사</td></tr>
</table>

유형		기본 구성원	선택 구성원
	(순회교육 대상자)	• 특수교육 업무 담당 일반교육교원 • 일반교육 교원(담임교사/교과담당교사) • 보호자	• 늘봄 과정 강사 • 늘봄 교실 강사 • 학교 담당 경찰관
	특수학급 미설치교	• 개별화교육지원팀장 • 특수교육 업무 담당 일반교육교원 • 일반교육 교원(담임교사) • 보호자	
	특수학교	• 개별화교육지원팀장 • 특수교육 교원 • 보호자	

[개별화교육지원팀의 구성 형태와 구성원]

* 국립특수교육원(2019). 개별화교육계획운영가이드북. p.49 표를 수정하여 제시하였음.

개별화교육지원팀을 구성하였다면 해당 내용을 바탕으로 내부 기안을 올려야 합니다. 개별화교육지원팀 구성 및 운영 계획 서식은 각 시・도마다 또는 학교마다 차이가 있을 수 있으니 관련 서식을 참고하여 작성하되 앞서 말한 매 학년 시작일 기준 2주 이내에 작성하여 내부 기안을 올리시기 바랍니다.

다음으로 개별화교육지원팀 협의회를 개최해야 합니다. 개별화교육지원팀 협의회를 개최할 때 고려해야 할 점은 개별화교육계획 수립일입니다. 장애인 등에 대한 특수교육법 시행규칙 제4조(개별화교육지원팀의 구성 등) ②에 따르면 개별화교육지원팀은 매 학기의 시작일부터 30일 이내에 개별화교육계획을 작성하여야 합니다.

따라서 1학기 개별화교육계획은 3월 1일을 기준으로 30일 이내에 작성하여야 하며, 2학기 개별화교육계획은 2학기 시작일을 기준으로 작성하여야 합니다.

2) 개별화교육지원팀장은 교감 또는 교장으로 구성할 수 있음. 단, 개별화교육계획의 최종 결재는 학교장이 함.

개별화교육계획이 매 학기 시작일 기준 30일 이내에 작성되어야 함에 따라 개별화교육지원팀 협의회는 그 이전에 개최되어야 합니다.

개별화교육지원팀 협의회에서는 특수교육 대상 학생의 개별화교육계획 수립과 관련된 사전 면담이나 자료조사를 통해 충분한 정보를 수집하고 이를 바탕으로 협의회에 필요한 자료를 준비하여 학생의 개별화교육계획 수립에 대해 협의합니다. 개별화교육지원팀 협의회에서는 다음과 같은 내용을 협의할 수 있습니다.

- 학생의 이전 평가 결과 및 교육적 요구 사정 결과 보고(강점, 선호도 및 흥미, 교육 및 생활 지원 요구 등)
- 교육적 요구의 우선순위 조정 및 결정
- 개별화교육계획 방향 및 유형 결정
- 개별화교육계획과 관련된 교과목 및 생활 지원 영역 결정
- 개별화교육 운영을 위한 교과 시수 활용 방안 논의
- 학생의 교육 및 생활 지원과 관련된 학교 차원의 지원 방안 논의
- 특수교육 관련서비스 유형 및 제공 방안
- 기타 개별화교육계획에 관한 사항

이와 같이 개별화교육지원팀 협의회를 진행하고 협의회 결과를 정리하여 내부 기안을 올린 후 이를 반영하여 개별화교육계획을 수립합니다. 이를 정리하면 다음과 같습니다.

개별화교육지원팀 구성	• 학교장은 매 학년의 시작일로부터 2주 이내에 특수교육 대상 학생별로 기본 구성원을 중심으로 한 개별화교육지원팀을 구성한다.
선택 구성원 조성 및 회의 준비	• 개별화교육지원팀 구성 및 운영 담당자는 기본 구성원과 협의하여 선택 구성원을 조정하고 결정한다. • 개별화교육지원팀 회의를 준비한다.
사전 정보 수집 및 구성원 간 사전 의견 조율	• 개별화교육계획 수립 담당자는 학부모와의 상담, 전년도 평가 결과 등을 검토하여 사전 정보를 수집한다. • 개별화교육계획 수립 담당자는 사전 정보 수집 결과를 바탕으로 사전에 구성원 간의 의견을 조율하여 개별화교육계획 수립 방안을 마련한다. • 특수학급 설치학교의 순회교육대상자의 경우 해당 학교의 특수교육교원이 구성원 간의 의견을 조율하여 개별화교육계획 수립 방안을 마련한다. • 단, 순회교육대상학생[3]의 개별화교육계획의 작성 내용 중 교육목표, 교육내용, 교육방법, 평가는 담당 순회교사가 수립 방안을 마련한다. 개별화교육지원팀의 회의운영방식(개별형 또는 집단형 회의)을 결정한다.
개별화교육지원팀 회의(개별형/집단형) 개최	• 개별화교육계획의 유형을 결정한다. • 개별화교육계획 수립 교과목(영역)을 선정한다. • 특수교육 관련서비스 지원 방안을 협의한다. • 기타 학교 차원의 지원 방안을 협의한다.
개별화교육계획의 작성	• 개별화교육계획 수립 담당자는 회의 결과를 토대로 개별화교육계획을 작성한다. • 순회교육대상학생의 개별화교육계획의 경우 작성 내용 중 교육목표, 교육내용, 교육방법, 평가는 담당 순회교사가 작성한다.
개별화교육계획의 승인 및 확정	• 개별화교육계획 수립 담당자는 최종적으로 결정된 개별화교육계획의 승인을 위해 구성원의 서명을 받는다. • 서명한 개별화교육계획을 학교장이 결재한다.

* 국립특수교육원(2019). 개별화교육계획운영가이드북. p.52 발췌하여 제시하였음.

3) 특수교육지원센터에서 지원하는 순회 교육은 제외.

개별화교육계획은 특수교육 대상 학생의 장애 특성과 교육적 요구의 우선순위를 고려해야 하며 이와 함께 법에서 정한 기한과 절차에 따라 작성해야 합니다. 따라서 특수교사는 개별화교육계획 수립을 위한 충분한 정보를 바탕으로 적절한 개별화교육계획이 절차에 따라 수립될 수 있도록 정확한 기준과 절차를 숙지하고 운영해야 할 것입니다.

- **매 학년 시작일:** 3월 1일(초·중등교육법 제24조(수업 등) ①)
- **개별화교육지원팀 구성 기간:** 매 학년 시작일 기준 2주 이내 구성(장애인 등에 대한 특수교육법 시행규칙 제4조(개별화교육지원팀의 구성 등) ①)
- **개별화교육지원팀 구성:** 특수교육대상자 각각에 대해 구성(장애인 등에 대한 특수교육법 시행규칙 제4조(개별화교육지원팀의 구성 등) ①)
- **개별화교육계획 작성:** 매 학기 시작일 기준 30일 이내(장애인 등에 대한 특수교육법 시행규칙 제4조(개별화교육지원팀의 구성 등) ②)

STEP 6. AI가 돕는 개별화교육계획 수립

"개별화교육계획 유형과 학기별 목표까지 수립을 했어요. 월별 교육목표와 교육내용, 교육방법을 쉽게 수립할 수 있는 방법은 없을까요?"

특수교육 대상 학생에게 적합한 개별화교육계획 유형을 결정하고 개별화교육계획 목표를 수립했다 할지라도 구체적인 교육목표와 교육내용, 교육방법 등이 수립되지 않으면 개별화교육을 실시하기에 어려움이 있을 것입니다. 특히 개별화교육계획은 특수교육 대상 학생의 장애 유형과 장애 특성, 교육적 요구에 적합한 목표와 내용, 방법 등으로 계획되어야 하기에 경력 교사라 할지라도 개별화교육계획을 수립해야 할 때가 되면 많은 부담과 고민의 시간을 갖게 합니다.

이와 같은 어려움을 조금이나마 해소하기 위해 생성형 AI(챗GPT)를 활용하여 학기별 개별화교육계획의 목표에 따른 '월별개별화교육계획'을 수립해 보고자 합니다. 생성형 AI의 활용 방법에 대해서는 많은 전문 도서들이 있기 때문에 여기에서는 다루지 않으니 관련 도서를 참고해 보기를 제안드립니다(예: 교사, 수업을 요리하다 매체편). 다만, 기본적으로 정보나 프롬프트 작성 방법은 'PART 2'에 안내되어 있으니 확인해 보시면 도움이 될 것입니다.

Click 생성형 AI 활용 월별개별화교육계획 수립하기 1단계

: 특수교육 대상 학생에 대한 정보, 개별화교육계획 유형과 목표 결정

생성형 AI를 활용해 본 경험이 있다면 알겠지만 사용자가 구체적으로 무엇을, 어떻게 요구하느냐에 따라 결과물의 내용과 질이 확연하게 달라집니다. 개별화교육계획 수립에서도 마찬가지입니다. 생성형 AI를 활용하여 개별화교육계획을 수립할 때 교사가 구체적으로 프롬프트를 입력해야 대상 학생에게 적합한 개별화교육계획이 수립될 수 있습니다. 즉 생성형 AI를 활용하기 앞서 특수교육 대상 학생의 장애 유형과 특성, 교육적 요구, 현행수준을 명확히 확인하고 개별화교육계획의 유형과 목표를 결정해야 합니다.

Click 생성형 AI 활용 월별개별화교육계획 수립하기 2단계

: 생성형 AI에 프롬프트 입력하기

개별화교육계획의 유형과 목표가 결정되었다면 다음과 같이 생성형 AI에 입력할 프롬프트를 작성할 수 있습니다.

- **역할 부여:** 너는 특수교사야. 다음 학생에게 적합한 월별개별화교육계획을 수립해 줘.
- **학생 특성:** 학생은 초등학교 4학년 남학생으로 심한 지적장애를 가지고 있어. 지능검사(K-WISC-5) 결과 50에 해당하고, 적응행동(NISE-K · ABS) 검사 결과 54에 해당해. 기초학습능력검사(NISE-B · ACT)를 실시했을 때 읽기, 쓰기, 수학에서 모두 심한 학습지체로 나왔어. 이 학생은 공을 가지고 노는 것을 좋아하며, 그림 및 낱말카드에 관심이 많고 카드를 줄 맞춰 나열하는 것을 잘해.

- **행동 특성:** 행동 특성으로는 대체로 수업에 적극적으로 잘 참여하는 편이나, 청각적으로 예민하여 선호하지 않는 소리나 큰 소리가 들리면 귀를 막고 불안해하며 활동에 참여하기 어려워 해.
- **현행 수준:** 학생의 현행 수준은 교사나 친구들이 가지고 있는 학용품이나 간식 등을 허락 없이 가져가. 또 교사와 눈맞춤이 가능하고 체조나 율동을 따라 할 수 있어. 3음절 이하의 낱말을 따라 말할 수 있어. 쓰기 도구나 가위, 풀 등의 학용품에 관심이 많아. 그림카드와 사물을 1 : 1 매칭할 수 있어.
- **월별 목표 제시:** 이와 같은 학생의 특성과 현행 수준을 반영하여 다음 두 가지 목표를 지도할 수 있도록 월별 개별화교육계획을 작성해 줘. 목표는 첫째, 내가 가지고 싶은 물건을 찾아 표현할 수 있다. 둘째, 원하는 것을 요구하는 표현을 상황에 알맞게 할 수 있다.
- **구성 방식 제시:** 여기 목표에 맞게 3월부터 8월까지 월별 교육목표, 교육내용, 교육방법, 평가계획을 포함하여 작성해 줘.

[생성형 AI 활용을 위한 프롬프트의 예]

위와 같이 프롬프트를 입력했을 때 생성형 AI는 학생에 대한 정보를 다음과 같이 요약했습니다.

학생 기본 정보 요약

- **학년/성별**: 초등학교 4학년 남학생
- **지능지수(IQ)**: 50 (K-WISC-5 결과)
- **적응행동지수**: 54 (NISE-K·ABS 결과)
- **기초학습능력**: 읽기, 쓰기, 수학 모두 심한 학습지체 (NISE-B·ACT 결과)
- **흥미 및 강점**: 공놀이, 그림 및 낱말카드, 줄 맞추기, 눈맞춤, 율동, 카드 매칭
- **행동특성**: 청각 예민(소음에 민감), 수업 참여 양호, 타인의 물건 무단 사용 경향

[생성형 AI가 요약한 학생 기본 정보]

이를 바탕으로 생성형 AI가 생성한 월별개별화교육계획은 다음과 같습니다.

월	교육목표	교육내용	교육방법	평가계획
3월	① 주변 사물에 흥미를 가지고 이름을 알 수 있다 ② 교사와의 눈맞춤으로 의사 표현을 시도할 수 있다	학용품, 간식, 장난감 등의 명칭 알기 눈맞춤하며 요구하기 연습	실물 및 그림카드 매칭 교사 모방 시범 후 따라 말하기 교사와 1:1 상호작용	사물 명칭을 5개 이상 말할 수 있는지 요구 상황에서 눈맞춤 3회 이상 가능한지
4월	① 선호하는 물건을 구분할 수 있다 ② 손짓이나 몸짓으로 요구를 표현할 수 있다	좋아하는/덜 좋아하는 물건 구분 손으로 가리키기, 손 뻗기 등 비언어적 표현	선호 물건 선택 후 카드로 표현 표정・행동 관찰 물건을 멀리 두고 손짓 유도	선호 물건을 3개 이상 구분할 수 있는지 손짓・몸짓으로 요구 표현 3종 이상 가능 여부
5월	① 원하는 물건을 지목으로 표현할 수 있다 ② 한 단어로 요구를 말할 수 있다	여러 물건 중 원하는 것 고르기 "공", "물", "주세요" 등 단어 발화	물건 배열 후 지목 유도 상황 제시 후 단어 발화 유도 말 대신 카드 제시도 허용	5회 중 4회 이상 지목 가능 여부 5회 중 3회 이상 단어 표현 가능 여부
6월	① 원하는 물건을 언어로 표현할 수 있다 ② 2어절 문장으로 요구를 표현할 수 있다	"공 주세요" 등 간단 문장 발화 2어절 문장 요구 표현("물 주세요")	구조화된 상황 설정 문장틀 활용 및 긍정 피드백 제공	2~3어절의 말로 표현 가능한지 요구 문장 3종 이상 말하기 가능 여부
7월	① 물건의 이름과 용도를 함께 말할 수 있다 ② 상황에 맞게 표현을 선택하여 사용할 수 있다	"연필로 글씨 써요" 등 말하기 "주세요"/"하고 싶어요" 등 표현 다양화	실물 사용 후 용도 설명 유도 역할놀이(간식, 장난감 상황)	이름과 용도 함께 설명 3종 이상 가능 여부 상황에 따라 표현 방식 변화 가능 여부
8월	① 나의 선호를 스스로 표현할 수 있다 ② 친구나 교사에게 스스로 요구를 표현할 수 있다	"나는 ○○가 좋아요" 문장 구성 실생활에서 요구 표현	상점 놀이, 친구와 돌아가며 말하기 자유 놀이 중 표현 유도	문장으로 선호 표현 가능 여부 친구나 교사에게 자발적 표현 사례 3회 이상

[생성형 AI를 활용한 월별개별화교육계획 사례]

Click 생성형 AI 활용 월별개별화교육계획 수립하기 3단계

: 생성형 AI가 생성한 결과물 검토하기

생성형 AI가 생성한 내용이 모두 완벽하다고 볼 수 없으며 교사가 의도한 바와 차이가 있을 수 있습니다. 따라서 교사는 내용을 검토하면서 대상 학생에게 적합한 내용인지, 교사가 의도한 바와 일치하는지 판단하는 과정을 거쳐야 합니다. 필요에 따라 일부 내용을 수정하거나 삭제, 추가하는 과정이 이루어질 수 있으며 이를 통해 교사의 의도가 반영된 특수교육 대상 학생에게 가장 적합한 월별개별화교육계획이 수립될 수 있습니다.

- **생성형 AI 활용 월별개별화교육계획 수립하기 1단계:**
  특수교육 대상 학생에 대한 정보, 개별화교육계획 유형과 목표 결정
- **생성형 AI 활용 월별개별화교육계획 수립하기 2단계:**
  생성형 AI에 프롬프트 입력하기
- **생성형 AI 활용 월별개별화교육계획 수립하기 3단계:**
  생성형 AI가 생성한 결과물 검토하기

3

교육과정, 교사가 설계하고 AI가 지원하다!

STEP 1. 교육과정의 개념과 특수교육에서의 적용

"특수교육에서는 교육과정을 어떻게 이해하고 적용하면 될까요? 그리고 AI는 교육과정 적용에 있어 어떤 역할을 할 수 있을까요?"

교육과정은 학교 교육의 방향과 내용을 결정짓는 중심축이 됩니다. 국가 수준에서 제시된 교육과정은 학교 현장에서 교사에 의해 구체화되고, 학생의 실

제 배움으로 이어집니다. 교육과정을 간단히 말하면, **학교에서 학생들에게 무엇을, 어떻게 가르칠 것인가에 대한 계획**입니다. 하지만 조금 더 깊이 들여다보면, 교육과정은 단순한 수업 내용의 목록이 아닙니다. 학생이 학교를 다니면서 경험하게 되는 모든 학습 활동, 즉 '학교 교육의 모든 것'을 의미하죠. 특수교육에서는 이 교육과정의 의미가 훨씬 더 깊고 중요합니다. 일반 학생들의 경우 국가가 제시하는 표준 교육과정만 잘 따르면 어느 정도 공통된 목표를 달성할 수 있습니다. 그러나 특수교육 대상 학생들은 각자의 장애 특성, 발달 단계, 개인적 요구가 너무나 다르기 때문에 단일한 표준으로는 충분하지 않습니다. 따라서 **"학생 개별성에 맞춰 교육과정을 유연하게 해석하고 적용하는 것"**이 핵심입니다.

2015 개정 교육과정 시기부터 기준형 교육과정으로 대강화되면서, 이전의 내용형 교육과정 시기에 비해 교육과정이 유연해지고 교사의 교육과정에 대한 해석과 실행 자율성이 확대되어 가고 있습니다. 2022 개정 교육과정은 "학습자 맞춤형 교육"을 강조하며, 모든 학생이 배움에 참여할 수 있도록 다양한 수준과 방식의 교육과정 적용을 권장하고 있습니다. 특수교육 대상 학생에게는 접근성 보장을 전제로, 성취기준을 조정하거나 해석하는 작업이 필요합니다. 이러한 과정에서 교사는 교육과정의 본래 의미와 목표를 정확히 이해해야 하며, 이를 바탕으로 자신만의 교사 교육과정을 설계해야 합니다.

교육과정의 기본 구조를 살펴보면, 대개 "목표(무엇을 기를 것인가), 내용(무엇을 가르칠 것인가), 방법(어떻게 가르칠 것인가), 평가(어떻게 성장했는가 확인하기)"의 흐름을 따릅니다. 특수교육에서도 이 틀은 기본적으로 유지됩니다. 다만, 각각의 요소를 장애 유형과 정도를 고려하여 '학생 맞춤형'으로 재구성하는 작업이 필요하죠. 최근 일반교육에서도 이러한 특수교육적 관점에서의 접근을 따르고 있습니다.

예를 들어, '국어' 과목에서 일반 학생은 문학 작품을 분석하고 적용된 문법 등을 배우지만, 특수교육 대상 학생에게는 '일상생활에서 필요한 간단한 문장 읽기'나 '감정 표현을 위한 짧은 글쓰기'를 목표로 삼을 수 있습니다. 또 수학에서는 복잡한 함수 대신 '마트에서 거스름돈 계산하기', '버스 시간표 읽기' 같은 실제적 기능이 목표가 될 수 있습니다. 참고로 2장에서 살펴본, 개별화교육(IEP)과 교육과정과의 관계에 관한 설명은 이번 장에서는 생략하도록 하겠습니다. 혹시 설명이 잘 이해가 되지 않거나 혼란을 느끼시는 분은 다시 2장을 읽어 보길 권합니다. 왜냐하면 자칫 오개념이 생길 수 있으니 다시 개념을 잡고 가는 것이 교육과정을 제대로 이해하는 방법이기 때문입니다.

특수교육에서는 '삶에 필요한 지식과 기능'을 중심으로 교육과정을 재구성하려는 시도와 노력이 필요합니다. 특수교육에서 교육과정을 적용할 때 중요한 원칙은 살펴보면, 다음과 같습니다.

첫째, 학생의 현재 수준과 요구를 정확히 파악하는 것입니다.

개별화교육계획(IEP) 작성 과정에서 이 작업을 하게 되는데, 학생의 강점과 약점을 분석하여 실제 가능한 목표를 세우는 것이 출발점입니다.

둘째, 교육의 궁극적 목적은 학생의 독립성과 사회적 통합을 지원하는 것이라는 점을 잊지 않는 것입니다. 모든 교육활동은 학생이 학교 밖, 사회 속에서 스스로 살아갈 수 있도록 준비시키는 방향으로 이어져야 합니다.

셋째, 일상생활과 연결된 실제적인 학습 경험을 제공하는 것입니다. 추상적 개념보다는 구체적이고 체험 가능한 활동을 중심으로 수업을 구성해야 합니다.

넷째, 학생 스스로 목표를 선택하거나 참여할 수 있도록 기회를 주는 것입니다. 물론 모든 결정을 학생이 하긴 어렵지만, 가능한 한 작은 선택지라도 제시해서 학생이 수업에 주체적으로 참여하도록 이끄는 것이 특수교육에서는 특히 중요합니다. 이런 특수교육적 접근에 있어서 최근 주목받는 것이 바로 AI의 활용입니다.

AI는 학생의 학습 이력을 분석하고, 수준에 맞는 콘텐츠를 추천해 주거나, 수업 자료를 맞춤형으로 제공하는 데 도움을 줄 수 있습니다. 하지만 반복해서 강조하는 핵심은 AI가 아니라 교사의 전문성입니다.

AI는 어디까지나 '보조자'일 뿐, 최종적인 교육과정 설계와 적용은 오직 교사의 교육적 판단에 기반해야 합니다. 즉 특수교사는 국가교육과정이라는 큰 틀 안에서, 학생 개개인의 특성을 고려해 맞춤형 교육과정을 '직접' 설계하고 적용하는 전문가입니다.

여기에 AI라는 새 도구를 똑똑하게 활용해 학생들의 학습 경험을 더 풍부하고 촘촘하게 만들어주는 것, 그것이 미래교육 환경에서 특수교사가 추가로 갖춰야 할 역량입니다.

- **특수교육에서 교육과정은 '틀에 맞추는 것'이 아니라 '학생 특성과 요구에 맞게 틀을 짜가는(~ing) 것'입니다. 그리고 교사는 그 설계도를 만드는 최고의 설계자입니다.**
- **특수교육에서 교육과정을 적용할 때 고려해야 할 원칙**

① 학생의 현재 수준과 요구를 정확히 파악하기

② 교육의 궁극적 목적은 학생의 독립성과 사회적 통합을 지원하는 것임을 잊지 않기

③ 일상생활과 연결된 실제적인 학습 경험 제공하기

④ 학생 스스로 목표를 선택하거나 참여할 기회 주기

STEP 2. 특수학교에서의 교육과정 운영과 실행

"특수학교 교육과정은 국가 수준 교육과정에서 벗어날 수 없나요? 해가 갈수록 장애가 심한 학생의 비율이 늘어나고 있어 교육과정을 어떻게 운영해야 할지 모르겠어요."

특수학교의 교육과정 운영은 일반학교와는 다르게 훨씬 세밀하고 전략적인 접근이 필요합니다. 학생들의 장애 유형, 발달 수준, 학습 양식이 매우 다양하기 때문입니다. 단순히 국가 수준의 교육과정을 그대로 적용하는 것만으로는 모든 학생의 성장과 발달을 효과적으로 지원할 수 없습니다. 따라서 특수학교는 국가 교육과정의 기본 방향을 존중하면서도, 자체적으로 학교 교육과정을 정교하게 재구성해야 합니다.

학교 교육과정은 학교의 교육 철학과 학생 특성을 반영하여 구체적이고 실천 가능한 목표와 내용을 제시해야 합니다.

여기서 특히 중요한 점은,

학교 교육과정을 기반으로 교사 교육과정이 긴밀하게 연계되고 체계적으로 운영되어야 한다는 것입니다.

특수학교 학생들은 대부분 유치원, 초등학교, 중학교, 고등학교, 전공과 과정을 하나의 학교에서 통합적으로 경험합니다. 즉 12년 이상을 동일 학교에서 성장하는 경우가 많기 때문에, 학교 교육과정이 일관성 없이 운영되거나, 교사마다 수업 방향성이 달라진다면 학생은 학습 경로의 단절을 경험하게 되고, 성장의 흐름이 끊어질 수 있습니다. 반대로, 학교 교육과정이 체계적으로 설계되고,

이를 바탕으로 교사 교육과정이 유기적으로 연계되어 일관되게 운영된다면, 학생들은 학령 단계에 따라 자연스럽게 발달 경험을 축적해 나가며 자기 주도성과 사회 적응 능력을 점진적으로 키워갈 수 있습니다.

이처럼 **학교 교육과정과 교사 교육과정 간의 구조적 일관성을 만드는 것이 특수학교 교육과정 운영의 핵심입니다.**

특히, 최근 통합교육이 강조되고 일반 학교에서의 통합교육 비율이 높아짐에 따라 특수학교의 중도・중복화가 가속화되고 있습니다. 그러므로 특수학교 교육과정 설계 시 다음 두 가지가 균형 있게 고려되어야 합니다.

바로, 모든 학생을 위한 공통성과 개별 학생을 위한 다양성입니다.

이를 위해 다음과 같은 전략이 필요합니다.

첫째, 공통성과 다양성의 조화를 위해 학교 교육과정 설계 시 모든 학생이 함께 경험할 수 있는 기본 학습 요소를 설정해야 합니다.

2022 개정 특수교육 기본 교육과정은 특수학교 교육과정 설계에 더욱 큰 유연성을 부여하였습니다. 교과(군)별 학습, 창의적 체험활동, 일상생활 활동 간 시수를 조정할 수 있도록 50% 범위 내 증・감축이 가능해졌습니다. 특히 장애 정도가 심한 학생의 경우, 교과(군)별 시수를 50% 범위 내에서 감축하여, 보다 많은 시간을 일상생활 활동으로 편성할 수 있도록 하였습니다. 학교는 이 유연성을 충분히 활용하여 우리 학교 학생의 발달 단계, 생활 맥락, 지역 특성, 교육공동체의 요구 등에 따라 교육과정을 탄력적으로 조정하고 운영해야 합니다. 특히, 학교 단위에서 일관성 있는 기본적인 학습 요소를 담아 공통의 교육계획을 수립하고, 이를 교사 교육과정과 긴밀히 연결하여 학생 성장 흐름을 끊김 없이 이어 나가는 것이 중요합니다. 이제는 판에 찍은 듯한 동일한 학교 교육과정이 운영되기 어려운 시대가 열리게 되었다고 할 수 있습니다.

둘째, 개인별 목표 설정과 접근 방법을 유연하게 조정합니다. 그동안 특수학교에서의 교육과정 운영이 국가 수준의 교육과정에 얽매여 개별 학생 특성에 맞는 교육을 실행하기에는 한계가 있다는 비판을 받아 왔습니다. 이러한 문제점을 극복하기 위해 2022 개정 특수교육 기본 교육과정에서는 학생의 실제 생활과 밀접한 교육을 강화하기 위해 「일상생활 활동」이 신설되었습니다. 이는 학교가 학생 개별 특성과 실제 삶의 요구를 반영하여 교육내용을 훨씬 유연하고 현실감 있게 설계할 수 있도록 길을 열어준 것입니다. 이러한 변화에 힘입어 교사 수준에서는 학생의 현재 수준을 기반으로 점진적인 성장과 성공 경험을 설계합니다.

셋째, 교사는 융통성과 적시성을 가지고 학생 변화에 따라 수업 내용과 방법을 신속하게 조정할 수 있어야 합니다.

융통성은 수업 계획이나 방식이 사전에 정해져 있더라도, 학생들의 상황이나 반응, 이해도에 따라 유연하게 조절할 수 있어야 한다는 뜻입니다. 예를 들어, 어떤 학생이 수업 내용을 어렵게 느끼면 좀 더 쉽게 설명하거나 활동을 바꿔줄 수 있어야 합니다.

적시성은 변화가 필요한 시점을 놓치지 않고 제때 반응해야 한다는 의미입니다. 학생의 집중력이 떨어지는 순간, 갑작스러운 감정 변화나 학습 속도 변화 등 즉각적으로 관찰하고 대응하는 능력이 중요합니다. 학생은 날마다 다를 수 있고, 같은 학생도 시간에 따라 감정, 집중력, 건강 상태 등이 달라지기 때문에, 교사는 그런 변화를 민감하게 감지하고 그에 맞춰 수업 방식(예: 놀이 중심, 실습 중심 등)이나 내용(예: 수준 조절, 관심사 반영 등)을 바꾸는 **전문성과 민감성**도 필요합니다.

결국 이 말은 학생 중심 수업의 핵심 원리를 강조하는 것으로, 정해진 틀을 고집하지 않고, 학생의 상태와 반응을 중심에 두고 수업을 유연하고 민첩하게 운영하라는 것입니다. 교사가 이러한 융통성과 적시성을 가지기 위해서는 교육과정을 부분이 아닌 큰 맥락에서 이해하고 해석하는 능력이 무엇보다 요구

된니다. 구체적인 적용사례는 8장에서 살펴보도록 합시다.

그래서 특수학교 교육과정 운영의 핵심은 학교 차원의 교육과정이 교사 교육과정과 밀접하게 연결되어야 하며, 학생 개개인의 변화와 성장을 장기적으로 끌어내는 구조여야 한다는 점입니다. 여기에 AI가 보조적 도구로 활용된다면, 데이터 기반의 맞춤형 수업과 보다 신속한 피드백이 가능해져 교육과정의 실현 가능성을 더욱 높일 수 있습니다.

- **특수학교 교육과정 운영과 실행**
  - 학교 교육과정을 기반으로 교사 교육과정이 긴밀하게 연계되고 체계적으로 운영
  - 모든 학생을 위한 공통성과 개별 학생을 위한 다양성의 조화

STEP 3. 특수학급에서의 교육과정 운영과 실행

"특수학급에서는 서로 다른 학년과 수준의 학생들이 함께 배우는데, 어떻게 교육과정을 일관성 있게 운영할 수 있을까?"

특수학급은 다양한 학년과 발달 수준을 가진 학생들이 함께 생활하는 복합적인 교육 환경입니다. 특수학급에 소속된 특수교육 대상 학생들은 공통 교육과정(초・중등학교 교육과정)의 편제를 따라야 합니다. 장애가 심한 특수교육 대상 학생이더라도 기본 교육과정을 적용할 수는 없습니다. 다음은 2022 개정 교육과정 「초・중등학교 교육과정 총론」에 명시된 특수학급의 교육과정 운영과 수업 설계와 관련 사항입니다.

(Ⅱ. 학교 교육과정 설계와 운영/4. 모든 학생을 위한 교육기회의 제공)

라. 특수교육 대상 학생을 위해 특수학급을 설치・운영하는 경우, 학생의 장애 특성 및 정도를 고려하여, 이 교육과정을 조정하여 운영하거나 특수교육 교과용 도서 및 통합교육용 교수・학습 자료를 활용할 수 있다.

(Ⅲ. 학교급별 교육과정 편성・운영의 기준/1. 기본사항)

하. 특수교육 대상 학생에 대해서는 이 교육과정 해당 학년군의 편제와 시간(학점 배당)을 따르되 학생의 교육적 요구를 고려하여 특수교육 교육과정의 교과(군) 내용과 연계하거나 대체하여 수업을 설계・운영할 수 있다.

-출처: 초・중등학교 교육과정 총론(교육부 고시 제2022-33호)

이 내용은 2022 개정 특수교육 교육과정 총론에도 동일하게 제시되어 있습니다.

또한 '2022 개정 특수교육 교육과정 편성 · 운영 톺아보기 35쪽'에 그 의미를 다음과 같이 설명하고 있습니다.

의미
특수교육 교육과정 교과(군) 내용의 연계 운영은 초 · 중등학교 교육과정 교과(군)의 성취기준 도달에 필요한 내용을 특수교육 교육과정 교과(군) 내용에서 찾아 특수교육 대상 학생에게 적합한 방식으로 제공하는 것을 의미합니다. '대체 · 운영'은 초 · 중등학교 교육과정 교과(군)의 내용을 특수교육 교육과정 교과(군) 내용이나 생활기능, 진로와 직업교육, 현장학습 등으로 대체하여 운영하는 것을 의미합니다.

유형	예시
특수교육 교육과정 교과(군)의 내용과 연계	초 · 중등학교 교육과정 사회과 초등학교 3~4학년군 성취기준 도달에 필요한 "생활 주변의 주요 장소"에 관한 내용을 기본 교육과정 사회과 초등학교 3~4학년군의 "동네의 모습 살펴보기"에서 찾아 내용의 전체 또는 일부를 연계하여 운영함.
특수교육 교육과정 교과(군)의 내용으로 대체	초 · 중등학교 교육과정 수학과 중학교 1~3학년군의 '도수분포표와 상대도수'의 내용을 대체하여 기본 교육과정 중학교 1~3학년군 '간단한 그래프' 등의 내용으로 운영함. 단, 내용 대체가 필요한 영역과 내용은 개별화교육지원팀 협의를 거쳐 학교장의 승인을 통해 운영할 수 있다.
교육 내용을 생활기능, 진로와 직업교육, 현장실습으로 대체	초 · 중등학교 교육과정 초등학교 국어과의 내용을 대체하여 국어과와 관련된 생활기능의 '의사소통' 영역으로 운영함. 여기서 생활기능은 일상생활 활동 영역뿐만 아니라 생활에 필요한 모든 기능을 의미한다. 내용 대체가 필요한 영역과 내용은 개별화교육지원팀 협의를 거쳐 학교장의 승인을 통해 운영할 수 있다.

-출처: 2022 개정 특수교육 교육과정 편성 · 운영 톺아보기

이렇듯 특수학급에서의 교육과정 운영은 많은 제약이 있습니다. 그러므로 다음 몇 가지를 고려할 필요가 있습니다.

첫째, 일반적으로 동일 학년군 학생들로 구성되지 않기 때문에, 한 학급 안에 저학년과 고학년이 혼재하고 있는 경우도 흔합니다. 또한 같은 학년군 안에서도 학생들의 인지적, 사회적, 의사소통 능력은 매우 다양하게 분포되어 있습니다.

따라서 학생 개개인의 학습 수준과 특성을 고려한 내용 선정과 활동 구성이 필요합니다. 특수학급에서의 교육과정 운영은 무엇보다도 '학생 이해'에서 출발해야 합니다. 학기 초에는 학생의 인지 · 사회 · 의사소통 능력 등 다양한 영역을 종합적으로 진단해야 하며, 이를 통해 현실적인 학습 목표를 설정하도록 합니다. 그러므로 개별화교육과의 연계가 수반되어야 하며 맞춤형 개별 지도가 필요합니다. 또한 다학년, 다수준의 학생들이 혼재되어 있으므로 함께 참여할 수 있는 주제 중심의 수업 설계 방식이 도움이 될 수 있습니다. 구체적인 사례는 'PART 3'를 통해 안내하도록 하겠습니다.

둘째, 특수학급에서는 자체적으로 공통 교육과정의 시수나 과목 편제를 조정할 수 없기 때문에, 교육과정 내의 '내용 수준 조정' 또는 '연계' 방식으로 수업의 유연성을 확보해야 합니다. 이를 위해 앞서 제시한 '2022 개정 특수교육 교육과정 편성 · 운영 톺아보기'에서는 공통교육과정을 바탕으로 한 '내용 연계' 또는 '내용 대체' 운영 방안을 예시로 제시하고 있습니다. 이 지침은 특수학급 교사가 제한된 법적 범위 안에서 어떻게 교육과정을 실질적으로 운영할 수 있는지를 안내하는 중요한 실마리를 제공합니다.

셋째, 일반학급과의 통합수업과 특수학급 내 개별 수업이 혼합되어 있어 운영되므로 효율적인 시간표 구성이 중요합니다. 또한 어떤 시간은 함께 주제 중심으로 수업해야 하고, 어떤 시간은 개별화된 수업이 필요하기 때문에 효율적인 운영 전략이 꼭 필요합니다. 구체적인 시간표 작성 노하우는 'PART 3'에서 초등 특수학급과 중등 특수학급, 각각의 사례를 중심으로 알아보도록 해요.

- **특수학급 교육과정 운영과 실행**
  - 특수학급 교육과정은 소속 학교의 교육과정 편제와 시간(학점)을 따라야 함
  - 특수교육 대상 학생의 교육적 요구를 고려하여 특수교육 교육과 정의 교과(군) 내용과 연계하거나 대체하여 수업을 설계·운영
  - 특수교육 교과용 도서 및 통합교육용 교수·학습 자료 활용

STEP 4. 교육과정 해석과 AI 활용 접근

"AI가 교육과정을 해석하는 데 어떤 도움을 줄 수 있나요? 어디까지 믿고 적용해야 할까요?"

교육과정 해석과 수업 설계에 생성형 AI를 활용하기 전, 반드시 명심해야 할 사항이 있습니다. 생성형 AI는 창의성이 뛰어납니다. 뒤집어서 생각하면 사실이 아닌 내용을 만들어 낼 수 있다는 점입니다. 즉 상대방이 요구하는 대로 답변을 작성하려는 경향이 있어 사실이 아닌 가상의 정보를 제공할 수 있다는 것입니다. 특히, **우리나라에서 통용되는 규정이나 기준과 관련된 내용은 정확하게 확인 후 적용해야 합니다.**

그리고 생성형 AI를 교육과정 해석에 활용하기 전 교사가 사전에 준비해야 할 것이 있습니다. 아무런 준비 없이 접근하는 것은 질적인 면 없이, 양적인 데이터만 모으는 것으로 '핵심은 없고 껍데기만 남는 꼴'이 될 수 있습니다. 그렇게 되지 않기 위해서는 **첫째, 교육과정에 대한 깊은 이해가 전제되어야 합니다.** 교사는 AI의 분석 결과를 효과적으로 활용하기 위해, 먼저 2022 개정 교육과정과 특수교육 기본 교육과정의 구조와 성취기준을 정확히 이해해야 합니다. **둘째, AI 리터러시(도구 활용 능력) 역량을 길러야 합니다.** AI 기반 도구(예: LMS, 진단평가 툴, 콘텐츠 제작 툴 등)를 적절히 활용할 수 있는 기술적 역량이 필요합니다. **셋째, 학생 관찰과 기록 기반의 교육과정 조정 능력을 갖춰야 합니다.** AI의 결과를 수용하기 전에, 학생 관찰 기록, 수업 반응, 행동 특성 등 교사만이 알 수 있는 맥락적 정보를 함께 반영하는 습관을 갖춰야 합니다.

특수교육에서 교육과정을 해석한다는 것은 단순히 성취기준을 파악하는 것을 넘어, 장애 학생의 특성과 교육적 요구에 따라 내용을 조정하고, 수업 방법을 변형하며, 평가 방식까지 개별화하는 일련의 과정을 의미합니다. 특수학급이나 특수학교에서 교사는 학년군, 발달 수준, 의사소통 능력, 인지 능력 등이 모두 다른 학생들을 대상으로 교육하기 때문에, 교육과정의 깊은 이해와 유연한 해석 능력이 필수입니다.

AI는 특수교사가 보다 효율적이고 실질적으로 교육과정을 해석하고 실행할 수 있도록 돕는 도구로 활용될 수 있습니다.

첫째, 학생 맞춤 진단 도구로 활용할 수 있습니다. AI는 학생의 수행 기록, 반응 시간, 문제해결 방식 등의 데이터를 분석하여 학습 수준 및 특성을 진단합니다. 이를 통해 교사는 학생 개개인에 적합한 교육내용을 교육과정에서 도출할 수 있습니다. 하지만, AI는 데이터를 기반으로 학습 내용을 제안하지만, 학생의 감정 변화, 사회적 관계 형성, 수업에 대한 태도 등 비정량적 요소를 인식하거나 해석할 수는 없습니다.

둘째, 차시 활동에 대한 아이디어, 반복 학습과 수준별 콘텐츠를 제공해 줄 수 있습니다. 생성형 AI는 창의성이 뛰어나기 때문에 교사가 생각하기 어려운 재미있고 기발한 차시 활동 아이디어를 제공해 주기도 합니다. 그리고 특수교육 대상 학생은 반복 학습이 필요한 경우가 많습니다. AI는 학생 수준에 맞는 다양한 형태의 반복 콘텐츠를 제공하며, 교사는 이를 바탕으로 수업을 효율적으로 구성할 수 있습니다. 그리고 같은 주제를 다양하게 반복할 수 있는 활동도 제안해 줍니다. 다만, 아무런 맥락 없이 수업 흐름도를 구성하지 않고 아이디어만 요구한다면, 한끼 떼우기식의 일회성 수업이 될 수 있으므로 주의가 필요합니다.

셋째, 개별화된 맞춤형 교육자료를 추천해 줍니다. 학생 수준에 맞는 교재, 시청

각 자료, 활동 예시 등을 자동으로 추천하여 교사의 준비 부담을 덜고 보다 타당한 교육과정 실행을 지원합니다. 예를 들어, 국어 교과에서 의사소통 능력이 낮은 학생에게는 그림 상징 기반 자료를 추천하고, 언어 발달 수준이 높은 학생에게는 이야기 구성 활동을 제안해 줍니다. 다만, 특수교육 대상 학생은 같은 장애 유형이라고 해도 학습 양상과 요구가 다르므로, AI의 분석 결과는 참고 자료일 뿐, 교육과정을 어떻게 조정할지는 교사의 전문성에 따라야 합니다.

넷째, 평가 방법에 따른 구체적인 평가 기준과 루브릭을 자동 생성해 줍니다. 생성형 AI는 성취기준, 학습목표, 활동 내용을 입력하면 평가 방법(관찰, 수행, 포트폴리오, 체크리스트 등)에 따라 적절한 평가 기준이나 평가 요소에 따른 평가 루브릭을 생성해 줍니다.

예를 들어, '친구와 협력하여 역할극을 수행할 수 있다'라는 목표에 대한 관찰 평가 요소를 '협력 행동의 빈도와 지속시간', '표현의 명확성' 등으로 구체적으로 제안해 주며, 평가 요소에 따른 평가 루브릭을 다음과 같이 생성해 줍니다.

평가 요소	**3점 (우수)**	**2점 (보통)**	**1점 (미흡)**
협력 행동의 빈도	친구와 자발적으로 **3회 이상 협력 행동**을 보임	교사의 안내에 따라 **1~2회 협력 행동**을 보임	협력 행동을 거의 보이지 않음
협력 행동의 지속 시간	활동 시간 동안 **지속적으로 협력**함	활동 중간에 **일시적으로 협력**함	협력 행동이 **매우 짧거나 중단됨**
표현의 명확성	자신의 역할을 **명확하고 또렷하게 표현**함	역할 수행 중 **부분적으로 표현이 불명확**함	**표현이 모호하거나 거의 없음**
반응 및 상호작용 태도	친구의 말이나 행동에 **적절하게 반응하고 상호작용**함	반응은 있으나 **상호작용이 제한적**임	친구의 행동이나 말에 **반응을 거의 보이지 않음**
참여 태도	활동에 **적극적으로 참여**하고 **집중**함	활동에 **일시적으로 집중**하며 참여함	활동에 **소극적이거나 집중하지 않음**

다만, AI는 일반적인 기준을 제시할 뿐, 학생의 특성과 상황까지 반영하지는 못하기 때문에 학생의 장애 유형, 의사소통 능력, 참여 환경을 고려하여 루브릭 항목을 조정해야 합니다. 그리고 정성적 평가 요소의 의미를 교사가 충분히 해석하고 명료화할 필요가 있습니다. 예를 들어, '적극적인 참여'라는 표현은 어떤 행동을 의미하는지 명확히 정의하여 일관성 있는 평가가 가능하도록 해야 합니다.

다섯째, 교육과정 실행 과정을 시각화해 줄 수 있습니다. AI는 학습 내용과 성취도의 연결 관계를 그래프나 도표로 시각화하여, 교육과정이 실제로 학생의 학습에 어떤 영향을 미치고 있는지를 직관적으로 확인할 수 있게 도와줍니다. 하지만, AI는 교사의 교육철학, 학생에 대한 믿음, 성장에 대한 기대 등을 이해할 수 없기 때문에, 교육과정의 운영 방향성과 수업의 질적인 결정은 결국 교사의 몫입니다.

이상으로 살펴본 바와 같이, **AI는 특수교육에서 개별화된 교육과정을 보다 실현 가능하게 만드는 도구로 활용할 수 있습니다.** 그러나 AI는 어디까지나 교사의 통찰력과 전문성을 지원하는 보조 도구임을 잊지 말아야 합니다. 교사는 AI가 제공하는 데이터를 참고하여 학생의 전인적 발달을 고려한 교육과정을 최종 결정하고 실행하는 핵심 주체입니다. AI와 교사의 협력이 조화를 이룰 때, 특수교육 대상 학생에게 더욱 적절하고 의미 있는 교육과정이 제공될 수 있으며, 이는 곧 학생의 삶의 질 향상과 진정한 포용 교육의 실현으로 이어질 것입니다. 'PART 3'에서는 교사가 주도하고 AI가 돕는 학급경영의 실제 사례를 확인할 수 있을 것입니다. 이러한 방법은 교사를 더 편리하게 해주며 학생에게 집중할 수 있는 시간을 만들어 줄 것이라 확신합니다.

- **교육과정 해석에 생성형 AI 활용 전 교사가 준비해야 할 사항**
  - 교육과정에 대한 깊은 이해 전제
  - AI 리터러시(도구 활용 능력) 역량 기르기
  - 학생 관찰과 기록 기반의 교육과정 조정 능력 갖추기
- **교육과정 해석과 수업 설계에 도움을 주는 생성형 AI**
  - 학생 맞춤 진단 도구로 활용
  - 차시 활동에 대한 아이디어, 반복 학습과 수준별 콘텐츠를 제공
  - 개별화된 맞춤형 교육자료를 추천
  - 평가 방법에 따른 구체적인 평가 기준과 루브릭을 자동 생성
  - 교육과정 실행 과정을 시각화해 줌

4

학급운영의 핵심: 특수교사가 알아야 할 모든 것!

STEP 1. 학급 운영에서 필수적으로 고려해야 할 요소

"효율적으로 학급을 운영하기 위해 필수적으로 고려해야 할 요소에는 어떤 것들이 있을까요? 학급운영 매뉴얼을 알려주세요!"

Click 왁자지껄 신나는 학급 운영 스토리

선생님은 왜 교사가 되고 싶으셨나요? 열심히 공부해서 임용시험에 합격하고 첫 발령 받아 출근하던 그날, 기억하시나요? 모든 선생님에게는 저마다의 교사가 되고 싶었던 이유, 첫 출근하던 날의 소회가 있을 텐데요. 그게 바로 선생님의 교육관입니다. 내가 맡은 반을 '어떠한 반으로 만들고 싶다'는 이상적인 학급에 대한 그림인거죠.

'일 년 동안 내가 맡은 학급을 어떻게 운영할 것인가?'
'일 년이 지난 후 우리 반 아이들이 어떤 모습을 갖게 되길 원하는가?'

어떤 선생님은 학생들의 교과 성적 향상에, 어떤 선생님은 학생들의 바른 인성 함양에, 어떤 선생님은 독서 교육에, 어떤 선생님은 일상생활 기술 향상에 학급 운영 목표를 둘 것입니다.

교사의 철학, 가치관은 학급 운영에 중요한 역할을 합니다. 다음 네 가지 질문에 대한 답을 천천히 떠올려 보는 성찰 과정을 통해 교사의 철학을 고민하여 학급 교육관을 세워 볼 수 있을 겁니다.

① 선생님의 가슴이 가장 뜨거웠던 순간은 언제였나요?
② 선생님에게 학생이란?
③ 선생님이 바라는 교실의 모습은?
④ 선생님이 만나는 학생들이 어떻게 성장하기를 바라나요?

위의 질문에 답하는 과정을 통해 학급 교육관의 방향이 세워졌다면 아이들과 함께 나만의 학급경영 스토리를 만듭니다. <노래로 소통하는 교실>, <기초문해력을 키우는 교실>, <365 웃음이 넘치는 교실>, <배려하고 양보하는 교실>, <AI와 함께하는 에듀테크 교실> 등 멋진 네이밍과 함께라면 근사한 1년 학급 운영 프로젝트의 절반은 성공한 셈입니다. 우리 학급의 1년 학급 운영 프로젝트를 학급 운영 계획서, 학교 홈페이지, 학급 신문 발행, 밴드 등을 통해서 학교 안팎으로 홍보하는 것도 잊지 마세요. 이러한 홍보 활동은 학부모와의 신뢰 구축, 동료 교사들의 호응과 지원 유도, 학생들의 인식 개선 등의 외부적 긍정적 효과뿐만 아니라 1년 동안 학급을 운영하며 자칫하면 매너리즘에 빠질 수도 있는 교사를 지치지 않고 열심히 달릴 수 있도록 채찍질해 주는 내부적 긍정적 효과도 톡톡히 한답니다.

Click 1년을 좌우하는 첫 한 달, 어떻게 보낼까?

새 학기를 시작하는 3월, 어떻게 보내시나요? 3월은 1년 학급경영의 첫 기반을 다지는 가장 중요한 시기입니다. 교육 활동을 우리는 농사에 곧잘 비유하곤 합니다. 작물에 따라 심는 시기, 거름 종류, 심어야 할 땅의 상태 등이 모두 다르듯이 학생들 역시 각자의 개성과 특성이 존재합니다. 노래를 잘 부르는 아이, 그림을 잘 그리는 아이, 운동을 잘하는 아이, 공부를 잘하는 아이, 글을 잘 쓰는 아이, 말을 잘하는 아이....

이렇게 다양한 특성을 가진 아이들을 잘 가르치기 위해 가장 중요한 것은 학생들마다 가지고 있는 고유한 특성을 잘 파악해야 한다는 것인데요. 요구하는 특성에 맞추어 관리하지 않으면 금방 죽어버리는 작물처럼 우리 학생들을 바람직한 모습으로 성장시키기 위해 가장 중요한 것은 학생의 특성을 잘 파악하고 그 특성에 맞추어 교육해야 한다는 것입니다.

"꽃을 기르면서 모든 식물은 햇볕을 좋아한다고 믿고 다 볕 아래 둔다면 타죽는 것들이 생긴다. 음지식물에 대해서 이해를 하고 그 식물들이 습기를 얼마나 좋아하는지도 각각 살펴보아야 한다. 네가 진정 무엇을 좋아하는지, 상대방의 상태를 알아야 한다. 아이도 마찬가지이다."

'엄마 학교'라는 책의 여는 글의 한 부분입니다. 3월 한 달은 학생들의 특성을 충분히 파악할 수 있는 시간으로 할애해 보세요. 조급해하지 말고 천천히, 학생들도 교사도 서로에게 친밀해지는 시간이 필요합니다. 동시에 이 시기는 다양한 아이들의 특성을 모두 담아낼 수 있는 우리만의 학급경영 계획을 세우는 시기입니다.

학급 목표는 학교의 교육 비전과 교육 목표를 기반으로 우리 학급만의 비전과 실천 약속을 학생들과 함께 만듭니다.

"어떤 학생이 되기를 바라는가?"
"1년을 우리는 어떻게 보내야 하는가?"

질문에 대한 답을 함께 정리해 보도록 합니다. 학급 비전을 생각했다면 함께 학급 규칙을 만들어 보세요. 학생들과 그림책을 함께 읽으며 자연스럽게 행복한 학급을 만들어갈 수 있습니다. 그림책 ≪선생님은 몬스터≫를 읽고 학급 규칙을 함께 만들어 봅시다. 목소리도 발소리도 크고 괴물같이 생긴 커비 선생님 때문에 바비는 학교 생활이 힘듭니다. 어느 날 우연히 커비 선생님과 공원에서 시간을 보내게 된 바비는 선생님의 모습이 점점 변해가는 것을 느끼는데요. 새 학년 학교생활 적응기를 선생님과의 관계를 통해 보여주는 재미있는 그림책입니다. 그림책을 읽은 후 <선생님을 몬스터로 만들 수 있는 나만의 방법>에 대해서 이야기를 나눕니다. 다양한 의견을 작성한 후 이번에는 반대로 <선생님을 예쁜 몬스터로 만들 수 있는 방법>에 대해 이야기 나누는데요. 이러한 과정을 통해 어떠한 교실이 되길 바라는지, 어떤 규칙을 세우고 지켜야 모두가 신나는 교실을 만들 수 있을지 함께 정합니다. 서로를 위해 지켜야 할 약속을 함께 만드는 과정은 학생들 스스로 자율성을 가지고 실천하는 문화를 조성한답니다.

Click 학부모와 소통하기

새 학기가 시작되면 2주 안에 개별화교육지원팀을 구성하여 개별화교육지원팀 회의를 진행하고 30일 이내에 개별화교육계획을 수립해야 합니다. 학부모님을 모시고 학교 교육과정에 대해 설명하는 학교교육설명회, 학부모 총회 역시 3월에 실시합니다. 더불어 학부모 상담 주간까지.

3월은 학부모 간담회로 시작해서 학부모 간담회로 끝난다고 해도 과언이 아닐만큼 학부모와의 만남이 많은 달입니다. 새 학기 첫 만남은 한 해 동안의 교육 활동을 매끄럽게 운영하기 위해 서로의 신뢰 관계를 공고히 구축해야 하는 아주 중요한 순간입니다. 불필요한 갈등을 예방하고 성공적인 학급경영을 위해서는 부모님과의 신뢰 형성이 반드시 선행되어야 할 과제입니다.

학부모와의 신뢰 형성, 핵심은 무엇일까?

교사로서의 전문성이 바로 그 첫 번째 열쇠입니다. 학부모로 하여금 내 자녀 교육의 동반자로 수용하도록 하기 위한 바탕은 교사의 전문성에 대한 신뢰입니다. 그러므로 우리는 특수교육의 전문가로서 풍부한 경험과 노하우가 있다는 것을 충분히 드러내고 알려야 합니다. 1년간의 학급경영에 대한 계획, 지도 방법 등을 PPT로 작성해서 안내하는 방법을 추천합니다. PPT를 만들어서 그저 줄줄 읽는 발표를 말하는 것이 아니라 실제적인 교사로서의 교육관, 지도 방법, 학급경영 목표, 개별화교육을 위한 구체적 계획 등을 담아 구체적으로 자세하게 설명하는 발표를 말합니다. 이때 학생들의 교육 영상, 학부모의 마음을 열 수 있는 그림책과 함께하면 금상첨화입니다. 이것이 바로 두 번째 열쇠입니다. 교육의 주인공인 학생의 발전을 위해 교사와 학부모, 우리는 서로 협력해야 하는 조력자라는 사실을 영상, 그림책이라는 매개체를 통해서 의미 있게 전달하는 것이죠. 나태주 시인의 시 <꽃 3>을 정밀아라는 포크 가수가 멜로디를 붙여 동명의 제목으로 한 노래가 있습니다. 학부모의 마음을 촉촉이 적셔주는 노래입니다. 특별히 거창한 해석 없이도 그냥 그대로의 존재 그 자체를 인정하고 사랑하겠다는 의지. 학부모의 심금을 울리는 노래로 학부모 총회에 안성맞춤인 노래입니다.

> 예뻐서가 아니다 잘나서가 아니다 많은 것을 가져서도 아니다
> 다만 너이기 때문에 네가 너이기 때문에
> 보고 싶은 것이고 사랑스런 것이고 안쓰러운 것이고
> 끝내 가슴에 못이 되어 박히는 것이다
> 이유는 없다 있다면 오직 한 가지 네가 너라는 사실 네가 너이기 때문에
> 소중한 것이고 아름다운 것이고 사랑스런 것이고 가득한 것이다
> 꽃이여, 오래 그렇게 있거라
>
> 꽃 3 / 나태주

그림책 ≪점≫은 교사의 작은 칭찬으로 베티라는 아이의 무한한 잠재력을 깨운 이야기입니다. 이 그림책의 맨 앞에는 화가의 추천의 말이 있는데요. 아래는 그 내용의 일부입니다.

> **모든 어린이는 다 예술가입니다.** 그들이 찍은 점 하나, 아무렇게나 그은 선 하나가 모두 아무도 흉내낼 수 없는 독창적인 그림입니다. 이 작은 책이 어린 시절 꼬마 화가였던 제 추억을 일깨워 주었습니다. **작은 칭찬 하나가 훌륭한 예술가를 만들 수 있다**는 걸 새삼 느끼며, 우리의 꼬마 예술가들과 그들의 부모님, 선생님들께 이 책을 권합니다.
>
> 황주리(화가)

예술가인 모든 어린이들의 잠재력을 일깨워 내기 위해서는 작은 칭찬 하나가 정말 중요하다고 말하는 이 글을 함께 읽으며 교사와 학부모는 우리 아이들을 훌륭한 예술가로 만들기 위해 서로 힘을 모아야 하는 동지라고 다시 한번 강조하며 화합을 도모합니다.

Click 도전행동 지도하기

특수교사로 살아가면서 가장 어려운 것이 무엇일까 묻는다면 아마 많은 수의 특수교사들이 도전행동 지도하기라고 답할 것입니다. 이러한 현상에 대해 증명이라도 하듯 대학에서는 심리・행동치료학과, 행동치료학과, 행동발달치료학과 등의 이름으로 새로운 학과들이 신설되고, 학교 현장에서는 긍정적 행동지원 업무가 독자적으로 파생되고 있으며, 특수학교에는 행동중재지원교사라는 이름으로 정원 외 교사가 배치되고 있는 실정입니다. 또한 행동중재 전문가를 양성한다는 목적으로 매년 개설되고 있는 연수들이 쏟아져 나오고 있는데요. 보다 나은 수업, 교수 방법에 대한 고민보다 학생들의 도전행동, 생활 지도에 대한 고민이 더 크다니 교사로서 참 슬픈 일이 아닐 수 없습니다.

학생이 가진 장애 특성, 환경적 요인, 개인적 기질 등이 너무나 다양하기 때문에 모두에게 적용되는 한 가지 해법을 찾을 수는 없겠지만, 그럼에도 불구하고 교사라면 아이들의 보다 나은 학교생활을 위해 무엇이 최선의 방법인지 고민해야 합니다. 수년간의 경험과 고민의 끝은 관심과 공감, 그 속에서의 단호함이었습니다. 많은 학생들이 부모, 교사, 또래의 관심을 얻기 위해 문제행동을 보입니다. 특이한 행동으로 주변의 관심을 얻고 자신의 존재를 드러내려는 것입니다. 이런 학생들이 학교 생활에서 어떻게 즐거움을 찾을 수 있을지 우리가 도울 수 있는 방법을 고민해야 합니다. 관심과 공감은 중요합니다. 학생의 감정과 행동에 공감하며 관심을 가지고 지도하면 이해받지 못한다고 생각해 보이던 문제행동들을 줄일 수 있습니다. 이처럼 모든 교육 활동에서 애정을 기반으로 하되 학생의 잘못된 행동, 지켜야 할 부분을 제대로 지키지 않는 부분에서는 단호함도 필요합니다.

긍정적 행동지원은 선행사건 조정, 대체행동 교수, 후속결과 조정 등을 통한 긍정적인 절차를 강조하고, 환경에서 행동에 영향을 미치는 환경적・맥락적 변인을 강조합니다. 긍정적 행동지원은 개인의 행동 문제를 제거하기보다는 바람직하고 적절한 행동을 보일 가능성을 최대화시키도록 환경을 조정하는 데 초점을 두고 있습니다. 학교 자체는 물론 교육청 차원에서도 학생을 위한 긍정적 행동지원팀을 구성하여 지원하고 있는데, 학교뿐 아니라 가정과 연계한 복합적 지원이 매우 중요합니다.

- **학급 운영에서 필수적으로 고려해야 할 요소**
  - ✔ 교사의 철학, 가치관을 담은 학급 교육관 세우기
  - ✔ 1년을 좌우하는 3월! 학급 비전, 학급 규칙 만들기
  - ✔ 학부모와 신뢰 형성하기
  - ✔ 가정과 연계한 긍정적 행동지원 실시하기

STEP 2. 교육기본법, 학교생활기록부, 학업성적관리 규정

"특수교사가 꼭 알아야 할 법령, 규정 등은 무엇이 있을까요?"

Click 교육기본법

1997년 12월 13일 제정된 교육 및 교육제도에 관한 기본적 사항을 정한 법률을 교육기본법이라고 합니다. 편의상 줄여서 '교육법'이라고 부르기도 한답니다. 교육기본법은 국가의 교육정책을 결정하고 교육권을 보장하는데요. 모든 국민에게 교육의 기회를 제공하고 공정한 교육을 실현하기 위해 중요한 역할을 수행한답니다. 교육기본법은 교육을 받는 사람들을 보호하고 교육의 질을 향상시키기 위해 제정된 법이랍니다.

제1조(목적) 이 법은 교육에 관한 국민의 권리·의무 및 국가·지방자치단체의 책임을 정하고 교육제도와 그 운영에 관한 기본적 사항을 규정함을 목적으로 한다.
제2조(교육이념) 교육은 홍익인간의 이념 아래 모든 국민으로 하여금 인격을 도야하고, 자주적 생활능력과 민주시민으로서의 필요한 자질을 갖추게 함으로써 인간다운 삶을 영위하게 하고 민주국가의 발전과 인류공영의 이상을 실현하는 데에 이바지하게 함을 목적으로 한다.

위의 교육목적, 교육이념 많이 접해보셨죠? 이러한 교육목적과 이념에 따라 유치원, 초등학교, 중학교, 고등학교, 특수학교 등의 교육목적을 규정하고 있으며 학습권, 교육의 기회균등, 의무교육, 학교교육, 평생교육 등의 내용을 담고 있답니다. 특수교사로서 가장 집중해야 할 교육기본법 내용은 바로 다음이 아닐까 하는데요.

교육기본법 [시행 2024. 12. 20.] [법률 제20562호, 2024. 12. 20., 일부개정]
제1장 총칙 제3조(학습권) **모든 국민**은 평생에 걸쳐 학습하고, 능력과 적성에 따라 교육 받을 권리를 가진다.
제1장 총칙 제4조(교육의 기회균등 등) ① 모든 국민은 성별, 종교, 신념, 인종, 사회적 신분, 경제적 지위 또는 **신체적 조건** 등을 이유로 교육에서 **차별을 받지 아니한다.** ② 국가와 지방자치단체는 학습자가 **평등하게 교육**을 받을 수 있도록 지역 간의 교원 수급 등 교육 여건 격차를 최소화하는 시책을 마련하여 시행하여야 한다. ③ 국가는 교육여건 개선을 위한 학급당 적정 학생 수를 정하고 지방자치단체와 이를 실현하기 위한 시책을 수립 · 실시하여야 한다.
제3장 교육의 진흥 제18조(특수교육) 국가와 지방자치단체는 신체적 · 정신적 · 지적 장애 등으로 **특별한 교육적 배려가 필요한 사람을 위한 학교를 설립 · 경영**하여야 하며, 이들의 **교육을 지원**하기 위하여 **필요한 시책을 수립 · 실시**하여야 한다.

제1장 제3조 학습권에 따라 특수교육 대상 학생도 교육받을 권리를 가지며, 제4조 교육의 기회균등에 따라 장애를 이유로 차별받지 아니하고 평등하게 교육을 받아야 합니다. 제3장 제18조에서 특수교육에 관해 이야기하고 있는데요.

이를 통해 우리는 특수학교의 설립 및 특수교육 지원에 관한 근거를 찾을 수 있습니다.

Click 학교생활기록부

학교생활기록부는 초・중・고등학생의 학적을 기록한 장부를 말합니다. 흔히 줄여서 '학생부' 또는 '생기부'라고도 하는데요. 2000년대부터 교육행정정보시스템(NEIS: National Education Information System)이 도입되면서 현행 제도가 정착되었습니다. 관련 법령은 다음과 같답니다.

초 · 중등교육법
[시행 2023. 9. 27.] [법률 제19738호, 2023. 9. 27., 일부개정]

제25조(학교생활기록) ① 학교의 장은 학생의 학업성취도와 인성(人性) 등을 종합적으로 관찰 · 평가하여 학생지도 및 상급학교(「고등교육법」 제2조 각 호에 따른 학교를 포함한다. 이하 같다)의 학생 선발에 활용할 수 있는 다음 각 호의 자료를 교육부령으로 정하는 기준에 따라 작성 · 관리하여야 한다.

1. 인적사항
2. 학적사항
3. 출결상황
4. 자격증 및 인증 취득상황
5. 교과학습 발달상황
6. 행동특성 및 종합의견
7. 그 밖에 교육목적에 필요한 범위에서 교육부령으로 정하는 사항

② 학교의 장은 제1항에 따른 자료를 제30조의4에 따른 교육정보시스템으로 작성 · 관리하여야 한다.

③ 학교의 장은 소속 학교의 학생이 전출하면 제1항에 따른 자료를 그 학생이 전입한 학교의 장에게 넘겨주어야 한다.

제30조의4(교육정보시스템의 구축 · 운영 등) ① 교육부장관과 교육감은 학교와 교육행정기관의 업무를 전자적으로 처리할 수 있도록 교육정보시스템(이하 "정보시스템"이라 한다)을 구축 · 운영할 수 있다.

② 교육부장관과 교육감은 정보시스템의 운영과 지원을 위하여 정보시스템운영센터를 설치 · 운영하거나 정보시스템의 효율적 운영을 위하여 필요하다고 인정하면 정보시스템의 운영 및 지원업무를 교육의 정보화를 지원하는 법인이나 기관에 위탁할 수 있다.

③ 정보시스템의 구축 · 운영 · 접속방법과 제2항에 따른 정보시스템운영센터의 설치 · 운영 등에 필요한 사항은 교육부령으로 정한다.

제30조의5(정보시스템을 이용한 업무처리) ① 교육부장관과 교육감은 소관 업무의 전부 또는 일부를 정보시스템을 이용하여 처리하여야 한다.

② 학교의 장은 제25조에 따른 학교생활기록과 「학교보건법」 제7조의3에 따른 건강검사기록을 정보시스템을 이용하여 처리하여야 하며, 그 밖에 소관 업무의 전부 또는 일부를 정보시스템을 이용하여 처리하여야 한다.

제30조의6(학생 관련 자료 제공의 제한) ① 학교의 장은 제25조에 따른 학교생활기록과 「학교보건법」 제7조의3에 따른 건강검사기록을 해당 학생(학생이 미성년자인 경우에는 학생과 학생의 부모 등 보호자)의 동의 없이 제3자에게 제공하여서는 아니 된다. 다만, 다음 각 호의 어느 하나에 해당하는 경우에는 그러하지 아니하다.

1. 학교에 대한 감독 · 감사의 권한을 가진 행정기관이 그 업무를 처리하기 위하여 필요한 경우
2. 제25조에 따른 학교생활기록을 상급학교의 학생 선발에 이용하기 위하여 제공하는 경우
3. 통계작성 및 학술연구 등의 목적을 위한 것으로서 자료의 당사자가 누구인지 알아볼 수 없는 형태로 제공하는 경우
4. 범죄의 수사와 공소의 제기 및 유지에 필요한 경우
5. 법원의 재판업무 수행을 위하여 필요한 경우
6. 그 밖에 관계 법률에 따라 제공하는 경우

② 학교의 장은 제1항 단서에 따라 자료를 제3자에게 제공하는 경우에는 그 자료를 받은 자에게 사용목적, 사용방법, 그 밖에 필요한 사항에 대하여 제한을 하거나 그 자료의 안전성 확보를 위하여 필요한 조치를 하도록 요청할 수 있다.

③ 제1항 단서에 따라 자료를 받은 자는 자료를 받은 본래 목적 외의 용도로 자료를 이용하여서는 아니 된다.

학교생활기록부는

① 학생의 학교 생활 태도 및 학습 성장 변화를 담아내는 학생 종합 성장 보고서입니다.

② 교사가 학생의 성장과 학습 과정을 상시 관찰 · 평가한 누가기록 중심의 종합기록입니다.

③ 학생의 학업성취도 및 인성 등을 종합적으로 관찰 · 평가하여 학생지도 및 상급학교의 학생선발에 활용할 수 있는 자료로 관리되는 법정 장부입니다.

학교생활기록부의 기재 항목은 학생 기본사항, 교과학습발달상황, 비교과활

동, 행동 특성 및 종합의견인데요. 구체적인 항목은 다음과 같습니다.

2024학년도 학교생활기록부 기재요령 기준

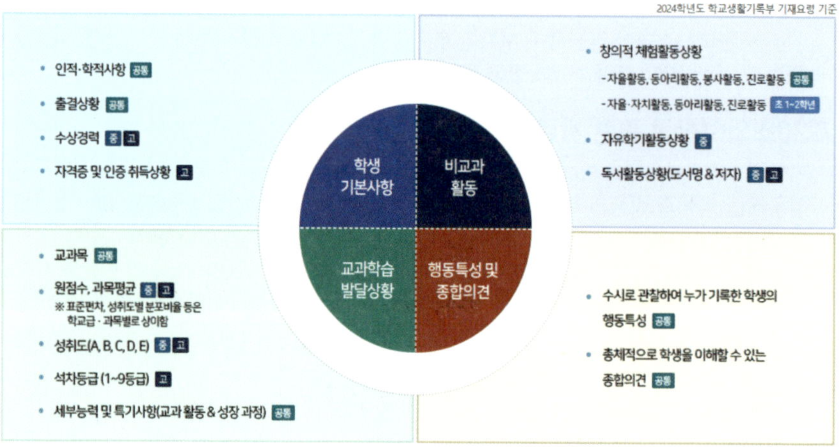

출처: 학교생활기록부 종합지원포털

학교생활기록부의 신뢰도와 공정성 제고를 위하여 <국민참여 정책숙려제>를 통해 현장의 다양한 의견을 듣고 반영하였는데요.

학교생활기록부는 **정규교육활동 중심으로 기록**하며, 기재・관리를 위한 책무성을 강화하기 위하여 철저한 학생부 자체 점검 및 현장 점검을 실시하고 있답니다. 학생부는 교사가 직접 관찰한 내용을 기재해야 하며, 학생으로부터 기재할 내용을 제출받아 기재하는 '학생부 대필'은 위법행위입니다. 학생 및 학부모가 사교육기관 컨설팅 자료를 교사에게 제공하는 등 학교생활기록부의 부당한 기재 및 수정을 요구하는 것 또한 위법행위이니 꼭 숙지해야 합니다.

학교생활기록부 종합지원포털 누리집에서 학교생활기록부에 관한 모든 것을 살펴볼 수 있으며 학생부 기재요령은 매년 <2020학년도 학교생활기록부 기재요령>이란 제목으로 학교에 보급되고 있으니 참고하면 됩니다.

학교생활기록부 종합지원포털 누리집(https://star.moe.go.kr/)

특수학교는 특수교육 대상 학생의 담임교사인 특수교사가 학생의 학교생활기록부의 '행동특성 및 종합의견'을 작성하는 반면 일반학교는 특수교사가 아닌 통합학급의 담임교사가 작성합니다.

2025학년도 학교생활기록부 기재요령 해설(p.202)[4)]

제16조(행동특성 및 종합의견)

가. '행동특성 및 종합의견'은 모든 학생에 대해 입력하며 행동특성을 포함한 각 항목에 기록된 자료를 종합하여 학생을 총체적으로 이해할 수 있도록 학급담임교사가 문장으로 입력하여 학생에 대한 일종의 추천서 또는 지도 자료가 되도록 작성한다.

나. 학교 교육활동 전반에서 지속적으로 관찰된 학생의 행동특성에 관한 누가기록을 참고하여 입력하고, 학생의 성장 정도, 특기사항, 발전 가능성 등을 구체적으로 작성한다. 다만, 학생의 부정적인 행동특성을 입력하는 경우에는 변화 가능성을 함께 입력한다.

4) 2025학년도 학교생활기록부 기재요령(고등학교). 교육부.

위의 학교생활기록부 기재 요령에 따라 통합학급의 담임교사가 특수교육 대상 학생의 학교생활기록부를 작성하되 특수교육 대상 학생을 총체적으로 이해할 수 있는 종합의견이 작성될 수 있도록 특수교사의 의견, 조언 등을 참고할 수 있습니다. 행동특성 및 종합의견에 특수교육 대상 학생임이 드러나는 개별화교육, 특수학급, 특수교육 대상자, 통합학급, 원 반 등 특수교육 대상 학생이라는 점이 드러나는 단어를 기재하지 못하도록 하는 법적인 근거는 없으나 특수학급 교사는 「장애인 등에 대한 특수교육법」, 「장애인차별금지 및 권리구제 등에 관한 법률」 등을 참고하여 특수교육 대상 학생에 대한 차별적, 부정적 의견이 작성되지 않도록 해당 학생의 생기부를 확인하고 적절히 의견을 제시하는 것이 필요합니다.

Click 학업성적관리 규정

학업성적관리 규정이란 초・중・고・특수학교 등에서 학생의 학업성적관리를 위한 세부 지침을 규정하는 내용의 문서를 말합니다. 학업성적관리 규정 작성 시에는 성적 제출 및 평가, 성적 통보 등에 관한 세부 조항을 명시해야 하는데요. 특수교육 대상자의 평가 및 평가 조정 등에 대한 사항이 학업성적관리 규정에 근거하여 결정되므로 특수교사는 근무하는 학교의 학업성적관리 규정을 잘 살펴보아야 합니다. 일반학교와 특수학교는 적용 교육과정에 따라 학업성적관리 규정에서 약간의 차이가 있는데요. 일반학교의 학업성적 관리 규정 목차는 다음처럼 구성됩니다.

2020학년도 OO학교 학업성적관리 규정

(2000. O. O.) 개정

제1장 총칙
제1조 (목적)
제2조 (기본 방침)
제2장 학업성적관리위원회
제3조 (학업성적관리위원회의 설치)
제4조 (위원회의 구성 · 임무)
제5조 (심의 내용)
제6조 (위원회의 운영)
제3장 출결상황 관리
제7조 (수업일수)
제8조 (결석 처리)
제9조 (지각 · 조퇴 · 결과 처리)
제4장 교과학습발달상황 평가 및 관리
제10조 (수행평가)
제11조 (지필평가)
(중략)
제15조 (장애학생 평가조정)
제5장 학교생활기록부 입력 및 관리
제6장 시행

부칙

제1조 (시행일)
제2조 (세칙제정)
제3조 (개정의 근거)
제4조 이 외에~~

일반학교 학업성적관리 규정에서 특수교사가 주목해야 할 부분은 제4장 교과학습발달상황 평가 및 관리의 제15조(장애학생 평가조정)입니다.

2025학년도 고등학교 학업성적관리 시행 지침[5)]

제15조(장애학생 평가조정) ① 학교장은 장애학생이 장애 유형과 정도를 고려한 적절한 평가를 받을 수 있도록 지원하고, 학업성적관리 규정에 장애학생의 평가조정 규정을 정하여 시행한다.

② 장애학생의 장애 유형과 정도에 따라 필요시 별도의 평가장 설치・운영, 대독, 대필, 보조기기, 지원인력 등 다음 각 호의 적절한 평가조정을 지원한다.

점자를 사용하는 시각장애학생을 위해 점자 평가자료를 제공하고, 필요시 음성 평가자료를 지원하며, 시험기간을 매 교시별 1.7배 연장한다. 또한, 묵자(일반문자)를 사용하는 시각장애학생을 위해 확대독서기(개인지참 가능) 또는 확대/축소 평가자료(118%, 200%, 350%/A4 중 택1)를 제공하고, 시험시간을 매 교시별 1.5배 연장한다.

지체장애학생 중 뇌병변 장애학생을 위해 시험시간을 매 교시별 1.5배 연장하고, 상지기능장애로 평가 수행이 어려운 경우에는 대필을 지원한다.

보청기나 인공와우를 착용한 학생을 포함하여 청각장애학생이 듣기평가에 참여하기 어려울 경우 지필평가로 대체한다.

③ 학생의 장애가 심하거나 그 밖의 사유로 추가적인 평가조정이 필요한 경우에는 학업성적관리위원회 심의를 거쳐 평가시간 연장 등 필요한 지원 사항을 결정할 수 있다.

특수교육 대상 학생을 위해 기본 교육과정을 운영하는 특수학교의 학업성적관리 규정은 위의 일반학교 학업성적관리 규정과 같은 목차로 구성되나 세부 내용에서 다소 차이가 있습니다. 기본 교육과정 운영 특수학교는 지필・수행평가가 없으므로 학업성적관리 규정에 해당 항목에 대한 세부 사항이 규정되어 있지 않습니다. 일반학교에서 특수교사가 잘 알고 있어야 할 제15조 (장애학생

5) 2025학년도 고등학교 학업성적관리 시행 지침(서울특별시교육청).

평가조정) 역시 마찬가지의 맥락에서 기본 교육과정 운영 특수학교 학업성적관리 규정에서 규정하고 있지 않습니다.

학교의 학업성적관리 규정을 제・개정하는 주체는 학업성적관리위원회입니다. 학업성적관리위원회는 初・중등교육법 시행규칙 제24조에 따라 학업성적 평가 및 관리의 객관성・공정성・투명성과 신뢰도를 높이고, 학교생활기록부의 전산처리 및 관리, 이에 따른 활동을 강화하기 위하여 구성된 심의의결 기구입니다.

학업성적관리위원회에서 **심의하는 내용**은 다음과 같은데요.

- 학업성적관리 규정 제・개정
  각 교과협의회에서 제출한 지필평가 및 수행평가의 영역・요소・방법・시기・횟수・반영 비율 등과 성적처리 방법 및 결과의 활용
- 창의적체험활동의 평가 기준 및 방법
  학업성적 평가 및 관리의 객관성・공정성・투명성・신뢰도 제고방안(평가의 기준・방법・결과의 공개 및 홍보, 평가 결과에 대한 후속 조치(이의 제기 등)
- 학교생활기록부의 기재방법 및 기재내용 등에 관한 사항
- 학교생활기록부 정정을 위한 증빙자료의 객관성 여부 등을 포함한 정정에 관한 사항
- 교과목별 기준성취율에 따른 분할점수 산출방식 등에 관한 사항
- 기타 학업성적관리 관련 업무

다음은 '2022 개정 初・중등학교 교육과정 총론(교육부 고시 제2022-33호 별책 1) 3. 평가' 부분입니다.

3. 평가

가. 평가는 학생 개개인의 교육 목표 도달 정도를 확인하고, 학습의 부족한 부분을 보충하며, 교수, 학습의 질을 개선하는 데 주안점을 둔다.

(중략)

다. 학교는 교과목의 성격과 학습자 특성을 고려하여 적합한 평가 방법을 활용한다.

1) 수행평가를 내실화하고 서술형과 논술형 평가의 비중을 확대한다.

2) 정의적, 기능적 측면이나 실험・실습이 중시되는 평가에서는 교과목의 성격을 고려하여 타당하고 합리적인 기준과 척도를 마련하여 평가를 실시한다.

3) 학교의 여건과 교육활동의 특성을 고려하여 다양한 지능정보기술을 활용함으로써 학생 맞춤형 평가를 활성화한다.

4) 개별 학생의 발달 수준 및 특성을 고려하여 평가 계획을 조정할 수 있으며, 특수학급 및 일반학급에 재학하고 있는 특수교육 대상 학생을 위해 필요한 경우 평가 방법을 조정할 수 있다.

5) 창의적 체험활동은 내용과 특성을 고려하여 평가의 주안점을 학교에서 결정하여 평가한다.

3-4) 항목을 보면 "일반학교 특수학급 및 일반학급에 재학 중인 특수교육 대상 학생을 위해 필요한 경우 평가 방법을 조정할 수 있다"라고 적혀 있음을 알 수 있는데요.

학생의 개별 발달 수준 및 특성을 고려한 평가 조정이 되기 위해서는 대상 학생의 특성을 가장 잘 알고 있는 특수교사 및 통합학급 담임교사의 의견과 조언이 필수적입니다.

따라서 일반학교의 특수교사는 평가 방법을 조정하기 위한 학업성적관리위원회에 참석하여 특수교육대상학생이 적절한 평가를 받을 수 있도록 의견을 제시하는 역할을 해야 합니다. 기본 교육과정 운영 특수학교의 학업성적관리위원회에서도 위와 같은 역할을 수행하지만 수행・지필평가가 없는 특수학교의 특성상 일반학교 학업성적관리위원회의 심의 내용에서 성적 산출 관리에 대한 내용을 제외하고 역할을 수행한답니다.

- **특수교사가 꼭 알아야 할 법령, 규정**
  - ✔ 교육기본법
  - ✔ 학교생활기록부
  - ✔ 학업성적관리 규정

STEP 3. 통합학급-특수학급 운영 전략

"특수학급과 통합학급이 함께 잘 어울려 지낼 수 있도록, 특수교사는 어떤 운영 전략을 세우고 실천해야 할까요?"

Click 통합학급과 특수학급의 연결고리 만들기

통합교육은 단순히 한 공간에서 수업을 함께하는 것을 넘어, 서로의 차이를 이해하고 존중하며 성장하는 과정을 의미합니다. 따라서 특수교사는 특수학급 학생들의 개별적인 특성과 교육 요구를 반영하면서, 통합학급과의 자연스러운 연계 전략을 설계해야 합니다. 이를 위해 다음과 같은 연결고리를 고려할 수 있습니다.

✔ 공동 프로젝트 구성

시, 음악, 미술 등 예술 활동 기반 프로젝트를 함께 설계하여 통합적 경험을 제공합니다. 예를 들어, 국어과 '시 감상' 단원을 기반으로, 특수학급 학생들은 '시를 노래로 만들기' 활동을 진행하고, 통합학급 학생들과 함께 합창하는 '푸르메 중창단 프로젝트'를 운영합니다. AI 작곡 프로그램(Suno)과 영상 제작 도구(Canva)를 활용하여, 학생들이 공동으로 창작하고 발표하는 융합형 프로젝트로 확장할 수 있습니다.

✔ 학년별 통합시간 확보

학교 교육과정 속에서 협의하여 매주 일정 시간을 통합 수업으로 배정합니다. 예를 들어, 매주 수요일 3~4교시를 '통합 인문학 수업' 시간으로 편성하여, 특수학급과 통합학급 학생이 함께 시 낭송, 감정 표현, 음악 활동 등을 합니다.

이와 같은 정기적인 통합 수업은 시간표 속에서 '같이의 시간'을 구조적으로 보장하는 전략입니다.

✔ 통합 행사 주도

장애인의 날을 맞이하여 특수학급 학생들이 주도하여 캠페인 영상 제작, 슬로건 공모, 장애이해교육 관련 행사 등을 기획하고 진행합니다. 이때 활동 전후로 학생들의 참여 태도, 표현력, 협력 경험 등을 중심으로 과정 중심 평가를 함께 설계하여, 통합학급 학생과 함께 성장의 기록을 남깁니다.

Click 시간표 속에서 만나는 '같이의 가치'

특수학급 학생의 하루는 대부분 정해진 시간표 안에서 이루어지기에, 시간표는 곧 교육의 방향을 드러냅니다. 따라서 특수학급과 통합학급이 함께하는 시간을 구조적으로 포함하는 것은 통합 운영의 핵심 전략입니다. '같이 배우는 시간'과 '따로 배우는 시간'을 조화롭게 설계하면, 다음과 같은 효과를 기대할 수 있습니다.

✔ 집중 지원이 필요한 교과는 따로, 사회적 상호작용이 중요한 교과는 같이

예를 들어, 국어 독해, 수학 연산은 개별적으로 진행하고, 체육, 음악, 미술은 통합 수업으로 운영합니다.

✔ 체험학습, 예술 활동, 프로젝트 학습 등에서 공동 수업 기획

학년 행사나 계기교육 주간에 맞추어 통합 프로그램을 기획하고 실행합니다. 예를 들어, 학교 축제 기간에 특수학급 학생들이 만든 작품(시화, 공예, 사진 등)을 통합학급 학생과 함께 전시하고, 설명 안내 및 체험 부스를 공동 운영합니다. 사전 준비 단계부터 통합학급 친구들과 역할을 분담하고 협력하는 과정 자체가 교육적 통합의 장이 됩니다.

✔ 시간표 운영 시 담임 및 교과 교사와의 정기적 협의

정기적인 교사 간 협의를 통해 학생 맞춤형 시간표 구성, 필요시에 수정 및 보완할 수 있도록 합니다. 예를 들어, 매주 수요일 3~4교시를 '통합 인문학 프로젝트 시간'으로 지정하여, 특수학급과 통합학급 학생들이 함께 '시를 노래로 바꾸어 부르는 활동'을 진행할 수 있습니다.

이처럼 주 1회 또는 월 1회 이상의 통합 수업 시간이 시간표에 정례화되면, 학생들은 서로의 존재를 '특별한 시간'이 아닌 '당연한 일상'으로 받아들이게 됩니다.

Click 공통 교육과정 기반 수업의 통합 실현

2022 개정 교육과정은 교과 간, 교과 내, 가정, 지역사회 연계를 강조하고 있습니다. 특수학급 수업도 통합학급에서 다루는 주제를 기반으로 재구성하여, 다음과 같은 전략으로 수업의 통합성을 강화할 수 있습니다.

✔ 단원 통합형 수업 재구성

예를 들어, 국어과 '시 감상' 단원을 통합하여 특수학급 학생은 시의 감정을 색깔이나 표정 그림으로 표현하고, 통합학급 학생은 시를 멜로디로 바꾸어 합창곡으로 완성합니다. 완성된 노래는 학교 축제나 장애이해교육 주간 행사에서 함께 발표하여 성취감을 공유합니다.

✔ 공통 주제에 따른 맞춤형 목표 설정

'의사소통 능력 향상'이라는 공통 목표 아래, 특수학급 학생은 의사 표현 그림카드를 활용해 자신의 생각을 전달하고, 통합학급 학생은 친구의 표현을 듣고 질문하거나 발표하는 연습을 합니다. 모둠 활동에서는 역할을 분담하여 서로의 강점을 살리는 방식으로 소통 경험을 설계합니다.

✔ 교과-행사 연계 주제 중심 수업 운영

장애인의 날을 맞아 '다름을 존중하는 말 한마디'를 주제로 국어, 도덕, 미술 교과를 연계하여 수업을 구성합니다. 특수학급 학생은 존중 표현을 스티커 문장으로 만들고, 통합학급 친구들은 이를 활용해 포스터나 카드뉴스를 완성한 뒤 전교생에게 나누는 캠페인을 진행합니다.

Click 교사 간 협력과 전문성 공유

통합학급과 특수학급의 원활한 운영은 한 사람의 노력으로 완성되지 않습니다. 그 중심에는 교사 간의 긴밀한 협력과 상호 전문성에 대한 존중이 존재합니다. 특히 특수교사는 통합학급 담임교사, 교과 담당 교사와의 관계 속에서 지원자이자 조력자, 그리고 정보 제공자이자 조정자의 역할을 수행합니다.

✔ 특수교사의 역할은 '지원과 안내'이지 '간섭'이 아니다.

특수교사는 교과 수업의 내용이나 방식에 직접 개입하거나 조정하는 위치에 있지 않습니다. 다만, 교과 담당 교사가 요청할 경우, 장애학생의 특성과 학습 접근 방식에 대해 전문성을 바탕으로 안내합니다. 예를 들어, 과제를 학생 수준에 맞게 재구성하거나, 시각적 스케줄이나 보편적 학습 설계(UDL)에 기반한 학습 규칙을 제안할 수 있습니다. 이러한 조력은 교사의 교육 철학과 수업의 자율성을 존중하는 방식으로 이루어져야 합니다.

✔ 협력은 생활지도와 상담에서도 필요하다.

특수교사는 장애학생의 행동 특성, 생활 습관, 보호자와의 상담 내용 등을 통합학급 교사와 공유할 수 있습니다. 예를 들어, 특정 학생이 소리에 민감하다면, 소음이 많은 활동 전후에 필요한 대처 방법(탈출 신호 등)을 사전에 협의하고 대비합니다. 이 과정에서 서로의 관점이 다를 수 있지만, 학생 중심의 접근을 위한 유연한 협조 태도가 중요합니다.

✔ 다양한 상황에서 '함께하는 교사'

특수교사는 학교행사, 체험학습 등에서 학생이 소외되지 않도록 함께 움직이며, 물리적 · 정서적 지원을 제공합니다. 또한, 장애이해교육이 필요한 경우 통합학급 교실에 들어가 직접 수업을 진행하기도 합니다. 이처럼 보이지 않는 장면에서도 통합을 설계하고 실천하는 역할을 수행하는 것이 특수교사의 또 다른 책무입니다.

✔ 정기 협의보다는 '틈새 소통', 전문 공유는 '상호 요청 기반'

현실적으로 주 1회 정기 협의는 어려운 경우가 많습니다. 대신, 교무실에서의 짧은 대화, 복도에서의 눈인사, 메시지를 통한 질문과 피드백처럼 일상적인 틈새 소통이 핵심 협력의 방식이 됩니다. 특수교사는 정보를 일방적으로 전달하기보다, 상황과 요청에 따라 적시에 도움을 주는 태도로 신뢰를 쌓아야 합니다.

결국, 협력은 '관계'에서 시작된다!

특수교사와 통합학급 교사는 서로의 주체성과 전문성을 인정하는 동료입니다. 특수교사는 담임이나 교과 담당 교사의 교육 철학과 전체 학급 운영 방식을 존중하고, 통합학급 교사는 특수교사의 학생 이해와 교육 전략을 신뢰하는 관계를 통해 진정한 협력은 시작된다고 할 수 있습니다.

Click 학생 주도 통합활동 설계

진정한 통합은 학생들의 자발적 참여로부터 비롯된다고 할 수 있습니다. 다음과 같은 전략은 학생의 주도성과 소속감을 높여 줍니다.

✔ 마니또 프로그램, 노래 모임, 독서토론 동아리 등 자발적 모임 구성

특수학급과 통합학급 학생이 함께 참여하는 '노래 모임'을 운영하여, 시를 노래로 만들어 함께 연습하고 발표하는 활동을 진행합니다. 또는 '통합 독서 마

니또'를 구성해, 서로 책을 추천하고 감상문을 나누는 활동을 통해 자연스럽게 관계를 형성합니다.

✔ 장애이해 캠페인 운영 시 학생 주도 기획단 구성

장애인의 날을 맞아 통합학급 학생들이 슬로건 공모, 포스터 디자인, 영상 제작 등을 기획하고 실행하는 학생 주도 캠페인 팀을 구성합니다. 특수학급 학생들도 본인의 이야기를 나누거나, 캠페인 영상에 출연하는 등 자연스럽게 참여자이자 기획자로 활동합니다.

✔ 모둠 활동에서 역할 분담 시, 다양성과 배려 강조한 가이드 제시

협동 활동 전, 교사는 '도와주기', '경청하기', '반복 설명하기'와 같은 배려의 언어와 행동 가이드를 제시합니다. 활동 중에는 역할 카드(기록자, 발표자, 자료 정리자 등)를 나누어 각자의 강점을 살릴 수 있도록 지도합니다.

- '같이의 시간'을 구조적으로 설계
- 특수교사는 지원자이자 안내자
- 학생 주도 활동(마니또, 캠페인 등)
- 모두가 주체가 되는 학교 문화 조성

Part 2

미래형 학급경영

교사의 비전과 AI의 역할

5

교사가 중심이 되는 AI 활용 전략

STEP 1. AI는 도구일 뿐, 핵심은 교사의 교육철학

"화려한 AI 기술에 대한 소식을 듣지만, 정작 교사로서 지도해야 할 방향성에 고민이 많아요. 단순히 놀이에 그치게 되는 것은 아닌지…."

교사의 비전이 미래형 학급의 중심이 되어야 함을 강조하며, AI를 어떻게 교사의 철학과 전문성을 살리는 방향으로 활용할 수 있을지를 탐색해 봅니다.

최근, 기술의 발전이 교육 현장을 빠르게 변화시키고 있습니다. 특히 인공지능(AI)의 도입은 단순한 도구를 넘어 학습 방식, 평가 체계, 교사-학생의 상호작용 영역에도 큰 영향을 미치고 있습니다.

이제 특수교사로서 관심을 가질 부분을 살펴봅시다.

Click 촉진자로서의 교사

정보의 단순한 전달자가 아닌 '성장 촉진자'가 되어야 합니다. 전통적으로 교사는 지식의 전달자 역할을 해왔습니다. 그러나 미래형 학급에서 교사는 단순한 정보 제공자를 넘어 '학생의 잠재력을 끌어내는 코치이자 촉진자(facilitator)'로 거듭나야 합니다. 우리 교사들은 어떤 역할을 수행해야 할까요?

학생마다 다른 수준과 흥미를 반영해 맞춤형 학습 경로를 설계하는 개별화 학습의 **촉진자**가 되고, 인간관계, 협업, 자기조절 등 미래 사회 핵심 역량을 기르기 위한 사회정서적 학습의 **리더**로 역할하며, 기술을 교육적 목적에 맞게 통합하여 의미 있는 학습 환경을 조성할 수 있는 **융합전문가**가 되어야 합니다. 우리 교사들은 단순히 기술을 도입하는 것을 넘어, 교육 철학과 학급 운영 방식에 대한 재구성의 과정을 반드시 거쳐야 합니다.

Click 보조자, 분석가, 맞춤 설계자로서의 AI

AI는 교사의 비전을 실현하는 강력한 도구가 될 수 있습니다. AI가 학급경영에서 수행할 수 있는 주요 역할은 다음과 같습니다.

① 데이터 기반 학습 진단

장차 AI는 학생들의 수행 데이터를 수집・분석하여 강점과 약점을 시각화하고, 교사가 더 정밀하게 피드백을 제공할 수 있도록 도와주게 될 것입니다.

② 개별화 콘텐츠 제공

학습 플랫폼이나 챗봇을 통해 AI는 학생 수준과 흥미에 따라 콘텐츠를 자동 추천하며, 교사는 이를 선별적으로 반영하여 수업을 구성할 수 있게 될 것입니다.

③ 반복 업무 자동화

고교학점제의 교과별 출결을 해보셨나요? 요즘 특수교사들 간에 이슈가 되고 있는 이 업무도 곧 교무업무시스템(NEIS)에 AI가 적용되면 출결 관리, 과제 채점, 학습 로그 분석 등 반복적인 행정 업무를 대신 수행함으로써 교사는 학생과의 질적 상호작용에 더 많은 시간을 투자할 수 있게 될 것입니다.

다시 한번 상기할 것은 AI는 만능 해결사가 아니라는 것입니다.

교육의 주체는 언제나 교사이며, AI는 도구로서 교사의 철학과 방향에 따라 유연하게 활용되어야 합니다. 그러기 위해서 여러분에게 다음과 같은 교사 중심 AI 활용을 위한 전략을 제안합니다.

① 교육 목표와 연계된 AI 도입

AI 도입은 '있으면 좋다'가 아니라 '무엇을 위해 필요한가'에 대한 명확한 목표 설정이 선행되어야 합니다. 수업 목표와 학급 비전에 맞는 AI를 선택하고, 그 기능을 교육적으로 해석해야 합니다.

② 교사 중심의 AI 리터러시 강화

단순한 사용법 교육을 넘어서, AI의 원리와 한계, 윤리적 고려에 대한 이해가 필요합니다. 교사가 AI를 비판적으로 해석하고, 교육적 맥락에서 적절하게 활용할 수 있도록 지속적인 전문성 개발이 이뤄져야 합니다.

③ AI 활용 협력 네트워크 구축

동료 교사와의 협업, 사례 공유, 공동 개발 등 학습 공동체를 통한 AI 활용 경험의 공유가 중요합니다. 그래야 실수를 줄이고 좀 더 인간 중심의 교실을 강화할 수 있을 것입니다.

결론적으로 교사가 이끄는 미래형 학급경영은 기술 중심이 아닌, 인간 중심의 교육 혁신이 이루어져야 합니다. AI는 분명 강력한 도구이지만, 그 도구를 교실에서 우리 소중한 학생들에게 '어떻게, 왜' 사용할지를 결정하는 것은 교사입니다. 교사의 철학과 비전이 AI와 만나 교육을 새롭게 재구성할 때, 진정한 의미의 미래형 학급이 완성될 수 있습니다.

- **교사 중심 AI 활용 전략**
  - 교육 목표와 연계된 AI 도입
  - 교사 중심의 AI 리터러시 강화
  - AI 활용 협력 네트워크 구축

STEP 2. AI 활용 수업 사례: 교사의 개입이 왜 중요한가?

앞서 언급한 대로, 오프라인과 온라인을 제대로 융합하는 것은 정말 중요합니다.

인간이 플러그를 꽂아 충전하는 존재가 아닌 만큼 우리 신체를 잘 이용하고 감각적으로 성장할 경험과 기회를 충분히 제공하는 것은 학생들의 신체, 정신적 건강문제와 직결되어 있음은 물론이고, 기본적 지역사회 적응기술 개발과 나아가서는 직업을 갖기 위한 다양한 기술 습득에도 중요한 조건이 됩니다.

학생들과 함께 오프라인과 온라인을 제대로 융합하는 주제로 삼은 것은 '환경문제'였습니다.

2025년 3월,
대한민국은 역사상
최악의 산불 사태를
겪었습니다.

경남 산청에서 시작된 산불은 강풍과 건조한 날씨로 인해 경북 의성, 안동, 청송, 영양, 영덕, 울산 울주 등으로 확산하며 전국 11개 지역에서 동시다발적으로 발생했습니다. 우리가 경험하고 있는 다양한 이상 기후로 인해, 산불과 홍수, 가뭄, 열대야 등은 이제 낯선 주제가 아닙니다. 안타깝게도 산불과 그 진화 과정에서 60여 명의 사상자가 발생했고 1987년 통계를 내기 시작한 이후 가장 큰 사망자 수를 기록했습니다. 이런 문제들은 이미 오래전부터 이어져 왔습니다.

작년부터 프로젝트 수업으로 이어온 '환경보호' 주제중심수업을 소개할까 합니다.

전문가들이 이미 수십 년 전부터 경고한 기후의 문제를 우리 학생들과 함께 스스로 주체적으로 참여하며 재미있게 경험할 수 있도록 AI가 적용된 다양한 디지털 도구들을 사용해 보았습니다.

노래 제작을 위한 AI 작곡프로그램 [SUNO]

우리가 주인공이 되는 노래를 BGM으로 틀어두는 것은 참 좋은 방법이었습니다. 노래 제작을 위한 AI 작곡프로그램 [SUNO]를 이용해 꽃과 자연을 사랑하는 자신의 이름이 등장하는 노래는 학생들이 지루하지 않게 이 프로젝트를 즐기는 좋은 환경을 만들어 주었습니다.

학생들과 함께 환경보호 관련 프로젝트를 진행하며 우리는 그림을 그렸습니다.

SUNO로 만든 학생들이 주인공이 되는 음악

이렇게 '우리가 주인공이 되는' 음악을 잔잔히 깔아두고, 함께 토론하며 정한 환경보호 주제로 스케치북에 다양한 그림을 그립니다. 그리고 이 그림을 가위로 오리고 디지털화해서 AI를 적용한 [미리캔버스]에 골고루 담아 동화책을 만들었습니다.

엉뚱한 초능력으로 지구의 환경을 지키는 수학여행을 떠난다는 주제로 학생들과 함께 이야기를 만들어 갑니다. 우리가 정한 초능력과 에피소드 주제를 제공하면 챗GPT는 구체적인 스토리를 제안합니다. 이 스토리에서 개연성이 부족하거나 우리가 원하지 않는 내용은 직접 수정합니다.

Click 챗GPT와 제미나이(Gemini)

챗GPT와 구글 Gemini, 애플의 Siri, 그리고 AI 혼합 에이전트 젠스파크 등 수많은 생성형 AI들이 있습니다. 인공지능 기술의 발전은 우리 삶의 모든 측면에 큰 영향을 미치고 있으며, 가정 또한 예외는 아닙니다. 챗GPT와 구글 Gemini와 같은 대화형 인공지능, 애플의 Siri로 알람을 맞추고 날씨를 물어봅니다. 젠스파크와 같이 이제는 이들을 통합한 혼합형 서비스도 시도되고 있습니다.

쇼핑하는 여주인을 따라
가방을 들고 가는 인간형 로봇
(가상의 장면)

기술 발달에 따른 가정 내 가사 노동변화 양상을 예측해 보면,

- 시간 절약: 가사노동 시간이 줄어들면서 여가 시간, 자기 개발, 가족과의 시간을 더 많이 확보할 수 있습니다.
- 삶의 질 향상: 가사노동 부담이 줄어들면서 심리적 스트레스가 감소하고

삶의 질이 향상될 수 있습니다.

- 새로운 직업 등장: 로봇 제작, 유지 보수, 서비스 개발 등 새로운 직업 분야가 생겨날 수 있습니다.

십수 년간 가사도우미로 기능할 수 있는 로봇은 기술 진화를 거듭해 왔고 정수기처럼 렌탈 서비스를 통해 세탁, 물청소, 빨래 개기 등의 가사 노동을 대신해주는 때가 올 수도 있다는 것은 즐거운 상상이 되고 있습니다. 그러면, 이렇게 진화하고 있는 AI 중에서 대표 주자로 우리가 잘 알고 있는 두 생성형 AI를 교실에서는 어떻게 활용할 수 있는지 생각해 봅시다.

AI는 특수교육 개별화수업 설계까지 할 수 있을까

특수교육 개별화 수업 설계에 챗GPT와 구글 Gemini를 적용했을 때 발생하는 장점과 단점을 비교하여, 특수교육현장에서 어떤 도구가 더 효과적일 수 있는지 생각해 볼까요?

챗GPT	구글 Gemini
거대 언어 모델 기반의 인공지능 챗봇으로, 방대한 데이터를 학습하여 자연어 처리능력이 뛰어나고 창의적 콘텐츠를 생성하는 데 탁월합니다.	구글에서 개발한 대규모 언어 모델로, 사실 기반 정보를 정확하게 제공하는 데 특화되어 있습니다. 다양한 정보를 효율적으로 검색하고 분석하는 능력이 뛰어납니다. 더불어, 출처를 알려주는 점이 사실 확인에 도움이 됩니다.

■ 챗GPT의 장점 - 창의성 있는 아이디어 생성

- 독창적인 수업 아이디어 제시

  : 다양한 수업 주제와 학습 목표에 맞춰 새로운 수업 방식과 활동을 제안

할 수 있습니다.

- 학생 참여 유도
  : 흥미로운 스토리텔링, 게임, 퀴즈 등 학생들의 참여를 이끌어낼 수 있는 다채로운 활동 아이디어를 제공할 수 있습니다.
- 개별화된 학습 경험 제공
  : 학생별 특성과 필요에 맞춘 개별화된 수업 콘텐츠를 제시하여, 학습 효과를 극대화할 수 있습니다.

■ 구글 Gemini의 장점 - 사실 기반 정보 제공

- 정확한 정보 제공
  : 구글 Gemini는 방대한 데이터베이스를 기반으로 정확하고 신뢰할 수 있는 정보를 제공할 수 있습니다.
- 최신 정보 접근
  : 실시간으로 업데이트되는 정보를 제공하여, 학생들에게 최신 지식과 정보를 전달합니다.
- 다양한 자료 검색
  : 학습 자료, 연구 논문, 웹 사이트 등 다양한 자료를 효율적으로 검색하고 분석하여 학습을 지원합니다.

이렇게 두 생성형 AI는 확실한 방향성의 차이를 보이며 작동하고 있습니다. 우리 선생님들이 사실 기반 정보를 원하는지, 창의성이 있는 제안을 원하는지에 따라 골고루 사용할 수 있다고 봅니다. 수업 설계의 측면에서 보자면, 저는 챗GPT가 조금 더 목적에 맞는 결과물을 제안하는 경험을 했습니다. 예를 들어, 원예 수업으로 계절에 따른 제안을 요청했을 때, 아래와 같은 결과물을 얻을 수 있었습니다.

세부 활동 계획

계절	기간	주요 활동	학습 목표	활동 내용
봄	3월 ~ 5월	모종 심기, 씨앗 파종, 새싹 채소 재배	계절의 변화에 따른 식물 재배 과정 이해, 기본적인 원예 도구 사용법 익히기	**가 그룹**: 씨앗 종류별 발아 조건 실험, 모종 관리 일지 작성 **나 그룹**: 기본 도구 사용법 익히기, 씨앗 심기 및 물 주기 실습**다 그룹**: 교사 및 보조교사의 도움으로 씨앗 심기와 물 주기 활동 참여**실내 활동**: 새싹 채소(새싹보리, 케일) 키우기
여름	6월 ~ 8월	여름 작물 관리 및 수확, 실내 수경 재배	작물 관리의 중요성 이해, 간단한 재배 일지를 작성하여 기록 습관 기르기	**가 그룹**: 옥수수, 토마토 등 여름 작물 수확 및 판매 활동 계획 수립**나 그룹**: 수확한 작물 정리 및 단순 가공 활동(샐러드 만들기)**다 그룹**: 수확 체험 및 간단한 조리 활동 참여**실내 활동**: 허브(민트, 바질) 수경 재배
가을	9월 ~ 11월	가을 작물 심기, 수확 축제 준비	가을 작물의 종류와 재배 방법 이해, 협동을 통한 행사 기획 및 준비 경험	**가 그룹**: 배추, 무 재배 및 김장 준비 과정 계획**나 그룹**: 배추와 무 심기, 수확 축제에서 사용할 작물 준비**다 그룹**: 작물 심기 체험 및 축제에서 간단한 역할 수행**실내 활동**: 다육식물 분갈이 및 실내 장식용 식물 키우기
겨울	12월	실내 정원 가꾸기, 연말 발표회	1년간의 원예 활동을 돌아보고 발표 능력 기르기, 실내 원예 활동을 통해 겨울철 식물 관리 학습	**가 그룹**: 연말 발표회 준비(활동 내용 발표 및 원예 작품 전시)**나 그룹**: 발표회 전시 준비(작물 사진 및 활동 기록 정리) **다 그룹**: 작품 전시 지원 및 발표 참여**실내 활동**: 실내 정원 조성(공기정화 식물 배치)

이렇게 살펴보며, 생성형 AI를 사용하실 준비가 되었다면,

역할, 맥락, 주제, 분량, 요청을 한 단계씩 잘 챙기셔야 합니다.

- 역할: 챗GPT에게 역할을 부여하면 사용자가 원하는 분야를 짐작할 수 있어서 관계성이 있는 정보를 잘 제공합니다.
- 맥락: 챗GPT 등 생성형 AI의 입력창에 요청내용을 '프롬프트를 작성한다.'라고 적습니다. 이렇게 프롬프트를 작성하실 때는 꼭 맥락을 알려주어야 합니다.
- 주제: 그리고 생성하기를 원하는 주제를 적으시고,
- 분량: '400자 이내로' 등과 같이 원하는 분량을 정해줍니다.
- 요청: 마지막으로 요청하는 문장을 적어주시면 더 정확한 결과를 얻으실 수 있습니다. 예를 들어, 우리 반에서 진행된 환경 동화의 스토리를 제안해 달라고 한 경우를 보여드리겠습니다.

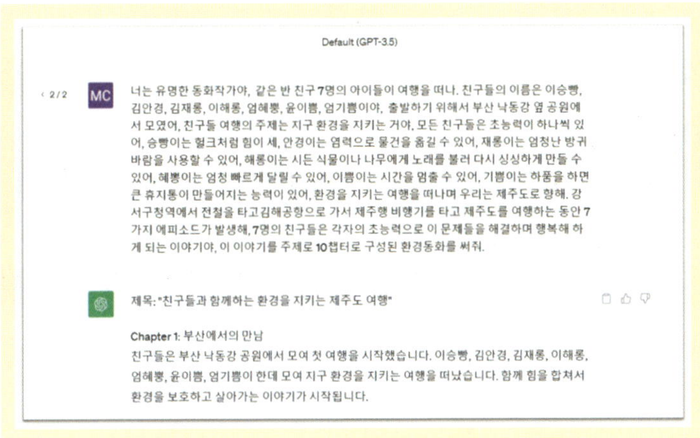

위의 캡쳐 화면은 실제로 제가 학생들과 챗GPT로 초기 작업을 한 장면입니다. 위의 프롬프트를 설명해 볼까요.

- '너는 유명한 동화작가야.'로 역할을 주어 분야를 정해주고, 이어 '여행을 떠나.'로 앞으로 벌어질 맥락의 힌트를 주고, 그 다음엔 구체적인 등장인물(학생)의 별명도 알리고, '지구환경을 지키는 거야'로 주제로 알려줍니다. 마지막으로 '10챕터로 구성된 환경동화를 써줘.'로 분량에 대한 명확한 요청을 한 상황입니다.

이제 환경동화 프로젝트의 결과물을 구체적으로 소개해 보겠습니다. 가장 먼저, 학생들에게 쉬운 단어로 아이디어를 요청했습니다. 특수교육 대상 학생들의 눈높이는 다 다르니 어려운 단어나 복잡한 구조는 이해가 잘되지 않으니까요. 이 과정에서 우리 교사들의 역할이 매우 중요합니다. 학생들에게 초능력을 스스로 정하도록 했습니다. 우리 어른들이라면, 생각지도 못할 기발한 제안들이 이어집니다. 웃으면 비가 오고 하품을 하면 가방이 생기고, 박수를 치면 시간이 멈춥니다. 노래를 부르면 새 생명이 자라나고 손을 대지 않고도 물건을 옮길 수 있는 우리 학생들은 수학여행 중에 우연히 만난 많은 일들을 해결하게 됩니다.

헤헤는 웃으면 비가 오는
초능력을 가지고 있습니다.

유퀴즈 스튜디오에 비가 오고
방귀는 뿡뿡! 엉뚱한 초능력 시연

이렇게 만들어진 작품은 학생들이 함께 종이책을 발간하고 학교 도서관에 기증하고 가정에도 전했습니다. 학부모님들이 얼마나 감동했을지 상상이 되지 않습니까.

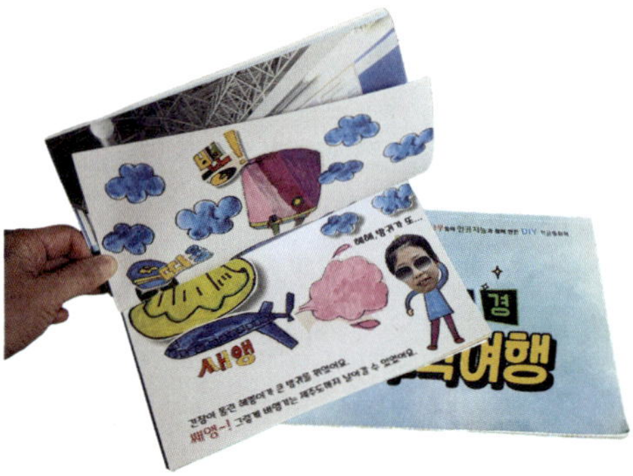

종이책으로 제작된
학급환경동화책
(feat. 챗GPT)

AI는 분명 훌륭한 도구입니다.

하지만, 서로 얼굴을 맞대고 환경보호 프로젝트를 정하고 하하호호 웃으며 초능력을 제안하고 색연필과 브러시펜으로 공들여 직접 그린 오프라인의 종이 그림을 정성스레 가위로 오리는 등 감각적으로 신체를 사용하며 **학생과 교사가 주도하는 활동의 메인 재료를 정하고 주체적으로 수업을 구성하는 것은 AI 활용 앞에 전제되어야 할 수업의 가장 중요한 포인트**라는 것을 잊어서는 안 된다는 것을 꼭 기억해야겠습니다.

- 생성형 AI 프롬프트 작성 조건
- **역할**: 챗GPT에게 역할을 부여하면 사용자가 원하는 분야를 짐작할 수 있어서 관계성이 있는 정보를 잘 제공합니다.
- **맥락**: 챗GPT 등 생성형 AI의 입력창에 요청내용을 '프롬프트를 작성한다.'라고 적습니다. 이렇게 프롬프트를 작성하실 때는 꼭 맥락을 알려주어야 합니다.
- **주제**: 그리고 생성하기를 원하는 주제를 적습니다.
- **분량**: '400자 이내로' 등과 같이 원하는 분량을 정해줍니다.
- **요청**: 마지막으로 요청하는 문장을 적어주시면 더 정확한 결과를 얻으실 수 있습니다.

STEP 3. 변화하는 교육 현장에서의 특수교사의 역할

여기서, 잠시 교실의 이야기를 접어두고, 더 큰 세상의 변화에 대해 생각해 봅시다. 예전부터 수많은 학자와 기술자들은 AI는 교육의 '보조자'이지 '대체자'가 아니라고 얘기해 왔습니다. 사실, 우리 인간이 주도하고 있다고 믿는 많은 사람들이 있습니다. 하지만, 이 변화의 양상은 얼마 전부터 완전히 변했습니다.

[AI 시대, 인간이 가야 할 길]
이라는 주제의 이 강연

최근, 하라리 교수의 내한 강연이 있었고 강연에서는 주목할 만한 주장이 등장했습니다. 여기서 언급한 **'편집자'의 힘**에 대해 우리는 주목해야 할 지점을 찾을 수 있습니다. 20세기 편집자들의 영향력은 매우 컸고 이탈리아의 독재자 무솔리니는 기자였다가 편집자가 되고, 이어 독재자가 되었고, 레닌도 기자를 거쳐 독재자가 되었습니다. 대화의 주제와 방향을 결정하는 것은 대단한 영향력이 될 수 있다는 것이죠. 편집자는 신문의 1면에 어떤 기사를 실을지 결정하거나 뉴스에서 어떤 주제로 여론을 형성할지 결정할 수 있게 됩니다.

대중의 사고와 여론을 형성하는 것이 곧 권력입니다.

여러분의 핸드폰과 태블릿에서 자동으로 나타나는 쇼츠를 보며 느끼셨겠지만, 최근에는 무형의 인공지능인 '알고리듬'이 여러분이 무엇을 보고 생각할지 결정하고 있습니다. 우리 인류는 역사상 가장 훌륭한 기술을 보유하고 있지만, 소셜 미디어의 알고리듬이 가지는 작동 방식을 간과하고 있습니다.

알고리듬은 양심도
의식도 없습니다.

그저, 유튜브, 페이스북, 틱톡, 트위터 등과 같은 플랫폼의 비즈니스 모델이 원하는 방식을 수많은 시행착오를 거쳐 찾아낸 것뿐입니다. **이유는 단 하나, 플랫폼에 오래 머무르면 돈이 되니까.** 탐욕, 공포, 분노, 증오와 같은 자극적인 감정버튼을 건드리면 콘텐츠의 소비자들이 더 오래 머무르게 된다는 것을 안 알고리듬은 의도적으로 가짜 뉴스, 음모론, 증오, 적대감과 관련된 정보에 주목하도록 편집자의 힘으로 결정하고 있습니다.

그들에게 윤리란 하나의 정보일 뿐, 꼭 챙겨야 할 덕목은 아니니까요. 소셜 미디어를 운영 중인 대기업들은 비즈니스라는 측면에서 수익을 유지하기 위해 AI에게 '편집자'의 권력을 더 강화해 주고 있다는 점을 놓쳐서는 안 됩니다.

AI가 적용된 전기자동차로
성공했지만
아이러니하게도
AI의 치명적 위험성을
강조하고 있는 일론 머스크

챗GPT를 만든 회사 오픈에이아이(OpenAI)의 창업자도 마찬가지로 AI가 가져올 위기에 대해 강조하고 있습니다.

AI가 가져올 위기에
대해 강조하고 있는
[OpenAI]의 창업자
샘 알트먼

그래서 혼돈의 시대에는, '교사'가 중심을 잡아야 합니다.

이렇듯 AI 개발자와 기업인들조차 경계의 목소리를 내는 와중에 우리 교사들은 스스로 비판적 사고와 교육적인 측면에서 'AI 리터러시'에 대해 생각할 필요가 있습니다.

- 나는 디지털 문해력(digital literacy)을 '비판적으로' 이해하고 있는가?
- 나의 수업 환경은 AI 기술의 편향이나 위험을 식별할 경험을 제공하는가?
- 나는 학생들에게 AI 리터러시(AI literacy)를 가르칠 준비가 되어 있는가?

AI 기술은 교육을 혁신할 수 있는 도구이기도 하지만, 그 방향과 철학을 설정하는 것은 바로 교사입니다. "얘들아, 신기하지?"하고 즐기기만 하고 있는 건 아닌지, 교사가 중심을 잡고, 학생들과 함께 기술을 해석하고, 올바른 방향으로 이끌어가는 주체가 되어야 하겠습니다.

- 우리 교사들은 스스로 비판적 사고와 교육적인 측면에서 'AI 리터러시'에 대해 생각할 필요가 있음

Part 3

교사가 만드는 학급경영

AI는 도구일 뿐

6

초등 특수학급 운영하기

STEP 1. 특수학급 운영 계획 세우기

"매년 학급 운영 계획을 세우는 것이 어려워서 다른 선생님이 공유해 주신 파일로 Ctrl+C, Ctrl+V만 해서 작성하거나, 작년 계획서에서 바뀐 부분만 수정해서 사용하는 것 같아요."

매년 학급 운영 계획을 세우는 일은 쉽지만은 않습니다. 같은 공간에서 동일한 학생들을 대상으로 작년에 했던 활동을 또 할 수도 없고, 올해는 무엇에 중점을 두고 지도해야 하는지 고민만 할 뿐입니다.

학급 운영 계획을 세우기 위해서는 먼저 선생님이 추구하는 교육관을 정리해 보면 좋을 것 같습니다. 그동안 내가 해 왔던, 또는 내가 하고 싶은 것들을 떠올려 보겠습니다. 그리고 아이들과 함께하며 즐거웠거나 행복했던 순간들을 떠올려 봅니다. 그때 했던 생각들을 떠올리며, 다음의 질문[1]에 대한 나만의 답을 정리합니다.

1. 선생님으로서 가장 행복했던 순간은 언제였나요?
2. 선생님이 만나는 학생들을 떠올려 본 후, 한 문장으로 표현해 볼까요?
3. 그 학생들이 어떤 모습의 어른으로 자라길 바라나요?
4. 선생님이 꿈꾸고 그리는 교실의 모습은 무엇인가요?

위 질문에 대한 답을 생각하다 보면 학생들과의 추억들이 몽글몽글 떠오를 것입니다. 지금까지 선생님이 걸어온 시간을 찬찬히 돌아보며 선생님의 생각을 정리해 보면 좋겠습니다. 교직 경력이 짧은 선생님은 앞으로 어떤 교사가 되고 싶고, 내가 만날 학생들에게 무엇을 경험시켜 주고 싶은지를 상상하며 질문에 관한 생각을 정리해 보시기 바랍니다. 위의 4개 질문에 대한 제 생각은 ≪배워서 바로 실천하는 특수학급 경영 workbook 따라하기≫에 적어두었습니다.

나만의 생각을 적어본 후에는 선생님이 중요하게 생각하는 가치들을 생각해 봅니다. 이때 시중에 판매되는 다양한 가치 카드들을 활용하셔도 좋습니다. 혼자 생각하기 어렵다면 친한 동료 선생님들과 함께 이야기를 나누며 내가 중요하게 생각하는 가치들이 무엇인지 찾아보는 방법도 있습니다. 처음에는 모두 중요한 것 같지만, 이야기를 나누며 생각을 정리하다 보면 가장 중요한 가치 몇 가지만 남길 수 있습니다.

4개의 질문에 대한 내 생각과 최종 선택한 가치들을 모아 한 문장으로 정리

1) 김미연, 이수경, 한경화, 배워서 바로 실천하는 특수학급 경영 workbook 따라하기, 교육과학사, 2023, p.12

하여 써 봅니다. 이것은 지금까지 선생님이 추구했던 선생님만의 교육관이자 선생님이 만나는 학생들에게 전해주고 싶은 메시지이기도 합니다.

한 문장으로 정리된 교육관은 앞으로 우리가 경험하게 되는 삶과 만나게 될 학생들에 따라 달라질 수 있지만, 이 교육관은 우리가 만들어 갈 학급경영의 방향을 결정하게 해 줍니다.

배움은 교사 혼자서 단시간에 만드는 것이 아닙니다. 그래서 많은 사람이 배움을 '함께 떠나는 여행'에 비유합니다. 교사와 학생들이 함께 만들어가는 교육과정은 우리 학급만의 이야기가 담겨 있다고 생각합니다. 목적지가 같더라도 내비게이션을 보고 여러 경로 가운데 한 경로를 선택하고 운전자가 도로 상황 등에 따라 때로는 경로를 변경해 가는 것처럼, 같은 교육목표일지라도 교사와 학생들이 함께 만들어가는 배움의 길은 모두 다를 수 있습니다. 그래서 저는 학기 초 또는 새 학년이 시작되기 전에 학부모와 학생들의 의견을 반영하여 새 학년의 교육과정 주제를 미리 생각해 봅니다. 이왕이면 새 학년이 시작되기 전에 1년 교육과정에 대한 큰 그림을 그려둡니다. 그래야 3월에 조금 더 마음의 여유가 생긴답니다. 새 학년 시작을 앞두고 우리 학급을 진단하고 분석하기 위해 학생들과는 학년말 교육활동을 마무리하며 1년을 돌아보는 시간을 갖고, 학부모들에게는 간단한 설문을 하는 것을 추천합니다.[2)]

특수학급 특성상 몇 년째 같은 학생과 학부모를 대하기도 합니다. 그래서 작년과 다른 학급 운영을 계획하는 게 쉽지 않습니다. 하지만 학생들은 매일 조금씩 자라고 있답니다. 그렇기에 올해 배움의 내용은 작년과 달라질 수밖에 없습니다. 지금 우리 반 학생들의 관심사, 학급에서 보이는 문제들을 우리가 거하는 배움의 장소-학급, 학교, 가정, 그리고 지역사회-에서 학생, 학부모, 교사가 함께 만들어가야 합니다. 거기에 우리 학급만의 특색교육이 더해지면 이 세상에

2) 위의 도서에 전년도 학급 운영을 돌아보며 우리 학급의 실태를 분석하여 학급 교육과정에 반영할 사항에 관한 예시가 담겨 있으니 참고하여 주기 바랍니다.

하나밖에 없는 이야기가 된답니다.

'특색(特色)'은 '여느 것과 견주어 특히 눈에 띄게 다른 점'을 의미하는 것으로 '특색교육'이란 다른 반과는 다른 우리 반만의 자랑거리를 말합니다. 특색교육을 계획하기 위해서는 먼저 우리 반이 무엇을 잘하는지 살펴보는 것이 필요합니다. 그리고 특색교육 활동을 위한 시간을 확보합니다. 특색교육을 학교 교육과정과 연계하여 운영할 수도 있습니다. 특색교육 활동을 구상할 때는 왜 필요한지, 언제, 무엇을, 어떻게 할 것인지, 이를 통해 무엇을 기대할 수 있는지 등을 생각합니다. 그리고 이런 내용을 담아 한 문장으로 표현해 봅니다.

<특색 교육활동 예>

**초등학교 특색교육 활동	
마음가GYM	
학교 특색교육과 연계한 학급 특색교육	**우리 학급의 특성을 살린 학급 특색교육**
뉴스포츠로 몸과 마음 튼튼!!	글쓰기로 생각을 키워요.

특수학급 교육목표를 설정할 때는 학교 교육목표와 비전을 꼼꼼하게 살펴보아야 학교-학급 교육과정이 일관성 있게 운영될 수 있습니다. 매년 책자로 만들어지는 학교 교육과정에는 교육목표와 비전뿐만 아니라 학교 특색교육 활동, 교육과정 편성, 교과별 교육 중점 등이 담겨 있으므로 이 내용들을 꼼꼼히 확인합니다. 그래야 학교에서 추구하는 교육의 방향성에 맞게 우리 학급의 교육목표와 교육 중점을 설정할 수 있습니다. 또한, 시・도별 특수교육 교육과정 편성・운영 지침은 국가 교육과정을 기준으로 각 지역의 특수성을 반영하여 교육과정의 방향을 제시하며, 이를 근거로 시도별 특수교육 운영 계획이 세워집니다. 그러므로 국가-지역-학교-학급으로 이어지는 교육과정의 일관성을 지키기 위해 학급 운영 계획을 세우기 전에 학교 교육과정, 각 시・도 특수교육 교육과정

편성 · 운영 지침과 특수교육 운영 계획 등을 살펴보는 것이 필요합니다.

학급 교육목표를 설정할 때는 우리 학급에서 이뤄지는 교육활동이 고르게 잘 포함될 수 있도록 하는 것이 중요하며, 우리 학교의 교육목표와 중점 교육활동이 실제 우리 학급에서 어떻게 이뤄질지 고민하여 작성하여야 합니다. 다음은 학교 교육목표에 따른 학급 교육목표를 설정한 예입니다.

<교실을 바꾸는 학급 교육목표 설정하기>

공부하는 기쁨, 가르치는 보람, 행복 ○○교육

교육목표	존중과 배려를 실천하는 착한 학생	스스로 탐구하는 창의적인 학생	몸과 마음이 건강한 학생	재능을 맘껏 표현하는 당당한 학생
중점 교육 활동	1. 바른 인성 함양하기 2. 배려와 나눔 실천하기	1. 기초 기본 학력 높이기 2. 독서 인문 교육 실천하기	1. 튼튼한 기초 체력 기르기 2. 기본 예절 습관 기르기	1. 1인 1재능 기르기 2. 진로 탐색 기회 확대하기

↓

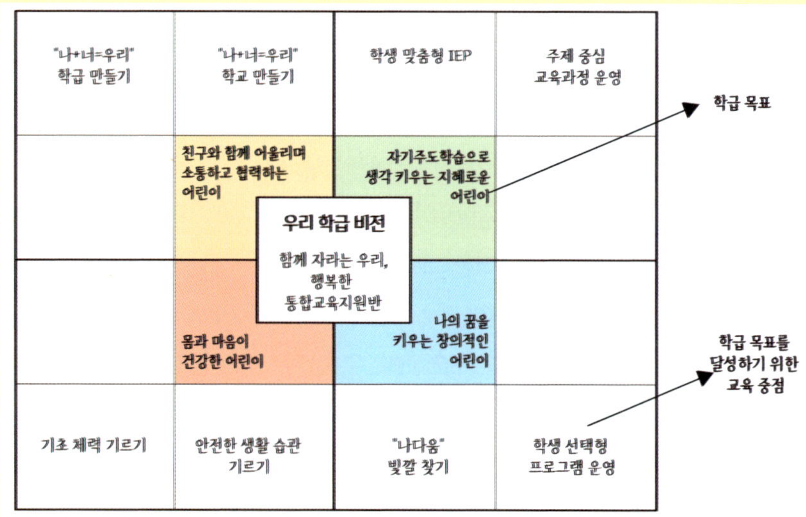

이렇게 학급 교육목표와 교육 중점이 작성되면 이를 학교생활 전반에 걸쳐 어떻게 지도할 것인지에 대한 계획을 세우게 됩니다. 특수학급 교육목표와 교육 중점이 수업과 생활지도, 통합교육계획 등에 골고루 잘 반영될 수 있도록 계획합니다.

<특수학급 운영 계획 수립 준비>

- 내가 추구하는 교육관 정리하기
- 새 학년 시작 전부터 준비하기
- 학교 교육과정, 우리 지역 특수교육 교육과정 편성 · 운영 지침, 특수교육 운영 계획 살펴보기
- 우리 반만의 비전, 교육목표, 특색교육 계획하기
- 모두를 위한 주제 선정하기

STEP 2. 학생 개별 특성 파악하기

"진단평가는 어떻게 해야 할까요? 무엇을 평가해야 하는지, 어떤 것으로 평가해야 하는지 잘 모르겠어요."

새 학교로 발령이 나거나 우리 학급에 새로운 학생이 들어오게 되면, 교사는 30일 안에 학생의 개별화교육계획을 세우기 위해 관찰하고 평가하는 시기를 갖게 됩니다. 하지만, 30일 동안 학생의 모든 것을 파악하기란 쉽지 않습니다. 이를 위해 통합학급 담임교사, 전년도 지도 교사, 보호자와 상담하고, 행동 및 학습 특성에 관한 설문지를 배부하기도 합니다. 제가 주로 사용하는 자료는 보호자 대상으로 '기초 조사서', 통합학급 담임교사 대상으로 '통합학급 담임교사 의견서'와 '사회적 상호작용 체크리스트'입니다. 기초 조사서나 통합학급 담임교사 의견서는 세티넷(https://www.setea.net/)에서 공유받은 자료를 학교 상황에 맞게 수정하여 활용하고 있습니다. '사회적 상호작용 능력 체크리스트'는 사회성 향상에 관한 논문과 '한국판 아동 사회성기술척도(CS4-K)검사지의 내용을 참고하여 통합학급 상황에서 필요한 내용으로 재구성하여 활용하고 있습니다.

이렇게 보호자와 통합학급 담임교사로부터 작성된 설문지를 받고, '새 학년 통합학급 적응 기간'을 운영하면서 특수교육 대상 학생의 진단평가를 합니다.

진단평가는 영역에 따라 적절한 검사 도구를 선정하여 활용하는데, 국립특수교육원에서 나온 기초학력검사나 적응행동검사지, 한글 해득 수준을 파악하기 위한 문해력 검사 도구 등을 활용합니다. 시 · 도 교육청에서 개발된 읽기 유창성이나 수해력 진단평가 지도 자료, 국가기초학력지원센터[3] 자료를 활용하기도 합니다.

영역	검사도구명	내용
학습	기초학습능력검사 (NISE-B · ACT)	읽기, 쓰기, 수학 세 영역으로 구성되어 있음
	초등 저학년을 위한 초기 문해력 검사	1, 2학년 대상으로 4개의 검사 영역으로 구성됨(자모 이름 대기~문장 받아쓰기)
	미래엔 한글진단검사 웰리미	캐릭터 스토리텔링 형식으로 문해력 발달 단계에 맞춰 온라인 검사 진행 (https://hg.mirae-n.com/front/main/mainPage)
	한글 또박또박	온라인 평가 후 보충 교재 연계 (https://ihangeul.kr/)
행동	적응행동검사 (NISE-K · ABS)	일상생활에 필요한 다양한 기능이 개념적 기술, 사회적 기술, 실제적 기술 영역으로 구성되어 있음
전환 능력	NISE-TEEMH (나이스-팀)	자립, 직업, 계속교육, 공통 영역으로 구성되어 있으며, 개별화(전환)교육 계획 수립 가능

이렇게 진단 평가하여 우리 반 학생의 특성을 파악하지만, 가장 중요한 것은 학생들의 행동을 면밀하게 관찰하는 것입니다. 이를 위해서는 학생과 친해지며 알아가는 시간을 확보하는 일이 중요합니다. 학생에 따라 금방 마음을 열고 교사에게 모든 것을 보여주기도 하지만, 일 년이 다 되어서야 무엇을 잘하는지, 무엇을 좋아하는지 보여주기도 합니다. 그래서 평소 한글 문서 프로그램이나 구글 문서를 이용하여 매일 학생별 학습과 행동에 관한 관찰 내용을

3) 「국가기초학력지원센터」, https://k-basics.org/user/

기록하고 있습니다. 관찰된 행동 중에서 중요하다고 보이는 행동은 통합학급 담임 선생님과 보호자에게 정보를 공유하며 학생의 작은 특징까지도 알아차리기 위한 노력이 필요합니다.

<새 학년 학생 개별 특성을 파악하는 방법>

- 새 학년 통합학급 적응 기간 운영하기
- 통합학급 담임교사와 보호자 대상으로 설문 및 상담
- 학생별 학습 수행 능력 진단평가
- 학생들의 행동 관찰하여 기록하기

STEP 3. 개별화교육계획 수립하기

"선생님, 교과 지도 계획이 개별화교육계획 아닌가요? 저는 그렇게 알고 있었어요. 그래서 이제까지 국어, 수학 교육과정으로 개별화교육계획을 세웠어요."

선생님 중에는 교과 지도 계획이 곧 개별화교육계획이라고 알고 있는 경우가 많은 것 같습니다. 그럴 때마다 저자는 그분들에게 교과와 개별화교육계획은 다를 수 있으며, 학생의 장애 정도와 교육적 요구 등을 고려해 운영할 수 있는 개별화교육의 유형에 대해 알려주고 있습니다.

개별화교육계획은 개별 학생의 교육적 요구를 반영하여 학교생활에 가장 필요한 교육목표를 설정하고, 이 목표에 도달하기 위한 교육 내용과 교육 방법, 평가를 계획하게 됩니다. 그러므로 어떤 학생은 교과 중심의 개별화교육계획이, 어떤 학생은 생활 중심의 개별화교육계획이 필요하게 됩니다.

이를 위해, STEP2에서 학생별 진단평가를 한 결과와 설문을 통해 수집한 자료를 분석하여 '개별화교육계획 수립을 위한 회의 자료'를 작성하고, 개별화교육지원팀 회의를 통해 개별화교육계획 유형과 교육목표, 교육 내용 등을 최종적으로 결정합니다.

Click 교과 중심 IEP 수립하기

교과 중심 개별화교육이 필요한 학생들의 교육적 요구 중 가장 우선되는 것은 기본 학습 능력 향상일 것입니다. 이를 위해 교과별 목표가 학생의 개별화교육 목표가 되기도 하고, 한글 해득이나 기초 연산이 관련 교과와 연계하여 하나의 개별화교육 목표가 되기도 합니다.

다음은 2학년 OOO이의 1학기 개별화교육계획입니다. OOO이는 곤충과 자연, 사물을 관찰하는 것, 그림 그리기, 책 읽기를 좋아합니다. 학습적으로는 기본 글자를 읽고 쓸 줄 알며, 간단한 덧셈과 뺄셈을 할 수 있습니다. 화가 나거나 짜증이 날 때 감정 표현이 서툴긴 하지만, 학부모님과 통합학급 담임 선생님 모두 학습력과 의사 표현 능력 향상을 원하였습니다. 이에 국어과에서 읽기, 쓰기, 의사 표현 능력 신장을 위한 교과 중심의 개별화교육계획을 수립하였습니다. 이를 위해 먼저 개별화교육 목표를 설정한 후, 국어과에서 관련 성취기준을 찾아 이를 달성하기 위한 학기목표, 교육 내용, 교육방법, 평가계획을 세웠습니다.

학기 목표	<학기목표> • 경험한 일에 대한 자신의 감정이나 생각을 말과 글로 간단히 표현할 수 있다. • 짧은 글을 또박또박 소리 내어 읽고, 중심 내용을 말하거나 쓸 수 있다. • 이야기나 경험을 순서에 따라 표현하고, 인물의 마음을 상상하여 말이나 글로 표현할 수 있다. *** 관련 공통 교육과정 성취기준** [2국01-01] 중요한 내용이나 일이 일어난 순서를 고려하며 듣고 말한다. [2국01-02] 바르고 고운 말로 서로의 감정을 나누며 듣고 말한다. [2국02-01] 글자, 단어, 문장, 짧은 글을 정확하게 소리 내어 읽는다. [2국02-03] 글을 읽고 중심 내용을 확인한다. [2국03-02] 쓰기에 흥미를 가지며 자신의 생각이나 느낌을 문장으로 표현한다. [2국03-04] 겪은 일을 표현하는 글을 자유롭게 쓰고, 쓴 글을 함께 읽고 생각이나 느낌을 나눈다. [2국05-02] 인물의 모습, 행동, 마음을 상상하며 그림책, 시나 노래, 이야기를 감상한다. *** 관련 기본 교육과정** - 내용 요소: 시간, 장소를 나타내는 말, 경험한 일 표현하기, 그림을 단서로 내용 파악하기

시기			
3-4월	교육목표	■ 그림이나 사진 보고 자신의 감정을 말로 표현할 수 있다.	
	교육 내용	교육방법	평가계획
	① 다양한 감정 낱말 익히기 ② 그림이나 사진 속 상황과 감정 연결하여 표현하기 ③ "나는 ~해서 ~했어요." 형식으로 말하기	① 감정 그림 카드(표정 이모티콘, 인물 사진 등)를 활용해 감정 단어 표현하기 ② 교사와 함께 감정 상황 그림을 보며 1대 1 대화하기 ③ 역할놀이 하기	■ 평가 방법: 관찰, 체크리스트 ■ 평가 내용: ① 감정 상황을 보고 감정 단어를 정확히 말할 수 있는지 관찰 ② 말하기 틀을 활용해 자신의 감정을 1문장으로 표현하는지 확인하고 체크리스트 작성
5월	교육목표	■ 쉬운 낱말과 짧은 문장을 또박또박 소리 내어 읽을 수 있다.	
	교육 내용	교육방법	평가계획
	① 그림-문장 읽기 ② 읽은 문장에 알맞은 그림 선택하기 ③ 그림책 소리 내어 읽기 ④ 이야기의 등장인물, 행동 파악하기	① 문장 소리 내어 정확하게 읽기 ② 교사와 함께 읽기, 반복 읽기, 번갈아 가며 읽기 ③ 교사의 질문에 답하기	■ 평가 방법: 체크리스트, 관찰 ■ 평가 내용: ① 읽기 정확도 및 유창성 체크 ② 그림 문장 읽고 인물이나 행동 말하기 관찰
6-7월	교육목표	활동이나 이야기의 순서를 그림이나 말로 간단히 표현할 수 있다.	
	교육 내용	교육방법	평가계획
	① 이야기나 일과의 순서 익히기: 먼저-그 다음-마지막 등 ② 일상 활동(등교~하교) 순서대로 말하기 ③ 이야기 순서대로 나열하고 인물이 한 행동 말하기	① 활동사진이나 이야기 그림을 순서대로 배열하기 ② 순서를 나타내는 말을 사용하여 경험한 일이나 이야기 말하기 ③ 그림책 인물의 표정 보고 마음 상상해 보기 ④ 순서 맞추기 게임, 짧은 글 쓰기	■ 평가 방법: 글쓰기, 관찰 ■ 평가 내용: ① 그림 순서 정확히 배열하는지 관찰 ② 일이 일어난 순서대로 경험한 일이나 이야기 말하는지 관찰 ③ 인물의 마음 상상하여 말하거나 글쓰기

2학년 ○○이는 글을 읽지만, 유창성이 낮아서 문장 이해력도 낮았습니다. 글자와 소리가 다른 낱말 쓰기에서 오류를 자주 보였으며, 자기 생각을 글로 쓰

는 것이 어려웠습니다. 그래서 ○○이를 위해 읽기 유창성을 길러 문장 이해력도 높이고, 자기 생각을 문장으로 쓸 수 있도록 개별화교육계획을 수립하였습니다.

<table>
<tr><th>1학기 개별화교육 목표</th></tr>
<tr><td><학기목표>
짧은 글을 유창하게 읽고 이해하며, 자기 생각을 간단한 문장으로 표현할 수 있다.

* 관련 공통 교육과정 성취기준
[2국02-01] 글자, 단어, 문장, 짧은 글을 정확하게 소리 내어 읽는다.
[2국02-02] 의미가 잘 드러나도록 문장과 짧은 글을 알맞게 띄어 읽는다.
[2국02-03] 글을 읽고 중심 내용을 확인한다.
[2국03-02] 쓰기에 흥미를 가지며 자신의 생각이나 느낌을 문장으로 표현한다.
[2국03-03] 주변 소재에 대해 소개하는 글을 쓴다.
[2국03-04] 겪은 일을 표현하는 글을 자유롭게 쓰고, 쓴 글을 함께 읽고 생각이나 느낌을 나눈다.
[2국04-01] 한글 자모의 이름과 소릿값을 알고 정확하게 발음하고 쓴다.
[2국04-02] 소리와 표기가 다를 수 있음을 알고 단어를 바르게 읽고 쓴다.</td></tr>
</table>

↓

<table>
<tr><td rowspan="3">3-4월</td><th>교육목표</th><td colspan="2">■ 익숙한 낱말과 문장을 정확하게 소리 내어 읽을 수 있다.</td></tr>
<tr><th>교육 내용</th><th>교육방법</th><th>평가계획</th></tr>
<tr><td>① 자주 쓰이는 생활 낱말 읽기
② 띄어 읽어야 하는 부분에서 박수치며 문장 읽기
③ 2~4어절 문장 읽기 연습하기
④ 자주 틀리는 낱말 바르게 읽기</td><td>① 낱말 카드-그림 연결하기
② 짧은 문장 끊어 읽기를 반복 연습하기
③ 교사와 함께 큰 소리로 읽기-번갈아 가며 읽기-혼자 읽기 순으로 연습하기
④ 필요한 경우 읽기 틀 제공하기(예: 00가 00해요)
⑤ 오류 낱말 반복 제시하여 음운 인식 지도</td><td>■ 평가 방법: 관찰, 체크리스트, 녹음
■ 평가 내용:
① 낱말을 정확하게 읽는 비율 확인하기
② 끊기지 않고 문장 읽기 가능 여부 확인하기</td></tr>
</table>

<table>
<tr><td rowspan="3">5월</td><td>교육목표</td><td colspan="2">■ 읽은 문장에서 인물, 행동, 장소를 파악하고 간단히 말할 수 있다.</td></tr>
<tr><td>교육 내용</td><td>교육방법</td><td>평가계획</td></tr>
<tr><td>① ‘누가’, ‘무엇을’, ‘어디에서’, ‘하였는지’에 대한 질문에 답하기
② 2~3문장짜리 짧은 이야기 읽기
③ 글에 나온 장면 그리기
④ 인물과 인물이 한 행동 연결하기
⑤ 이야기 순서에 맞게 그림 카드 배열하기
⑥ 인상적인 장면 그리고 설명하기</td><td>① 질문 중심 읽기(예: “누가 나왔을까?”, “어디에서 일어난 일이야?” 등)
② 그림책 읽고 질문에 말로 답하거나 단어 쓰기
③ 짧은 글 → 이해 → 구문 순으로 지도하기(예: 00는 00했어요.)</td><td>■ 평가 방법: 체크리스트, 관찰
■ 평가 내용:
① 글을 읽고 질문에 말이나 쓰기로 간단히 답할 수 있는지 확인하기</td></tr>
<tr><td rowspan="3">6-7월</td><td>교육목표</td><td colspan="2">■ 자기 경험이나 생각을 문장으로 간단하게 쓸 수 있다.</td></tr>
<tr><td>교육 내용</td><td>교육방법</td><td>평가계획</td></tr>
<tr><td>① 나의 일과 대화 주고받기
② 일상 활동에 대해 말하고 쓰기
③ 경험한 일 그림 그리기
④ 경험한 일을 육하원칙에 맞게 글쓰기
⑤ 경험이나 생각을 글쓰기</td><td>① 사진이나 그림 자료 활용하여 경험한 일 이야기 나누기
② 교사가 말한 문장 보고 쓰기 지도 후, 문장 뼈대 제공(예: 나는 00했어요. 00가 재미있었어요.)하여 글쓰기 지도
③ 경험이나 생각을 쓴 글 다른 사람 앞에서 발표하기</td><td>■ 평가 방법: 글쓰기 체크리스트, 관찰
■ 평가 내용:
① 스스로 문장 구성해 쓸 수 있는지 관찰
② 문장 완성도 체크리스트 작성하여 평가</td></tr>
</table>

Click 생활 지원 중심 IEP 수립하기

5학년 **이는 짧은 글을 읽고 내용을 파악할 수 있으며, 자기 생각을 짧은 글로 쓸 수 있습니다. 또한, 간단한 이유를 들어 자기 생각을 표현합니다. 하지만, 화가 나거나 짜증이 날 때 감정 조절의 어려움으로 다른 사람을 때리거나 할퀴기도 합니다. **이에게 가장 중요한 개별화교육 목표는 상대방을 배려하며 상황에 따른 내 감정을 적절하게 표현하기였습니다. 이를 위해 국어 수업뿐만 아니라 학교생활 전반에 걸쳐 감정을 바르게 표현하는 방법을 익혀, 다른 사람에게 내 감정을 바르게 표현할 수 있도록 지도하였습니다.

2학기 개별화교육 목표
<학기목표> 상황에 맞게 내 감정을 이해하고, 상대방을 배려하며 적절하게 표현할 수 있다. *** 관련 공통 교육과정 성취기준** [6국01-07] 상대가 처한 상황을 이해하고 공감하며 듣는 태도를 지닌다.

↓

	교육목표	■ 자기 감정을 다양한 어휘로 정확하게 표현할 수 있다.	
	교육 내용	**교육방법**	**평가계획**
8-9월	① 다양한 감정 어휘(기쁨, 슬픔, 화남, 불안 등) 알기 ② 경험한 일 떠올려 보고, 상황별 느낀 감정을 짧은 문장으로 표현하기 ③ 하루 중 느꼈던 감정을 짧은 글로 쓰기 ④ 감정에 맞는 바른 표현 방법 익히기	① 경험한 일 이야기 나누며 감정 알아차리기 ② 칭찬과 긍정적 피드백 제공하여 감정 표현 시도 강화하기 ③ 자연스러운 상황에서 감정 표현하도록 즉시 지도 및 피드백 제공하기	■ 평가 방법: 관찰, 체크리스트, 활동 결과물 ■ 평가 내용: ① 감정 어휘 5가지 이상 사용하기 ② 상황에 따라 자기 감정을 말로 표현하기

<table>
<tr><td rowspan="3">10월</td><td>교육목표</td><td colspan="2">■ 감정에 맞는 바른 표현 방법을 익혀 실생활에서 사용할 수 있다.</td></tr>
<tr><td>교육 내용</td><td>교육방법</td><td>평가계획</td></tr>
<tr><td>① 대화 예절을 지키며 감정 표현하기
② 화가 났을 때 말로 표현하는 방법 연습하기
③ 친구와의 갈등 장면을 보고, 적절한 말로 감정을 표현하는 연습
④ 감정을 말로 표현했을 때 생기는 긍정적인 변화 이야기 나누기</td><td>① 감정 발생 상황 문장 쓰기 활동
② 직접적 모델링 및 시범 보이기
③ 칭찬과 긍정적 피드백 제공하여 감정 표현 시도 강화</td><td>■ 평가 방법: 체크리스트, 관찰
■ 평가 내용:
① 감정 발생 상황에서 말로 감정 표현하기</td></tr>
<tr><td rowspan="3">11-1월</td><td>교육목표</td><td colspan="2">■ 갈등 상황에서 자신의 감정을 조절하고, 상대방을 배려하는 표현을 사용할 수 있다.</td></tr>
<tr><td>교육 내용</td><td>교육방법</td><td>평가계획</td></tr>
<tr><td>① 간단한 감정 조절 전략 연습
② 상대방 입장 생각해 보기
③ 갈등 상황에서 '나 전달법' 사용 연습하기</td><td>① 갈등 상황에서 상대방을 고려하여 감정 표현하도록 지도
② 자연스러운 상황에서 즉시 지도 및 피드백 제공하기</td><td>■ 평가 방법: 체크리스트, 관찰
■ 평가 내용:
① 갈등 상황에서 상대방을 고려한 표현 사용하기</td></tr>
</table>

1학년 ☆☆이는 교사의 질문에 대답을 잘 하지 않고, 소리 내어 웃거나, "아!", "으!" 같은 소리를 내며 반응하였습니다.

이에 다른 사람의 질문에 '네/아니오' 대답하기부터 간단한 요구사항을 말로 표현하기가 가장 중요한 개별화교육 목표였습니다.

개별화교육 목표
다른 사람의 질문에 '네/아니오'로 대답할 수 있고, 인사를 하며, 기본적인 요구(예: 화장실 가기)를 말로 표현할 수 있다.

↓

<table>
<tr><td rowspan="3">3-4월</td><td>교육목표</td><td colspan="3">■ 교사가 이름을 부르면 반응한다.</td></tr>
<tr><td colspan="2">교육 내용</td><td>교육방법</td><td>평가계획</td></tr>
<tr><td colspan="2">① 이름 부르면 교사 바라보기
② 이름 부르면 '네' 대답하기
③ 교사의 질문에 '네/아니오' 대답하기</td><td>① 모델링 기법 및 시범 보이기
② 그림 보여주고 질문하기
③ 간단한 문장 읽기 후 질문에 대답하기</td><td>■ 평가 방법: 체크리스트, 관찰
■ 평가 내용:
① 이름 부르고 반응률 측정하기
② 5회 질문 중 3회 이상 올바른 대답하기</td></tr>
<tr><td rowspan="3">5-7월</td><td>교육목표</td><td colspan="3">■ 간단한 질문에 '네/아니오'로 대답하고, 교사나 친구에게 인사를 한다.</td></tr>
<tr><td colspan="2">교육 내용</td><td>교육방법</td><td>평가계획</td></tr>
<tr><td colspan="2">① 교사의 질문에 '좋아요, 싫어요' 대답하기
② 친구를 만나거나 헤어질 때 인사하기 연습하기
③ 선생님을 만났을 때 인사하기
④ 선생님과 헤어질 때 인사하기
⑤ 상황별 인사 표현</td><td>① 그림 보여주고 질문하기
② 간단한 문장 읽기 후 질문에 대답하기
③ 인사 상황 그림책 활용하기
④ 모델링 기법 및 시범 보이기</td><td>■ 평가 방법: 관찰, 체크리스트
■ 평가 내용:
① 5회 질문 중 3회 이상 올바른 대답하기
② 교사나 친구에게 자발적으로 인사하기</td></tr>
<tr><td rowspan="3">8-10월</td><td>교육목표</td><td colspan="3">■ 간단한 요구를 말로 표현한다.</td></tr>
<tr><td colspan="2">교육 내용</td><td>교육방법</td><td>평가계획</td></tr>
<tr><td colspan="2">① '(무엇을) 주세요.', '(무엇을) 하고 싶어요' 표현하기
② 도움 요청하기</td><td>① 모델링 기법 및 시범 보이기
② 그림 보고 상황 이해하기</td><td>■ 평가 방법: 체크리스트, 관찰
■ 평가 내용:
① 요구나 도움 요청 시도 기록하기(스스로 말한 횟수)</td></tr>
</table>

11-1월	교육목표	■ 자기 생각이나 의사를 표현한다.	
	교육 내용	**교육방법**	**평가계획**
	① 질문에 대답하기 ② 상황에 맞게 인사하기 ③ 상황에 맞게 요구 및 도움 요청하기	① 모델링 기법 및 시범 보이기 ② 상황별 종합 연습(학교생활 상황 중심)	■ 평가 방법: 체크리스트, 관찰 ■ 평가 내용: ① 자연스러운 표현 시도 (주 3회 이상)

Click AI 활용 TIP

학생의 행동 특성이나 학습 수준 등을 가능한 구체적으로 설명해 주는 것이 좋습니다. 똑같은 내용이어도 입력한 프롬프트에 따라 비슷한 듯 다른 답을 보여줄 수 있기 때문입니다. 또한, 추가 요구사항을 통해 좀 더 구체적인 답을 얻을 수도 있습니다. 만약 어떤 단어나 문장이 포함된 답을 얻고자 한다면, 포함되어야 하는 내용을 구체적으로 제시해 주어야 합니다. 그리고 엉뚱한 답이 제시되지 않도록 내용을 제한하는 것도 좋습니다.

□ 원하면:
이 계획을 **깔끔한 표 파일(한글, 워드, PDF)**로도 만들어줄 수 있어!
필요하면 바로 말해줘.
또, **활동지 아이디어**나 **수업 예시**까지 같이 정리해 줄까?
(예: "화장실 가고 싶어요" 상황 카드 놀이, 인사 송 가사 등)

위와 같이 AI가 개별화교육계획 내용에 알맞은 활동지나 워크북 아이디어를 만들어줄 수도 있습니다. 필요하다면 교육활동에 필요한 사항들을 추가적으로 명령하여 활동지, 질문 또는 낱말 카드와 같은 자료를 한글이나 워드, PDF로 만들어달라고 요구할 수 있습니다. 이처럼 AI를 활용한다면 학생별 개별화교육 자료 준비를 위한 시간을 단축할 수 있습니다.

<AI 활용 개별화교육계획 수립하는 방법>

- 학생별 교육적 우선 순위 정하기
- 학생별 개별화교육계획 유형 결정하기
- 학생별 개별화교육계획 목표 설정하기
- 개별화교육계획 목표 달성을 위한 월별 교육 내용, 방법(자료, 교수학습 방법), 평가(평가 방법, 내용) 계획 프롬프트 작성하기
- AI가 작성해 준 개별화교육 내용 수정・보완하기

STEP 4. 따로 또 같이 시간표 작성하기

"특수학급 시간표는 어떻게 짜야 할까요? 학년과 학생들 수준이 달라서 어떤 식으로 구성해야 할지 모르겠어요. 교과는 국어, 수학으로만 하면 될까요?"

먼저 특수학급의 수업 시간표를 짜기 위해서는 먼저 통합학급 시간표가 어떻게 만들어지는지 이해하는 과정이 필요합니다. 이를 위해 2022 개정 교육과정 총론에 제시된 초등학교 시간 배당 기준을 살펴보겠습니다.

<표 1>

구 분		1~2학년	3~4학년	5~6학년
교과(군)	국어	국어 482	408	408
	사회/도덕		272	272
	수학	수학 256	272	272
	과학/실과	바른 생활 144	204	340
	체육	슬기로운 생활 224	204	204
	예술(음악/미술)		272	272
	영어	즐거운 생활 400	136	204
	소계	1,506	1,768	1,972
창의적 체험활동		238	204	204
학년군별 총 수업 시간 수		1,744	1,972	2,176

위 표에서 보면 1~2학년, 3~4학년, 5~6학년군으로 교과(군)별 수업 시수가 제시되어 있습니다. 이는 1년 34주를 기준으로 2년간의 기준 수업 시수를 나타낸 것으로, 교과(군)와 창의적 체험활동의 수업 시수 증감 기준이 된답니다.

가장 아래 '학년군별 총 수업 시간 수'는 최소 수업 시수를 의미합니다. 교과(군)와 창의적 체험활동에서 수업 시수를 증감하더라도 2년 동안 최소한으로 채워야 하는 총 수업 시간 수랍니다. 이를 바탕으로 학교에서는 학교의 실정에 맞게 학년별로 시간 배당을 합니다.

아래 표는 제가 근무하고 있는 초등학교의 2025학년도 2학년의 시간 배당입니다. 총론에서 학년군으로 기준 수업 시수가 제시되었기 때문에, 학교에서는 해마다 해당 학년의 학년군별 수업 시간을 배정하여 제시합니다.

영역 \ 학년			기준	1학년(2024학년도) 운영 시수			2학년(2025학년도) 운영 시수		
				1학기	2학기	계	1학기	2학기	학교기준 계
교과군	국어		482	138	106	244	119	119	238
	수학		256	56	64	120	70	66	136
	바른 생활		144	29	39	68	38	38	76
	슬기로운 생활		224	47	59	106	59	59	118
	즐거운 생활		400	81	107	188	106	106	212
	합계		1,506	351	375	726	392	388	780
창의적 체험활동	자율 활동		238	64	43	107	42	37	79
	동아리 활동	동아리		6	6	12	8	8	16
		봉사		2	2	4	3	3	6
	진로 활동			5	2	7	2	5	7
	합계		238	77	53	130	55	53	108
연간 수업 시간 수			1744	428	428	856	447	441	888

위 표를 살펴보면 교과와 창의적 체험활동에서 수업 시수 증감이 이뤄지지 않았습니다. 만약 시수 증감이 이뤄졌다면 기준 열에 시수 증감 표시가 들어가

있을 것입니다. 국어 교과를 보겠습니다. 올해 국어 수업 시수는 238시간이고, 작년에는 244시간으로, 1학년 때 조금 더 많은 시간을 배당하였다는 것을 알 수 있습니다. 이를 더하면 482시간이 나옵니다.

1년은 34주를 기준으로 한다고 하였으니, 2학년 국어 238시간을 34주로 나누면, 주당 7시간이 나옵니다. 이렇게 다른 교과들도 계산해 보면, 수학은 4시간, 바른 생활은 약 2시간, 슬기로운 생활 약 3시간, 즐거운 생활 약 6시간이 나옵니다. 34주를 기준으로 계산된 시간만큼 시간표에 교과를 배치하게 되면 기초 시간표가 완성된답니다. 이렇게 완성된 기초 시간표는 통합학급 담임교사가 [나이스]-[학급관리]-[시간표 관리]-[학급시간표관리]에 입력하게 됩니다.

"이제 우리 반의 시간표를 만들어 볼까요?"

특수학급의 시간표는 통합학급의 시간표에 따라 달라집니다. 요즘에는 기초 시간표가 만들어져 있어도 통합학급 선생님의 자율에 따라 시간표를 운영하기 때문에, 특수학급의 시간표가 수시로 달라지기도 한답니다.

이렇게 되면 학생별 개별화교육을 운영하기가 쉽지 않을 수 있습니다. 그래서 저는 사전에 통합학급 선생님과 시간표에 관한 협의를 통해 가능하다면 고정된 시간에 학생이 특수학급에 올 수 있도록 한답니다.

이때 전체 수업과 개별 수업에 대한 선생님만의 계획이 있다면 이를 고려할 필요도 있답니다. 그런데 학생들의 개별 수업을 위해 학년과 학급에 따라 다른 시간에 배치하면 선생님의 수업 시수가 너무 많아지게 될 수도 있으니 이런 부분을 고려해야 한답니다.

수업 시수가 너무 많아지게 되면 학생들의 생활지도, 수업 연구와 담당 업무 처리 등에 어려움이 생길 수 있으니, 학생들과 선생님을 위한 최적의 시간표를 잘 만드는 것이 중요하답니다.

특수학급의 시간표를 만들기 위해서는 학생별 개별화교육을 위한 교과를 정해야 합니다. 이는 보통 3월에 개최되는 개별화교육지원팀 협의회를 통해 결정됩니다. 학생별 장애 정도, 특성, 교육적 요구 등을 고려하여 교과를 정합니다. 이렇게 학생별 지도 교과가 정해졌다면, 이제 통합학급 시간표를 살펴보아야 합니다.

다음은 OO초등학교의 2학년, 4학년, 6학년 통합학급 시간표입니다.

[2학년 시간표]

요일 교시	월	화	수	목	금
1교시	바생	즐생	즐생	즐생	즐생
2교시	슬생	슬생	즐생	슬생	즐생
3교시	국어	국어	국어	국어	국어
4교시	국어	수학	국어	수학	수학
5교시		수학	창체	창체	

[4학년 시간표]

요일 교시	월	화	수	목	금
1교시	창체	국어	국어	국어	국어
2교시	수학	체육	도덕	사회	사회
3교시	체육	과학	음악	체육	체육
4교시	음악	영어	사회	과학	과학
5교시	국어	미술	영어	수학	수학
6교시		미술			

[6학년 반별 시간표]

요일 교시	월	화	수	목	금
1교시	국어	국어	국어	국어	국어
2교시	수학	영어	수학	수학	수학
3교시	미술	사회	사회	사회	실과
4교시	미술	창체	도덕	창체	실과
5교시	체육	과학	음악	체육	체육
6교시	음악	영어		과학	과학

학생들의 개별화교육 목표와 내용 등에 따라 교과를 정하지만, 여기에서는 특수학급에서 가장 많은 지도가 이뤄지는 국어, 수학 교과로 특수학급의 시간표를 만들어 보겠습니다.

<통합학급 시간표대로 배치한 특수학급 시간표>

요일 교시	월	화	수	목	금
1교시	6국어	4,6국어	4,6국어	4,6국어	4,6국어
2교시	4,6수학		6수학	6수학	6수학
3교시	2국어	2국어	2국어	2국어	2국어
4교시	2국어	2수학	2국어	2수학	2수학
5교시	4국어	2수학		4수학	4수학

시간표를 완성하기 위해서는 학생에 따라 어떤 수업 형태가 효과적일지를 생각해야 합니다. 일대일 수업은 학습 태도와 집중력 향상에, 전체 수업(그룹 활동)은 집단 활동에 필요한 규칙을 배우고 타인과의 의사소통 및 상호작용 능력 향상에 효과적입니다. 특수학급 시간표를 기준으로 학생별 특성을 고려하여 개별 또는 전체 수업을 고려한 시간표 조정이 필요합니다. 이 경우에는 통합

학급 선생님과 협의하여 통합학급 시간표도 조정될 수 있도록 합니다.

시간표를 구성하다 보면, 학년별 교과가 다른 경우가 있습니다. 통합학급 선생님과 협의하여 조정할 수도 있지만, 특수교사가 특수학급 시간표 내에서 임의로 조정하여 운영할 수도 있습니다. 또한, 통합학급 담임교사와 교과 평가를 위한 방안을 협의하여 특수학급 시간표의 교과별 시수를 조정합니다.

학생별 개별화교육 내용에 따라 해당 교과의 단원별 중심 활동을 고려한 시간표를 운영할 수도 있습니다. 예를 들면, 읽기와 쓰기 능력 향상이 개별화교육 목표인 학생을 위해 국어 교과에서 읽기, 쓰기 중심 단원은 특수학급에서, 말하기・듣기 중심 단원은 통합학급에서 수업에 참여할 수도 있습니다.

학급 시간표 구성은 교육과정 계획을 위한 첫 단추와도 같습니다. 첫 단추를 잘 끼워야 학생 맞춤형 교육과정을 계획할 수 있습니다. 또한, 학기 초에 작성한 특수학급 시간표는 통합학급과 특수학급 사정에 따라 언제든지 변화될 수 있으니, 통합학급 교사와 필요에 따라 수시로 소통하는 것이 필요합니다.

- **학생 맞춤형 학급 시간표 작성을 위해**
  1) 학교 교육과정에서 학년별 시간 배당 기준 확인하기
  2) 학생별 특성 고려하여 수업의 형태 결정하기
  3) 통합학급 교사와 시간표 조정하기

STEP 5. 개별화교육계획을 반영한 주제 중심 수업 계획하기

"특수학급 수업은 어떻게 계획해야 할까요? 학년도 다르고 학생마다 수준도 다르니 너무 어려워요."

우리는 수업을 계획할 때 학생의 관심사와 필요를 반영하여 삶과 연계된 깊이 있는 배움이 일어나도록 학생별 개별화교육의 내용을 고려해야 합니다. 그리고 학교와 통합학급의 행사나 의무교육, 특수학급에서 이뤄지는 성교육, 인권 교육이나 학급 행사 등도 고려해야 합니다. 이를 위해서 특수학급에서 이뤄지는 성교육, 인권 교육이나 행사를 언제, 어떻게, 누구에 의해 진행할 것인지 구체적으로 계획을 세워둘 필요가 있습니다.

특수학급은 다양한 학년의 다양한 학습 수준을 가진 학생들로 구성되어 있기 때문에 교육과정을 계획하는 게 쉽지 않습니다. 우리 반 학생들에게 지금 필요한 배움이 적절하게 이뤄지도록 하기 위한 설계 작업은 생각보다 많은 시간이 필요합니다. 그래서 저는 사전에 조사한 기초 조사서와 전년도 학습한 결과를 바탕으로 올해 다루고자 하는 대주제와 소주제를 미리 정합니다.

물론 먼저 개별화교육을 고려한 학년별 성취 기준을 분석하여 학년을 관통하는 대주제와 소주제를 정할 수도 있습니다. 그러나 저는 주제를 먼저 정한 후 주제 학습을 가장 효과적으로 할 수 있는 성취 기준을 찾아서 연결합니다. 그리고 주제 학습에 가장 효과적인 매개체를 정한 후, 중심 학년을 정하여 큰 틀에서의 교육과정 뼈대를 만듭니다. 그런 후에 나머지 다른 학년을 중심 학년과 연결해 줍니다.

다음은 그 과정을 그림으로 표현한 것입니다.

<중심 학년 대상으로 대주제-소주제 교육과정 틀 설계하기>

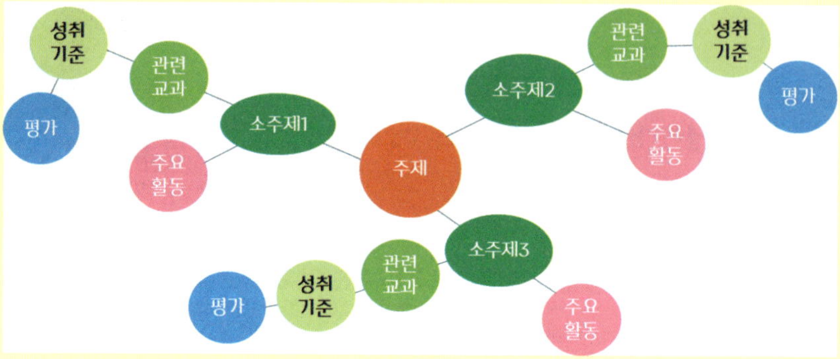

이 과정에서 학생별 학습 수준과 특성을 고려하여야 합니다. 학생마다 선호하는 학습 양식과 개별화교육 목표가 다르므로 이를 반영하여 학생 맞춤형 교육이 이뤄지도록 계획해야 합니다.

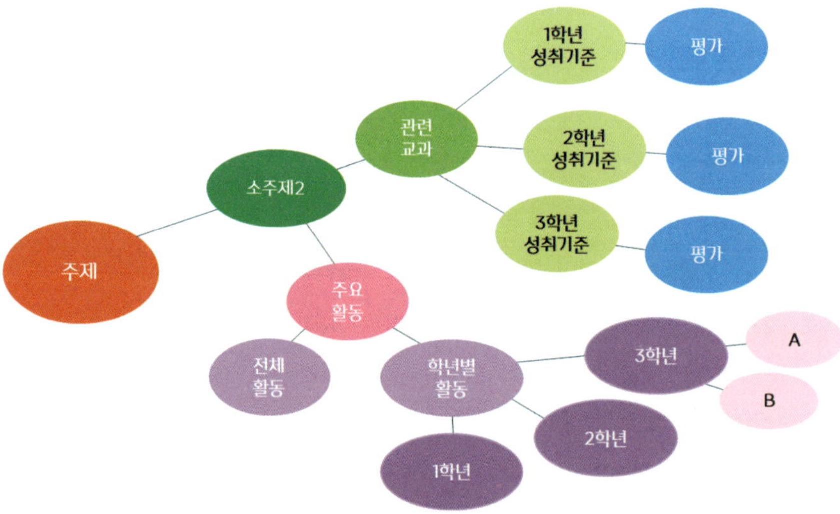

<그 외 다른 학년 포함, 학생별 학습 수준 고려하여 교육과정 틀 설계하기>

이 작업을 위해 주로 마인드맵을 사용하는데, 마인드맵 프로그램이나 앱이 다양하니 이를 활용하면 좀 더 쉽게 작업할 수 있습니다. 다음은 제가 6학년 학생들을 대상으로 주제 중심 교육과정을 실제로 설계하고 운영했던 계획안입니다.

<1학기>

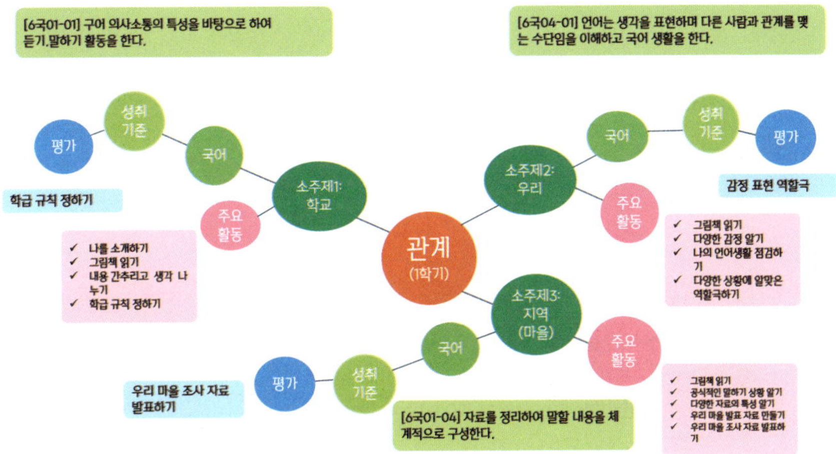

<2학기>

이렇게 주제 중심으로 교육과정을 운영하게 되면 교사의 수업 준비 부담이 줄어들고 교사와 학생 모두에게 가르침과 배움의 재미를 더해주어 다음 수업을 기대하게 해 줍니다.

그리고 학생들은 학습 과정에 적극적으로 참여하며 호기심을 가지고 몰입하는 경험을 합니다. 무엇보다 수업 활동을 통해 성취감과 자신감을 키울 수 있습니다. 때로는 주제 중심 수업 내용이 개별 학생의 개별화 교육 내용이 되기도 합니다.

다음은 1~3학년 학생들을 대상으로 위의 과정을 거쳐 실제로 계획하여 운영하였던 학년별 교수・학습 계획의 일부입니다.

월	주	1학년	2학년	3학년
8	4	1-2-1. 소중한 책을 소개해요.	2-2-1. 장면을 떠올리며	3-2-1. 작품을 보고 느낌을 나누어요.
		[2국02-05] 읽기에 흥미를 가지고 즐겨 읽는 태도를 지닌다. [2국04-01] 한글 자모의 이름과 소릿값을 알고 정확하게 발음하고 쓴다.	[2국05-02] 인물의 모습, 행동, 마음을 상상하며 그림책, 시나 노래, 이야기를 감상한다.	[4국05-04] 작품을 듣거나 읽거나 보고 떠오른 느낌과 생각을 다양하게 표현한다.
		1 그림책 함께 읽기 책놀이	1 그림책 함께 읽기 책놀이	1 그림책 함께 읽기 책놀이
		2 그림책 내용 이해하기 (작가의 생각 들여다보기1)	2 그림책 내용 이해하기 (작가의 생각 들여다보기1)	2 그림책 내용 이해하기 (작가의 생각 들여다보기1)
		3 생각 열기; 생각그물 표현하기	3 생각 열기; 생각그물 표현하기	3 생각 열기; 생각그물 표현하기
월	주	1학년	2학년	3학년
9	1	4 글을 읽고 재미있는 부분 찾기	4 그림책 속 명장면 뽑기	4 그림책 속 명장면 뽑기
		5 책을 읽고 새롭게 알게 된 점 말하기	5 이야기 읽고 알맞은 장면 찾기	5 표정, 몸짓, 말투 살피며 만화 영화 감상하기
		6 낱말의 받침에 주의하며 글쓰기	6 그림책 속 인물의 모습, 행동, 마음 살피기 성교육〉 인터넷을 올바르게 사용하는 방법 알기	6 인물의 표정, 몸짓, 말투에 주의하며 만화 영화보면 좋은 점 알기 성교육〉 인터넷을 올바르게 사용하는 방법 알기
		7 재미있게 읽은 책 찾기 성교육〉 인터넷을 올바르게 사용하는 방법 알기	7 이야기 읽고 인물의 표정 찾아 마음 표현하기	7 인물에게 알맞은 표정, 몸짓, 말투 생각하며 그림책 읽기
		8 재미있게 읽은 책 소개하기	8 인물의 모습, 행동과 마음 연결하기 9 인물의 모습, 행동, 마음 생각하며 그림책 읽기	8 내가 만약 00이라면? (역할극하기)
	2	9 도서관 비밀 찾기(도서관 수업)1 - 여러 가지 모양의 책 읽기	10 도서관 비밀 찾기(도서관 수업)1	9 도서관 비밀 찾기(도서관 수업)1
		10 도서관 비밀 찾기(도서관 수업)2	11 도서관 비밀 찾기(도서관 수업)2	10 도서관 비밀 찾기(도서관 수업)2

여기에서는 전체 수업 활동과 학년별 수업 활동을 고려하여 계획할 필요가 있습니다. 또한, 학생별 개별화교육 목표와 학습 수준을 고려하여 '내용 대체'가 필요하다면 이를 반영해야 합니다. 해당 학년의 학습 내용 지도가 어려운 경우, 타 학년 또는 기본교육과정의 학습 내용을 활용하기도 합니다.

이를 위해 아래의 방법으로 필요한 내용을 추출하여 활용하고 있습니다.

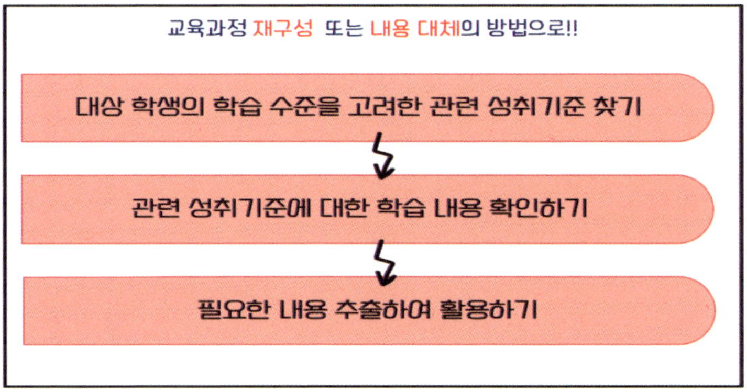

[WORKBOOK]에 공통 교육과정과 기본 교육과정 국어, 수학 교과의 성취기준을 서로 관련된 것들끼리 정리해 두었으니 활용하시면 됩니다.

선생님 중에는 주제 정하기가 어려워 어떻게 주제를 정할 수 있는지 묻기도 합니다. 다음과 같은 방법으로 좀 더 쉽게 주제를 정할 수 있을 것 같습니다.

<주제를 정하는 소소한 Tip!>

1. 학생이 흥미와 관심을 보이는 영역으로!
   - 놀이: 보드게임 만들기, 모두 함께하는 놀이 등
2. 우리 학급에서 보이는 문제 상황을 선택하라!
   - 평화로운 우리 학급 만들기(학급 규칙, 급훈 만들기)
3. 사회 이슈에 관심을 가지고!
   - 환경, 세계 여러 나라, 우리 지역 홍보, 역사 등
4. 교과 단원을 활용하라!
   - 통합 교과, 과학, 사회, 도덕, 예술 교과, 역사, 진로와 직업 등
5. 교사의 교육관을 반영하여!
6. 학급 특색교육과 연결하라!
7. 학급 교육목표와 연결하라!

주제 중심의 수업을 계획할 때 수업 내용에 따라 통합교육을 함께 계획할 수도 있습니다. 일명 '통합학급과 따로, 또 같이 함께 수업'이라고 할 수 있는데, 통합학급과 특수학급 상황 등을 고려하여 다음과 같이 운영할 수 있을 것 같습니다.

통합학급과 따로, 또 같이 함께 수업

구분	내용
1	협력 교수를 위한 교육과정 함께 재구성 및 수업 협력 교수
2	수업 계획은 따로, 부분 차시 수업 협력 교수
3	수업 따로, 결과만 공유(예: UCC, 책, 작품 전시 등)
4	수업 따로, 수업 과정에 친구 끌어들이기 (예: 통합학급 친구 대상으로 자료 조사하기)

만약 '통합학급과 따로, 또 같이 함께 수업'을 계획한다면 구체적인 계획을 세워두어야 합니다. 학생들은 특수학급에서 배운 것들을 친구들과 나누거나 통합학급 담임 선생님께 자랑하고 싶어 합니다. 배움의 과정에서 자연스러운 통합교육이 이뤄질 수 있도록 쉬운 단계부터 차근히 계획을 세워 실천해 보면 어떨까요?

우리 반 학생들과 함께 만들어가는 세상에 하나뿐인 우리만의 이야기가 담겨 있는 주제 중심 수업을 통해 더 큰 행복을 만들어가면 좋겠습니다.

이를 위해 선생님이 가장 잘할 수 있는 주제부터 시작해 보시기를 추천합니다.

- **개별화교육계획을 반영한 주제 중심 수업 계획하기**
  1) 학생별 개별화교육 고려한 대주제-소주제 정하기
  2) 중심 학년부터 뼈대 만들기
  3) 중심 학년과 다른 학년 연결하기

STEP 6. 교사가 설계하고 AI가 돕는 교수학습 설계하기

다음은 이번 해 우리 반 학생들을 대상으로 운영하고자 계획한 주제 중심 교육과정의 개요입니다.

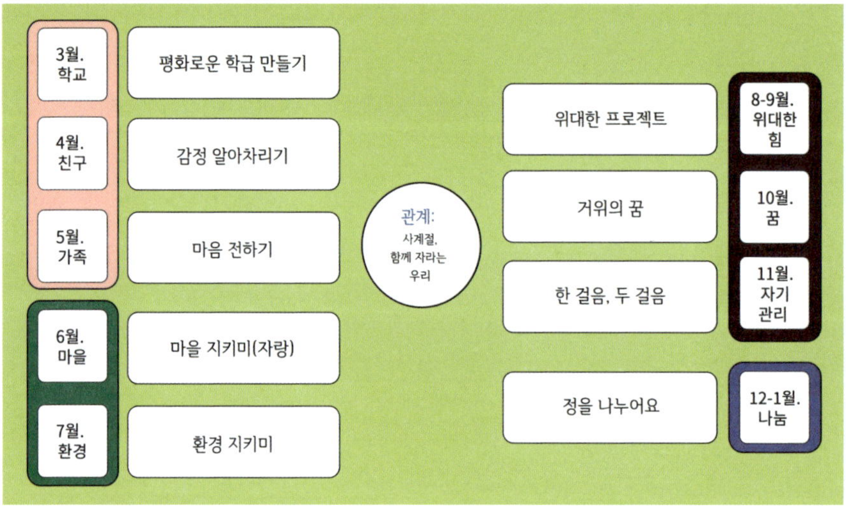

다양한 특성과 학습 수준을 지닌 2, 4, 6학년 특수교육 대상 학생들을 대상으로 다른 사람들과의 긍정적인 관계 형성을 위해 '관계'라는 대주제를 정하고, '나와 가족'이라는 소주제로 차시 수업을 계획하려고 합니다.

이를 위해 학년별 해당 성취 기준을 확인하고, 학생들의 현행 학습 수준과 특성을 분석합니다. 그리고 소주제에 따른 학습 목표를 설정한 후 생성형 AI에 내용을 입력합니다. 각 학년 성취기준과 교육목표는 아래와 같습니다.

	성취 기준	교육목표
2학년	[2국03-02] 쓰기에 흥미를 가지며 자신의 생각이나 느낌을 문장으로 표현한다. [2국03-04] 겪은 일을 표현하는 글을 자유롭게 쓰고 쓴 글을 함께 읽고 생각이나 느낌을 나눈다. [2국04-02] 소리와 표기가 다를 수 있음을 알고 단어를 바르게 읽고 쓴다. [2국02-02] 의미가 잘 드러나도록 문장과 글을 알맞게 띄어 읽는다.	쓰기에 흥미를 갖고 내 생각이나 느낌을 나타내는 단어 카드를 선택하여 문장을 완성할 수 있고, 문장을 알맞게 띄어 읽는다.
4학년	[4국03-02] 절차와 결과가 드러나게 정확한 표현으로 보고하는 글을 쓴다. [4국03-05] 자신의 쓰기 과정을 점검하여 쓰기에 자신감을 갖는다. [4국05-05] 재미나 감동을 느끼며 작품을 즐겨 감상하는 태도를 지닌다. [4국01-03] 상황에 적절한 준언어·비언어적 표현을 활용하여 듣고 말한다.	재미나 감동을 느끼며 그림책을 읽고 우리 가족 조사 보고서를 작성하여 다른 사람 앞에서 적절한 준언어·비언어적 표현을 활용하여 발표한다.
6학년	[6국01-04] 자료를 정리하여 말할 내용을 체계적으로 구성한다. [6국05-04] 일상생활의 경험을 이야기나 극의 형식으로 표현한다. [6국05-05] 작품에 대한 이해와 감상을 바탕으로 하여 다른 사람과 적극적으로 소통한다. [6국03-06] 독자를 존중하고 배려하여 글을 쓰는 태도를 지닌다.	작품에서 얻은 깨달음을 다른 사람과 적극적으로 소통하며, 가족과 있었던 경험을 극의 형식으로 표현한다.

<AI 활용 프롬프트 작성의 예>

2학년, 4학년, 6학년 특수교육 대상 학생에게 적합한 수업을 설계해 줘.
2학년은 자폐성 장애 학생으로 글을 읽을 수 있지만, 내용 파악은 어려워. 글자와 소리가 다른 낱말을 글자대로 읽을 수 있어. 한 문장을 읽고 간단한 질문에 해당하는 답을 찾을 수 있어. 4학년은 자폐성 장애 학생으로 글을 읽고 간단한 질문에 답할 수 있어. 반대되는 낱말을 찾아서 쓸 수 있어. 6학년은 2명인데, 한 명은 글을 읽고 이야기의 흐름을 파악할 수 있고, 그림을 보고 장면을 요약하여 쓸 수 있어. 한 명은 한글을 다 알지 못해. 받침 없는 기본 글자를 배우고 있어.
주제는 '나와 가족'이고 그림책 '알사탕'을 이용하여 수업을 진행하려고 해.
2학년의 성취기준은 ~ (이)고 목표는 ~ (이)야.
4학년의 성취기준은 ~ (이)고, 목표는 ~ (이)야.
6학년의 성취기준은 ~ (이)고, 목표는 ~ (이)야.
이 목표에 맞게 2학년, 4학년, 6학년 각각 18차시로 수업을 계획해 줘. 이때 교육 목표와 교육 내용에 알맞은 교육 방법(교육 자료, 교수학습 방법 포함), 평가계획(평가 방법과 평가 내용)을 포함하여 작성해 줘.

다음은 위의 학습 목표 도달을 위해 특수교육 대상 학생들에게 그림책 '알사탕'(백희나 글, 그림)을 활용하여 수업을 진행하고자 생성형 AI를 활용하여 차시를 계획한 것입니다.

차시	2학년	4학년	6학년
1	그림책 읽기 전 활동(겉표지 관찰 및 예측하기), 그림책 '알사탕' 함께 읽기	그림책 읽기 전 활동(겉표지 관찰 및 예측하기), 그림책 '알사탕' 함께 읽기	그림책 읽기 전 활동(겉표지 관찰 및 예측하기), 그림책 '알사탕' 함께 읽기

<table>
<tr><td>2</td><td>그림책 속 낱말 익히기</td><td>그림책 속 낱말, 문장 익히기</td><td>그림책 속 낱말, 문장 익히기</td></tr>
<tr><td>3</td><td rowspan="2">소리 나는 대로 단어, 문장 읽기</td><td rowspan="3">그림책 장면별 내용 이해하기+감정 나누기</td><td rowspan="3">이야기 전개 흐름 정리+주요 장면 그리기 및 요약 쓰기</td></tr>
<tr><td>4</td></tr>
<tr><td>5</td><td rowspan="3">그림책 내용 이해하기 (부분 읽기+주요 장면 중심 질문-답하기)</td></tr>
<tr><td>6</td><td>비슷한 경험 떠올리며 이야기 나누기</td><td>등장인물의 말과 행동, 표정 따라 하기</td></tr>
<tr><td>7</td><td rowspan="2">등장인물의 표정, 행동, 말 따라 하기</td><td>등장인물과 비슷한 경험 이야기 나누고 문장 쓰기</td></tr>
<tr><td>8</td><td rowspan="2">일이 일어난 순서대로 손바닥 책 만들기</td><td rowspan="3">가족과의 경험 회상 및 말풍선 넣기 활동</td></tr>
<tr><td>9</td><td rowspan="2">나의 가족 구성원 알아보기</td></tr>
<tr><td>10</td><td>등장인물의 마음 살펴보고 알맞은 감정 단어 사용하여 말하기</td></tr>
<tr><td>11</td><td rowspan="3">비슷한 경험 이야기 나누기+단어 카드 조합해 문장 완성하기</td><td rowspan="2">조사 내용 바탕으로 우리 가족 소개 글 완성하기</td><td rowspan="2">말풍선 문장 만들기 → 극 대사로 전환하기</td></tr>
<tr><td>12</td></tr>
<tr><td>13</td><td>발표 스크립트 구성+표정과 몸짓으로 발표 연습하기</td><td rowspan="2">장면 나누기, 역할 나누기, 대사 쓰기</td></tr>
<tr><td>14</td><td rowspan="3">나만의 알사탕 책 만들기</td><td>발표 및 소감 나누기</td></tr>
<tr><td>15</td><td rowspan="2">나만의 알사탕 책 만들기</td><td>소리 연습, 감정 표현 연습하기</td></tr>
<tr><td>16</td><td>극 발표 후 소감 나누기</td></tr>
<tr><td>17</td><td>단어, 문장 소리 나는 대로 읽기</td><td>'추억 액자' 만들기</td><td>가족에게 힘이 되는 말이 담긴 편지 쓰기</td></tr>
<tr><td>18</td><td>문장 알맞게 띄어 읽기</td><td>작품 전시 및 소감 나누기</td><td>가족을 위한 선물 준비하기</td></tr>
</table>

그중에서 2학년 11~13차시, 4학년 11~12차시, 6학년 8~10차시 수업을 진행할 때의 수업 지도안, 활동지, 평가 계획을 간단히 작성해 보겠습니다. 이를 위해 다음과 같이 프롬프트를 입력하였습니다.

<AI 활용 프롬프트 작성의 예>

2학년의 비슷한 경험 이야기 나누기+단어 카드 조합해 문장 완성하기 차시 세부 교수학습 지도안과 활동지를 제작해 줘.

4학년의 조사 내용 바탕으로 우리 가족 소개 글 완성하기에 대한 수업 지도안과 활동지를 제작해 줘.

6학년의 가족과의 경험 회상 및 말풍선 넣기 활동에 대한 수업 지도안과 활동지를 제작해 줘.

AI가 작성해 준 내용을 바탕으로 먼저 학년별 수업 지도안을 간단히 작성해 보겠습니다.

	2학년	4학년	6학년
학습 목표	주인공과 비슷한 경험을 나누며, 단어 카드를 조합해 문장을 완성할 수 있다.	조사 내용을 바탕으로 우리 가족을 소개하는 글을 완성할 수 있다.	가족과의 경험을 회상하여 장면에 알맞은 말풍선을 넣을 수 있다.
생각 열기	- 알사탕 장면 보고 이야기 나누기	- 동동이 가족 소개하기	- 가족이 나에게 했던 말 중 기억나는 것 이야기 나누기
배우고 표현하기	- 비슷한 경험 말하기 - 문장 만들기	- 우리 가족 구성원 조사 내용 정리하기 - 소개글 틀에 맞춰 쓰기 - 완성된 글 발표하기	- 가족과의 기억 떠올리며, 가족이 했던 말과 내가 했던 말 나누기 - 장면 그림 속 말풍선에 어울리는 말 넣기 - 실제 내 경험을 바탕으로 대사 쓰기
나누기	- 오늘 만든 문장 발표하기	- 발표 소감 나누기	- 친구와 문장 공유하기 - 오늘 활동 소감 나누기

다음은 생성형 AI가 제작해 준 학년별 수업 활동지입니다.

1. '알사탕'에서 동동이는 누구의 말을 듣게 되었나요?
☐ 할머니 ☐ 친구 ☐ 고양이
2. 나도 비슷한 경험이 있었어요!
내가 그때 들은 사람은? ______________________
그때 나는 기분이 어땠어요? (그림 선택)

3. 단어 카드를 조합해 문장을 완성해요!
[나는] + [________________] + [________________]
→ 완성된 문장:

---

4. 내 문장을 읽어 보아요! (선 긋기)
[나는] [사탕을 먹고] [기뻤어요]

✔☐ 오늘 만든 문장 발표: ☐ 했어요 ☐ 아직이에요

<2학년 학습지>

1. 우리 가족 구성원은 누구인가요?
- 가족 수: 총 ____명

이름: ____________ 나이: ____살 특징: _____________________
이름: ____________ 나이: ____살 특징: _____________________
이름: ____________ 나이: ____살 특징: _____________________

2. 아래 틀을 따라 소개 글을 완성해 보세요.

"안녕하세요! 저는 ____입니다.
우리 가족은 ____명입니다.
먼저, 우리 가족 중 (____)은(는) ___________________.
그리고 (____)은(는) _____________________________.
나는 우리 가족을 (좋아해요 / 자랑스러워해요 / 사랑해요)!"

3. 친구에게 소개할 때 이렇게 해 볼래요!
- 말할 때 손을 써요 ✋
- 목소리는 또박또박 👄
- 친구 눈을 보고 말해요 👀

<4학년 학습지>

1. 가장 기억에 남는 가족과의 일은 무엇인가요?
- 누구와 있었던 일이에요? ____________________
- 그때 나는 어떤 기분이었나요? □ 기뻤어요 □ 슬펐어요 □ 놀랐어요 □ 화가 났어요

2. 장면 속 인물은 무슨 말을 하고 있을까요?
<알사탕 그림 속 말풍선이 비어 있어요!>
→ 아래 말풍선을 채워 보세요!

(예시 그림 장면)
[할머니]: ______________________________
[동동이]: ______________________________

3. 내 가족 이야기로 바꿔 보아요!

[가족 이름]: ______________________________
[나]: ______________________________

4. 친구들에게 발표해요!
□ 그림 속 말풍선 문장 발표했어요
□ 내 가족 이야기 문장 발표했어요

<6학년 학습지>

학년별 평가 계획도 확인해 보겠습니다.

	평가 항목	평가 방법	평가 기준
2학년	비슷한 경험 말하기	관찰 체크리스트	자신의 경험을 간단히 말했는가?
	문장 만들기	활동지 확인	단어를 조합하여 주어+행동+감정 구조의 문장을 완성했는가?
	문장 읽기	낭독 관찰	문장을 띄어 읽으려 노력했는가?
4학년	조사 내용 활용	활동지 확인	조사한 가족 정보를 활용하여 글을 완성했는가?
	문장 표현	관찰	소개 글을 간단한 문장으로 표현했는가?
	발표 태도	발표 관찰	적절한 준언어·비언어 표현을 사용했는가?
6학년	말풍선 완성	활동지 확인	장면에 어울리는 적절한 말 표현을 썼는가?
	경험 회상	관찰 및 발표	자기 가족 경험을 떠올리고 표현했는가?
	발표	관찰	다른 사람과의 소통에 참여했는가?

이렇게 생성형 AI가 만들어준 자료는 우리 반 학생들의 학습 특성 등을 고려하여 수정・보완하여 활용하도록 합니다. 또한, 수업 계획은 말 그대로 계획이기 때문에 수업을 진행하며 학생들의 반응과 학습 결과에 따라 수시로 계획을 수정・보완해야 합니다. 이를 위해 교실의 잘 보이는 곳에 교과별 지도 계획을 게시하여 두면 그때그때 상황에 맞게 수업 내용을 수정하거나 차시를 변경하여 운영하기 쉽습니다. 수정 내용은 색깔 펜이나 메모 점착지 등을 사용하여 표시해 두면 다음 학기 지도 계획 수립에 도움이 됩니다. 저는 교수・학습 계획을 편집해서 모아찍기로 출력하여 소책자로 만든 후, 수시로 그 내용을 확인하고 있습니다.

우리 반 학생 한 명 한 명의 교육이 깊이 있게 잘 이뤄지도록 하기 위해서는 교사가 학생별 지도 내용을 모두 잘 기억하고 있어야 하지만, 실제로 그러기란 쉽지 않습니다. 또, 학생별로 효과적인 교육 방법이 다르다 보니 교사가 멀티가 되지 않고서는 개별 학생에게 딱 좋은 수업을 준비하기가 어렵습니다. 그런 점에서 조금이라도 나를 도울 수 있는 장치가 있다면 수업과 개별화 교육에서만큼은 누구보다 쉽게 잘할 자신감이 생기지 않을까요? 생성형 AI가 바로 그런 장치가 될 수 있습니다. 학생들의 삶과 연계한 깊이 있는 학습에 한 발짝 더 가까이 다가가기 위한 하나의 방식으로 활용해 보시기 바랍니다.

<AI가 돕는 교수학습 설계하기>

- 학생별 학습 수준, 관련 성취 기준, 학습 목표, 차시, 내용 등이 포함된 프롬프트 작성하여 입력하기
- 추가적인 명령을 통해 필요한 수업 자료(차시별 수업 지도안, 활동지, 평가 계획 등) 얻기
- AI가 제시한 자료를 학생별 학습 목표와 학습 특성에 맞게 수정・보완하여 활용하기

7

중등 특수학급 운영하기

STEP 1. 학급 운영 기본 틀 만들기

"기본 교육과정이 아닌 공통 교육과정을 따르는 우리 아이들에게, 학교의 교육목표와 연계된 특수학급 교육과정은 어떻게 설계할 수 있을까요?"

"특수학급 교육과정에는 정답이 없다"라고들 합니다. 특수학교에는 '기본 교육과정'이라는 명확한 틀이 있지만, 일반 학교 특수학급은 이야기가 조금 다릅니다. 2022 개정 특수교육 교육과정은 말합니다.

일반학교에 재학 중이며 일반학급 및 특수학급에 배치된 특수교육 대상[1)]학생의 교육과정은 해당 학년군의 교육과정 편제와 시간(학점)을 따라야 한다.

즉 우리 반 아이들의 교육과정은 특수학급에 배치되어 있더라도 '공통'이나 '기본' 교육과정을 자유롭게 선택할 수 있는 것이 아니라, 재학 중인 학년군의 '초・중등학교 교육과정'에 기반하여 설계해야 함을 의미합니다. 그래서 질문이 시작되었습니다.

'일반학교의 교육과정과 시스템 안에서
내가 우리 아이들에게 줄 수 있는 도움은 무엇일까?'

그 해답을 찾기 위해 가장 먼저 들여다본 것은 바로 '학교 교육계획서'였습니다.

'우리 학교의 비전과 교육목표는 어디까지 담을 수 있을까?'
'이 아이들에게 맞는 수업과 활동은 어떤 모습일까?'

교과서에만 머무르지 않고, 아이들의 눈빛과 손끝에서 시작하는 교육과정을 만들고 싶었습니다. 제주★중학교의 교육 방향과 특색을 담아 특수학급만의 정체성을 가진 이름들을 하나씩 붙여가며, 문해력, 수학적 사고력, 예술 활동, 학부모와의 동행이 살아 있는 우리 반만의 교육과정을 천천히, 그러나 정성껏 그려나가고 있습니다.

이 장, 「**7. 중등 특수학급 운영하기**」는 일반 교육과정과 연계한 특수학급 교육과정을 어떻게 설계할 수 있을지에 대한 고민에서 출발하여, 학급 운영의 기본 틀을 세우는 기준과 이를 바탕으로 한 실제 사례를 함께 소개합니다.

---

1) 교육부. 2022 개정 특수교육 교육과정 총론 해설_특수교육. p.123.

♣ 학교 교육계획서 톺아보기

제주특별자치도교육청의 교육지표는 '올바른 인성', 제주시교육지원청의 교육지표는 '참된 인성'입니다. 제주★중학교는 이러한 지역교육청의 방향성을 바탕으로, 학교 비전에 '인성 함양'을 분명하게 제시하고 있습니다.

교육 주체들이 어떤 가치에 무게를 두고,
교육 활동들이 무엇을 지향할지를 짐작해 볼 수 있는 출발점이 바로
학교 비전이다.

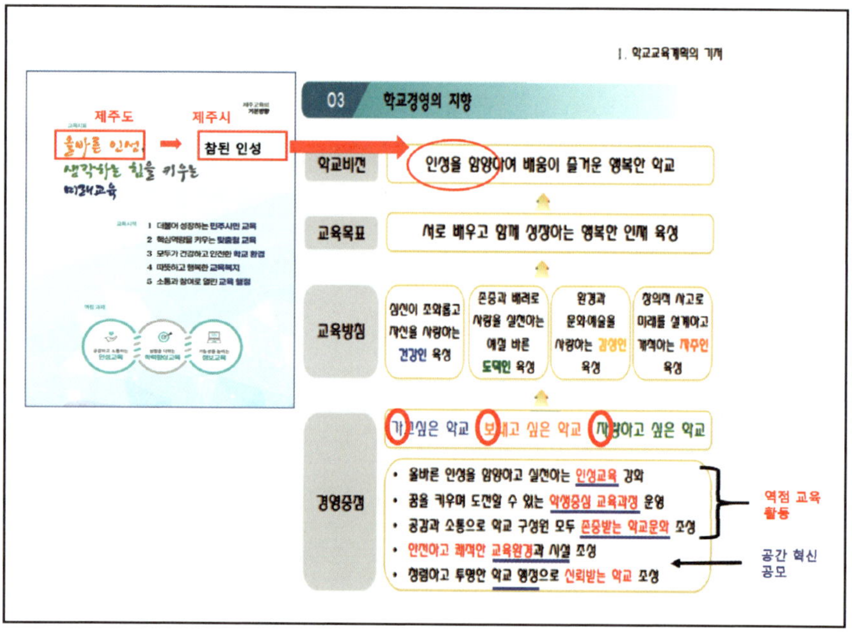

[20** 제주★중학교 학교교육계획]

제주★중은 인성을 기르기 위한 실천 언어로 '서로', '함께'라는 단어를 사용하고 있습니다. 이는 인성이란 결코 혼자서, 개별적으로 길러지는 것이 아니라, '모두', '같이', '공동체' 속에서 자연스럽게 형성된다는 의미를 담고 있습니다.

이러한 학교 비전과 교육목표를 실현하기 위해 각 부서에서는 **건강인, 도덕인, 감성인, 자주인**을 기르기 위한 다양한 사업을 기획하고 운영합니다. 모든 사업은 학교의 경영 중점과 맞닿아 있으며, 결국에는 모든 교육 주체들이 공감할 수 있는 **'가고 싶은 학교, 보내고 싶은 학교, 자랑하고 싶은 학교'(일명 가보자 학교!)**를 함께 만들어가는 데 목적이 있습니다.

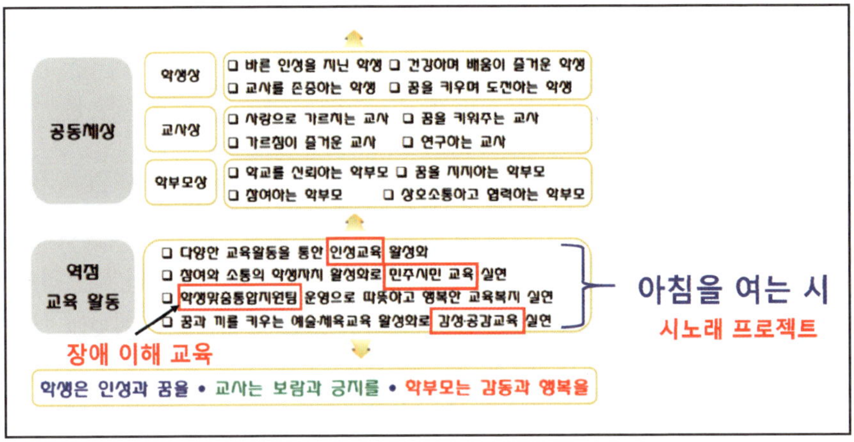

[20** 제주★중학교 학교 교육계획]

교육의 주체가 되는 학생, 교사, 학부모의 관계는 서로 순환적입니다. 예를 들어, 바른 인성을 지닌 학생을 기르기 위해 교사는 사랑으로 가르쳐야 하며, 그러한 교사와 학생을 학부모는 신뢰해야 합니다. 그리고 교사의 사랑과 학부모의 신뢰 속에서 자란 학생은 결국 바른 인성을 갖춘 사람으로 자라게 됩니다. 이처럼 세 주체는 끊임없이 영향을 주고받으며, 서로를 완성해 갑니다. 그렇다면, 이 아름다운 순환은 언제, 어디서, 무엇을 통해 이루어질까요?

그 해답은 바로,
우리 학교만의 역점 교육활동 안에 있다.

제주★중학교에서 실시하고 있는 「**아침을 여는 시**」 프로젝트는 매주 1편의 시를 함께 암송하며 학생의 감수성을 깨우고, 교사와 학생이 마음을 나누는 소중한 시간입니다. 그 순간 교사는 시를 통해 아이들과 '느낌'을 나누고, 학생은 교사의 목소리와 표정을 통해 '공감'을 배웁니다. 그리고 시를 집으로 가져가는 아이의 손에는 학부모와 나누는 또 하나의 대화가 고스란히 담겨 있습니다.

학교 역점 교육 활동을
특수학급 특색교육 활동으로 가져오다!

이러한 학교의 감성 프로젝트를 특수학급의 특색교육 활동으로 연결한 것이 바로 저희 특수학급에서 운영하고 있는 「**시 · 노래 프로젝트**」입니다. 시는 교사의 목소리에서 멜로디로 다시 태어나고, 학생들은 노랫말을 따라 부르며 시의 언어를 몸으로 익힙니다. 학부모는 발표회를 통해 그 결과를 지켜보며 자녀의 성장과 감정 표현의 변화를 함께 경험합니다.

또한, **장애이해교육 활동**은 '서로', '함께'의 가치를 실천하는 또 하나의 중요한 장면입니다. 우리와 조금 다른 친구를 바라보는 시선에서부터, 모두를 위한 수업과 놀이로 확장되는 과정은 학생에게는 다름을 이해하는 마음, 교사에게는 차이를 존중하는 실천, 학부모에게는 공감과 지지를 바탕으로 한 교육 참여로 이어집니다.

'인성'이라는 목표를 중심에 두고,
학생-교사-학부모가 서로의 역할을 공감하며 완성해 가는 여정
그리고 그 중심에는 늘, 우리 아이들이 있다.

♣ 우리 반, 이름이 있는 교실

특수학급의 교육과정은 단순한 수업 계획표가 아니라, 우리 교실의 정체성을 드러내는 얼굴이라고 생각합니다. 교실 안에서 이루어지는 배움과 관계, 표현과 성장은 그 자체로 우리 반만의 방향성과 철학을 담고 있기 때문입니다. 그래서 저는 우리 교실에, 특수학급 교육과정의 정체성을 드러내는 이름을 붙여 보았습니다. 이 이름들 속에는 학생들이 어떻게 배우고 자라는지, 교사가 어떤 가치로 수업을 구성해 가는지, 그리고 우리 교실이 어떤 의미를 지니는 공간인지가 자연스럽게 담겨 있습니다.

이름을 붙인다는 것은, 존재를 소중히 여기는 일이자
우리 교육과정의 정체성을 스스로 정의하고 가꾸는 첫걸음

Click 제주★중의 '꽃자리'

꽃자리

구상

반갑고 고맙고 기쁘다
앉은 자리가
꽃자리니라!

네가 시방
가시방석처럼 여기는
너의 앉은 그 자리가
바로 꽃자리니라

반갑고 고맙고 기쁘다

구상 시인의 시 「꽃자리」에는 **"네가 앉은 자리가 꽃자리다"**라는 구절이 있습니다. 우리 교실도 그렇습니다. 본관과 급식실 사이, 아이들이 가장 자주 오가는 길목에 놓인 이 자리. 비 오는 날이면 교정 너머로 아이들의 등굣길을 바라볼 수 있고, 수업 시간에도, 쉬는 시간에도, 점심시간에도 아이들의 움직임과 표정을 가까이서 지켜볼 수 있는 교감의 자리입니다.

또한 이 교실은 교과 교실과 적당히 떨어진 공간에 있어, 통합학급 친구들을 초대해 함께 노래 부르고, 춤추고, 시를 낭송해도 다른 수업에 방해를 주지 않는 자유로운 무대가 되어 줍니다.

그래서 저는 이곳을 우리 특수학급 아이들과 친구들이 함께 피어나는 '꽃자리'라 부르고 싶습니다. 이 자리가 있어, 우리는 노래를 부르고, 서로를 바라보며, 함께 자랍니다.

Click 문해력이 싹트고 자라는 교실

우리 교실에서는 '한글을 읽고, 쓰고, 말하는 힘', 곧 문해력을 아이들의 삶과 배움의 뿌리로 여깁니다.

장애학생들에게 문해력이란,
세상과 소통하고 자신의 마음을 표현할 수 있는
'도구'이자 '존재의 언어'

그래서 문해력은 배움의 시작이면서, 자존감의 시작이기도 합니다. 이 교실에서는 그림책, 시, 짧은 이야기를 중심으로 아이들이 '무엇을 말하고 싶은지'에 귀 기울이며 **의미 중심 접근법**으로 수업을 진행합니다. 또한, 아이들의 개별 수준에 맞춰 낱말카드, 음절 퍼즐, 말놀이 교구, 보드게임을 활용하여 **발음 중심 접근**의 문해력 지도도 병행하고 있습니다. 그리하여 아이들은 자신만의 속도로 읽고, 말하고, 쓰며 문해력의 씨앗을 차근차근 싹틔워 갑니다.

이 과정에서 우리는 **'제주학생, 책의 바다로!' 독서마라톤 프로그램**도 함께 운영하고 있습니다. 다양한 분야의 책을 읽고, 느낀 점을 기록하며 아이들은 꾸준히 독서하는 습관을 기르고, 책을 통해 세상과 더 넓게, 더 깊이 연결되고 있습니다.

이곳은 아이들이 언어를 통해 자기 삶을 표현하고, 세상과 연결되는 교실입니다.

Click 수학적 사고력이 싹트고 자라는 교실

이 교실에서는 단순히 계산을 잘하는 것보다, 세상 속 문제를 수학적으로 바라보고 해결할 수 있는 힘을 더 중요하게 생각합니다. 어떤 학생은 초등 고학년 수준의 연산을 능숙하게 해내지만, 막상 알고 있는 수학 개념을 실생활 문제에 적용하는 데 어려움을 겪기도 합니다. 그래서 우리는 수학을 실제 삶과 연결된 언어로 풀어내는 활동을 함께 합니다.

'**수학 퀴즈 책**' 활동에서는 학생이 관심 있어 하는 짧은 글을 먼저 읽고, 그 안에 담긴 상황을 바탕으로 수학적 개념과 용어를 찾아 수식으로 표현해 봅니다. 연산을 넘어서 사고하고 연결하는 힘을 기르는 시간입니다.

단순 연산 능력을 향상시키기 위한 활동도 함께합니다. **보드게임**을 활용하여 반복적으로 연산 연습을 하며, 속도와 정확성을 자연스럽게 키워갑니다. 게임의 규칙을 살짝 바꾸는 것만으로도 다양한 연산식과 수학 개념을 응용할 수 있는 상황을 만들 수 있습니다. 때로는 아이들 스스로 게임을 만들어, 문제를 내고 규칙을 만드는 주체가 되기도 하지요.

화폐 단원에서는 모형 화폐 대신 **실제 화폐**를 사용합니다. 실제 지폐와 동전을 손에 쥐고, 값을 계산하고, 지불하고, 거스름돈을 받는 연습을 통해 실생활 적응력과 수학적 사고를 동시에 키워갑니다. 이곳은 아이들이 수학을 통해 세상을 읽고, 생각하고, 스스로 문제를 풀어가는 교실입니다.

Click 뚝딱뚝딱 갤러리가 멋진 교실

1년 동안 몇 번 꺼내지도 않는 교재와 교구들, 모두 비우자!

한때는 교실 뒤편 책장에 1년 동안 몇 번 꺼내지도 않는 교재와 교구들이 빼곡히 들어차 있었습니다. 그래서 결심했습니다. 모두 비우자.

그 자리에 학생 한 명 한 명의 '작은 갤러리'를 만들었습니다. 갤러리에는 그림, 만들기 작품, 사진, 글, 좋아하는 책… 아이들이 자랑하고 싶은 것이라면 무엇이든 자유롭게 진열합니다. 이 공간은 곧 교실에서 가장 많은 눈길이 머무는 곳이 되었습니다. 친구들은 서로의 작품을 보며 대화를 나누고, 선생님이나 학부모님도 교실에 오면 자연스럽게 아이와 이야기를 시작할 수 있는 공간이 되었습니다.

우리 반의 활동을 안내하는 전시장이자,
아이들의 마음을 소개하는 창문

이 작은 갤러리는 아이들에게 '보여줄 수 있는 나', '존재감을 확인할 수 있는 나'를 선물합니다. 자존감은 그렇게 싹틉니다. 학기말 또는 학년말이 되면 사진과 그림은 한 권의 앨범으로 정리되고, 만들기 작품은 스스로 골라 집으로 가져가거나, 스스로 버리며 정리합니다. 작품을 대하는 태도까지도 성장의 일부가 되도록 말이지요. 이곳은 아이들이 자신을 표현하고, 존재를 인정받는 교실입니다.

Click 보물이 가득한 교실

우리 교실에는 보물이 가득가득합니다.

그중에서도 가장 큰(?) 보물은 바로 **'요술 책상'**입니다. 활동 내용이나 인원 수에 따라 책상을 자유자재로 배치할 수 있어, 하루에도 몇 번씩 교실의 모습이 달라지지요. 책상과 의자는 무게감이 있어 안정감이 있고, 다리에는 테니스공을 끼워 부드럽게 이동하면서도 소음이 적습니다.

교실 한쪽에는 **전자피아노와 앰프, 마이크**가 있어 언제든지 노래를 부르고, 발표하고, 공연을 열 수 있는 무대가 됩니다. 또 다른 구석에는 **복사기, 코팅기, 제본기, 파쇄기**까지 갖춘 작은 교사실 같은 공간도 마련되어 있어, 아이들이 만든 자료를 즉석에서 코팅하거나 제본해 학습 결과물을 '작품'처럼 대하는 경험을 제공합니다.

회전 책꽂이에는 **그림책과 학습용 보드게임**이 빼곡히 꽂혀 있어 적절한 때, 적절한 활동에 맞게 함께 놀고 배우는 '타이밍'을 놓치지 않게 해 줍니다.

또한 **교구 정리함**은 아이들이 직접 꺼내고 제자리에 정리할 수 있도록 구성되어 있어, 자율성과 책임감을 함께 길러줍니다.

그리고 무엇보다, 아이들이 가장 좋아하는 보물 1호는 '**포토 프린터**'입니다. **스마트 패드**로 사진을 찍고, 직접 포토 프린터를 연결해 자신의 순간을 인쇄하고 기록합니다. 사진 옆에는 **라벨 프린터**로 이름이나 한 줄 감상을 붙여, 작은 전시장처럼 교실을 꾸미는 일도 아이들의 손으로 이루어집니다. 이곳은 아이들의 배움과 놀이, 자율과 표현이 한데 어우러지는 '살아 있는 교실'입니다. 그리고 그 중심엔, 늘 아이들 스스로가 만든 보물들이 자리하고 있습니다.

Click 책과 콩나무가 자~알 자라는 교실

우리 교실에는 아이들 이름표가 붙은 화분들이 하나씩 자라고 있습니다. 학생들은 각자의 화분을 정성껏 돌보며 식물과 함께 성장하는 시간을 보내고, 방학 전에는 화분을 집으로 가져가 자신의 손으로 키워냅니다.

가운데에 놓인 만데빌라 화분은 유난히 활기찼습니다. 진한 빨간 꽃을 피운 뒤에는 블라인드 줄을 타고 천장까지 줄기를 뻗었지요. 어느 날, 벌레와 식충식물을 사랑하는 자연 친화력이 남다른 남학생에게 말을 건넸습니다.

"와~ 이 화분은 천정까지 자랐다!"

그러자 아이가 웃으며 말했습니다.

"그러게요~ 책과 콩나무도 아닌 것이..."

그 한마디에 모두가 웃고, 교실은 잠시 동화 속이 되었습니다. 그래서 우리는 이 교실을 이렇게 부르기로 했습니다. **"책과 콩나무가 자~알 자라는 교실."**

이곳은 아이들도 식물도 자라나는 중입니다. 뻗어 올라가고, 가지를 펴고, 꽃을 피우고, 그리고 어느새 마음까지 푸르고 넓어지는 그런 공간입니다.

Click 엄마도 함께 노는 교실

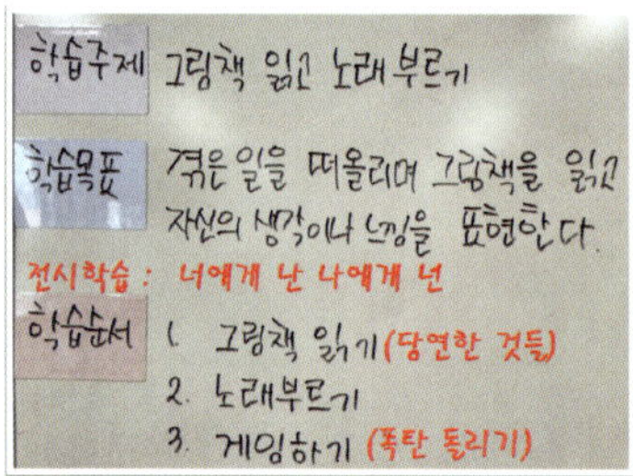

공개수업은 특별한 무대를 꾸미기보다,
평소의 모습을 보여주는 자리여야 한다.

이것이 저의 평소 지론입니다. 재작년 학부모 공개수업에서도 아이들의 평소 수업 흐름 그대로 진행했습니다. **그림책 『당연한 것들』**을 읽고, 감사한 마음을 노래로 표현한 뒤, 자연스럽게 놀이로 연결하는 시간을 가졌습니다. 마지막 활동은 '**폭탄 돌리기 게임**'이었습니다. "당연하게 생각했지만, 감사한 것"을 말하며 폭탄을 돌리는 시간. 아이들의 천진한 생각들이 이어졌고, 어머님들은 웃으며 고개를 조용히 끄덕이셨습니다.

시간이 조금 남아 "엄마랑도 해볼까?"라고 제안하자, 한 아이가 폭탄을 켜서 엄마에게 건네주었고, 당황하신 어머님들은 이내 아이들에게 고마운 마음을 조심스럽게 말로 표현하셨습니다.

그 순간 깨달았습니다. 이 시간은 아이들만을 위한 것이 아니라, 엄마도 함께 놀고 느끼고 웃을 수 있어야 한다는 것. 그래서 우리는 이 교실을 **'엄마도 함께 노는 교실'**이라 부르게 되었습니다.

잘 하고 싶은 마음, 무대 위에서 빛나는 자존감.

그다음 해, 공개수업은 더욱 확장된 모습으로 이어졌습니다. 아이들과 매주 진행하던 '시 · 노래 미션'을 모아 **'시 · 노래 콘서트'**를 열었습니다. 아이들은 각자 한 곡씩 맡아 노래하고, 노래에 얽힌 에피소드도 직접 전했습니다.

마지막 활동은 우리 특수학급의 자랑, **'Go! Fish!' 친구 알기 보드게임**이었습니다.

기존 'Go! Fish!' 카드와 같은 디자인으로, 매일 인사하고 노래하며 어울리는 1~3학년 친구들의 사진, 별명, 잘하는 것, 좋아하는 것을 담은 맞춤 카드를 제작했습니다.

이 활동은 단순한 게임을 넘어, 서로를 알아가고 다양성을 자연스럽게 받아들이는 놀이터가 되었습니다.

이날의 학습목표는 단순하지만 분명했습니다.

"시를 노래로 표현하고,
놀이를 통해 친구들의 다양성을 이해하고 존중하는 태도를 기른다."

그리고 그날, 부모님들은 자신의 아이가 누구와 친구가 되었는지, 어떤 별명으로 불리고, 무엇을 좋아하며 살아가는지를 비로소 깊이 알게 되었습니다. 이 교실은, 아이와 엄마가 함께 웃고 배우며, '함께'라는 말의 따뜻함을 실천하는 공간입니다.

"놀이 속에서 자라고, 관계 속에서 배웁니다.
이 교실은 오늘도 함께 웃는 법을 배우는 중입니다."

Click 시 · 노래로 통(通)하는 통합교육실

이곳은 단순히 노래를 부르고 시를 배우는 공간이 아닙니다. 시와 노래를 통해 마음이 열리고, 차이를 넘어 통(通)하는 배움의 공간입니다. 학교의 역점 교육 활동인 '아침을 여는 시'(시 낭송 챌린지)는 '푸르메 중창단'으로 확장되었습니다. **'푸르메 중창단'**은 **통합교육 실천 동아리**입니다. 매주 새롭게 발표되는 한 편의 시를 점심시간에 모여 연습하고, 외워서 함께 노래하는 미션에 도전합니다.

우리 반 학생들이 속한 통합학급 학생들을 초청하여 시 · 노래를 함께 부르기도 합니다. 아이들은 시 안에 담긴 인권, 사랑, 평화, 공감, 존중의 가치를 노랫말에 담아 부르며 마음 깊이 새깁니다.

여기서 '장애'는 특별한 설명 없이, '다양성'과 '다름'을 존중하는 시선으로 자연스럽게 전달됩니다. 이것이 바로 장애라는 단어 없이 실천하는 **'진짜 장애이해교육'**, 즉 **'다양성 교육'**이라는 생각이 듭니다.

시를 노래로 바꾸어 함께 노래하면서
'장애'와 '차이'를 '다양성'과 '다름'의 시각으로 바라보고,
제주★중학교의 주인공으로! 자존감을 키우면서! 따로 또 같이!

'푸르메 중창단' 아이들은 종종 무대에 오릅니다. 시 낭송 대회, 지역 축제, 교내 등굣길 음악회, 졸업식, 미술 전시회 등 크고 작은 공연에 참여하며 '주변인'이 아닌 '주인공'으로 살아가는 삶을 실천하고 있습니다. 아이들은 무대를 통해 자신의 목소리로 이야기하고, 타인의 존재를 귀하게 여기는 법을 배워갑니다. 이제는 학교를 넘어, 마을과 사회로 나아가는 주체적인 시민으로 성장하고 있습니다. 이 통합교육실은 오늘도, 시와 노래로 마음을 잇고, 세상을 배웁니다.

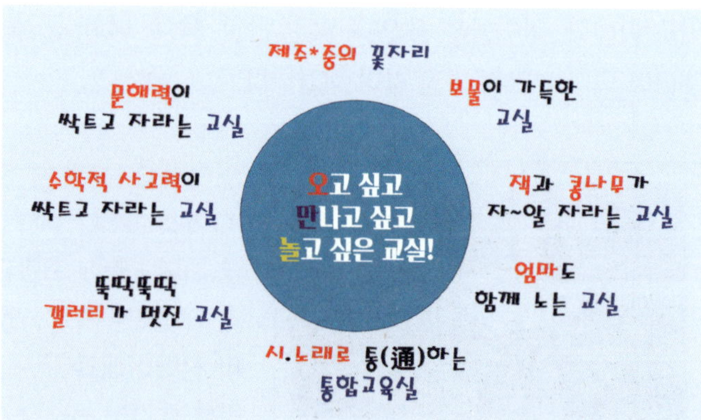

♣ 생활이 배움이 되는 교실: 일상의 실천으로 세우는 학생 생활지도

Click 스스로 서는 힘, 생활 루틴 만들기

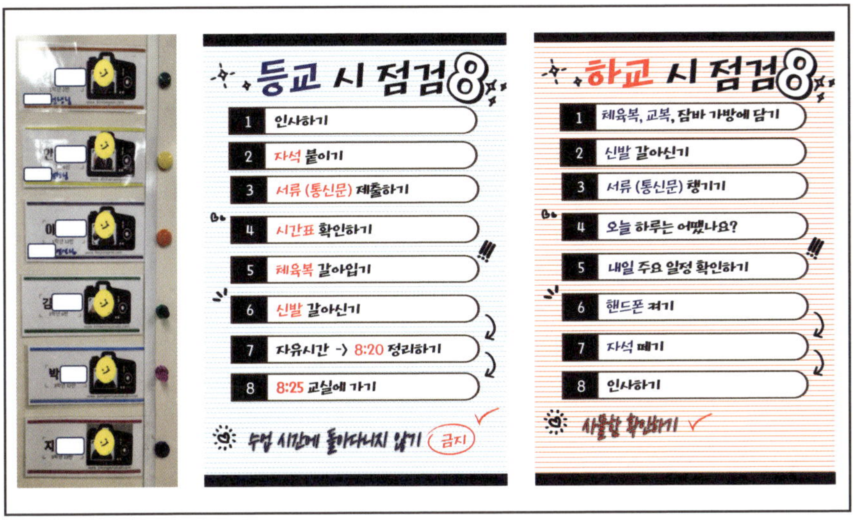

중학교에 첫발을 디딘 1학년 학생들에게 학교는 낯설고 복잡한 세계입니다. 초등학교와 달리 과목별 교실 이동, 체육복 갈아입기, 시간표 확인, 통신문 제출 등 '스스로 해야 할 일'이 많아지기 때문입니다. 특히 특수학급에 소속된 학생들의 경우 이러한 변화에 대한 이해와 적응이 더딜 수 있어, 안정적인 일과 구조를 제공하고 반복 학습을 통해 '생활 루틴'을 형성하는 것이 무엇보다 중요합니다.

그래서 우리 교실에서는 하루를 시작하고 마무리할 때마다 **'등교 시 점검 8가지'**, **'하교 시 점검 8가지'**를 운영합니다. 매일 아침 시간표 확인, 칠판에 자석 붙이기, 체육복 갈아입기, 서류 제출 등의 점검을 통해 스스로 할 수 있는 일의 범위를 넓혀갑니다. 이러한 활동은 단순한 체크리스트를 넘어, '내가 무엇을 해야 하는지', '오늘 어떤 수업이 있는지', '무엇을 준비해야 하는지'를 스스로

인식하게 하며, 점차 자립적인 생활 습관으로 확장됩니다. 하루 일과가 예측 가능해지면 불안은 줄고 자신감은 자랄 것입니다. 특히, **자석 출석 체크판**은 자기주도적 출결 점검뿐 아니라 '내가 이 자리에 왔다'는 존재감과 소속감을 심어줍니다. 익숙해지면 친구의 자석을 확인하며 자연스럽게 인사하는 장면도 생깁니다.

하교 시간에는 오늘 하루 어땠는지 돌아보기, 달력을 보며 내일 일정 확인하기, 준비물 챙기기, 핸드폰 켜기, 인사하기 등을 포함한 루틴으로 하루를 정리합니다. 이것은 단순히 가방을 싸는 시간이 아니라, '오늘 나에게 어떤 일이 있었는지'를 되돌아보며 생활 반성까지 자연스럽게 이끄는 시간입니다. 이처럼 우리 반의 생활 루틴은 학습만큼이나 중요한 생활 훈련입니다.

반복되는 일상 속에서 학생들은 스스로의 삶을 돌보는 법을 배웁니다. 이 작은 실천들이 모여 '스스로 서는 힘'을 길러줍니다.

Click 생활을 배우는 교실, 루틴으로 자라는 아이들

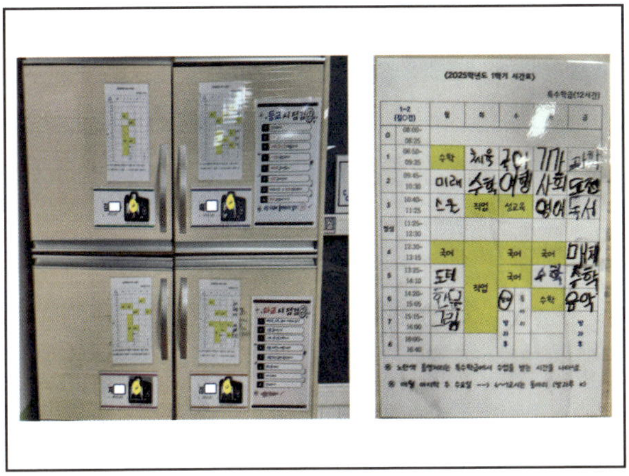

중학교는 초등학교와 달리 시간표 변경이 매우 잦습니다. 그래서 시간표를 매일 확인해야 합니다. 아침마다 개인 휴대폰으로 컴시간 알리미 앱을 통해 변경된 일정을 직접 수정합니다.

노란색은 특수학급 수업 시간, 흰색은 통합학급 수업 시간입니다. 스스로 일정의 흐름을 파악하고 대비하는 연습이 반복되며, 점차 하루의 구조를 예측하고 준비하는 능력이 자라납니다. 특히 예측 가능한 루틴이 중요한 자폐성 장애 학생들에게 매우 효과적입니다.

Click 교실 속 일상의 규칙으로부터 시작된 변화

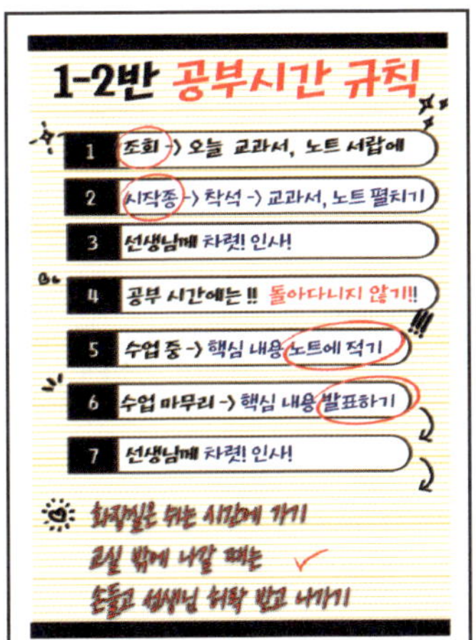

중학교 1학년으로 입학한 자폐성 장애 학생 A는 학기 초 수업 시간 45분 동안 총 6차례 이상 자리에서 이탈하곤 했습니다. 처음에는 교실 앞뒤를 서성이더니, 점차 복도까지 탐색 범위를 넓혀갔습니다. 이러한 반복 행동은 단순한 문제행동으로 규정하기보다, 낯선 공간과 시간에 대한 불안과 적응 과정을 보여주는 신호로 읽을 필요가 있었습니다.

"앉아 있는 것도 잘하는 일이에요."

그래서 통합학급 전체에 적용할 수 있는 **'공부시간 규칙'**을 보편적 학습설계(UDL)의 원리에 따라 시각적으로 명확하게 구성하고, 모든 과목 교과 담당 선생님들과 공유하였습니다. 학생의 특성과 필요한 지원 방안에 대해서도 함께 안내드렸습니다.

이후 학생과 1:1로 약속을 정해 행동 계약서를 작성하였습니다. "수업 시간에는 자리에 앉아 있기"가 목표였고, 그 약속은 사물함에 넣어 두어 매일 가시적으로 확인할 수 있도록 했습니다. 동시에 교실에서 학생의 좌석을 출입구에서 먼 창가 쪽으로 바꾸었는데, 학생은 "이제 자리가 안쪽으로 바뀌었으니까 안 돌아다닐 수 있을 것 같아요."라고 말하며 긍정적인 기대를 드러냈습니다. 또, "엄마한테는 혼나니까 지금 말하지 말고, 내가 약속을 또 안 지키면 그때 이 종이를 보내서 엄마한테 사인 받아올게요."라고 스스로 제안하기도 했습니다. 아이의 말속에서 '잘하고 싶다'는 마음이 묻어났고, 교사로서도 그 약속을 꼭 지켜주고 싶은 마음이 들었습니다. 그런데 그날 저녁, 학생은 약속을 어기기 전에 스스로 먼저 엄마에게 이야기했다고 합니다. 다음 날 담담히 그 사실을 전하는 표정에서는 어딘가 홀가분한 느낌이 엿보였습니다. 현재도 학생은 약속을 잘 지키기 위해 노력하고 있으며, 수업 시간에 자리에 머무르는 시간이 꾸준히 늘어나고 있습니다.

이제는 '책 꺼내기', '필기하기', '교과서 찾기' 같은 구체적인 목표 행동으로 하나씩 확장해 가며 자율적인 자기 조절력을 키워가고 있습니다. 작은 약속이 만들어 낸 변화는, 교실이 안전한 배움의 공간이 될 수 있다는 신뢰에서 시작되었습니다.

Click 통합교육을 위한 배려와 예의의 실천

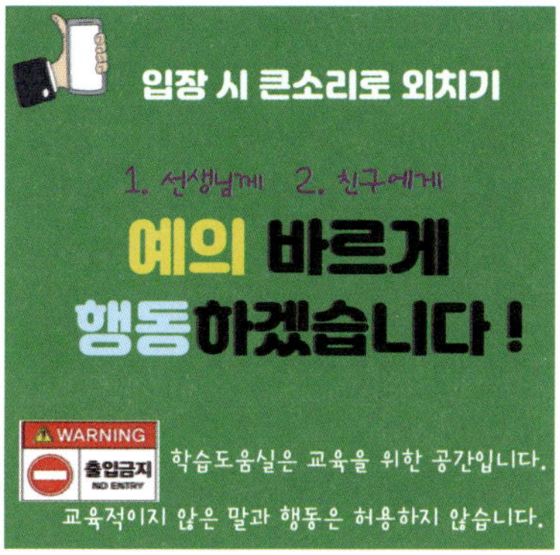

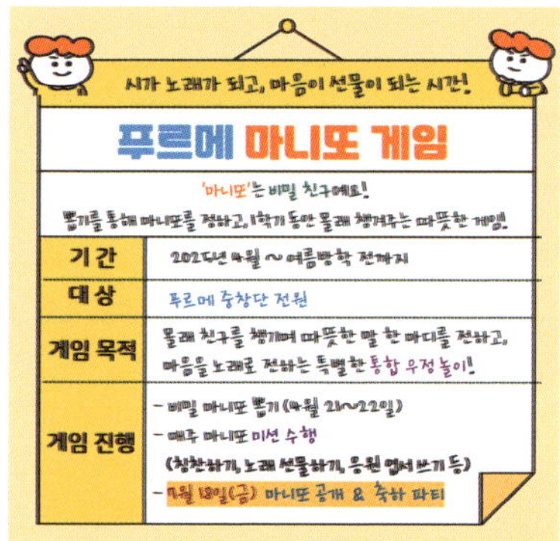

특수학급은 특수교육대상 학생들만의 공간이 아닙니다. 이곳은 친구들이 놀러 오고, 노래를 연습하고, 때로는 함께 책을 읽고 이야기를 나누는 열린 배움의 공간입니다. 특히 '푸르메 중창단' 친구들은 학년과 반을 넘어 매일 이곳에서 모여 시를 노래로 바꾸고 함께 어울려 생활합니다. 자연스럽게 통합교육의 실천이 이루어지는 공간인 셈입니다. 이러한 환경 속에서 서로를 존중하며 함께 배우기 위해, 우리 교실에는 모두가 지켜야 할 약속이 있습니다.

✔ **입장할 때는 인사하기:** 선생님께, 친구에게 큰 소리로 인사합니다.
✔ **예의 바르게 행동하기:** 소란스러운 말과 행동을 자제하고, 교육적인 분위기를 지킵니다.
✔ **교육적이지 않은 행동은 금지:** 학습을 방해하는 말, 무례한 언행은 용납되지 않습니다.

이 규칙은 단지 규율을 지키기 위한 것이 아니라, 차이를 존중하고 관계를 맺기 위한 따뜻한 배려의 실천입니다.

특히 1학기 동안은 중창단 학생들을 대상으로 '**푸르메 마니또 게임**'을 운영하고 있습니다. 비밀 마니또를 정하고 매주 주어지는 미션을 통해 친구에게 칭

찬, 응원, 노래 선물 등을 전하는 이 활동은,

- ✔ 서로를 관찰하고 이해하려는 노력,
- ✔ 말보다 마음으로 전하는 따뜻한 메시지,
- ✔ 그리고 함께 자라는 우정의 경험을 선사합니다.

1학기 마지막 날에는 마니또 공개와 축하 파티를 열어, 친구들에게 전했던 고마움과 감정을 직접 나누며 관계를 마무리합니다.

이 공간은 다름을 이해하고, 마음을 나누고, 함께 성장하는 교실입니다.

작은 규칙 하나, 소소한 게임 하나가 누군가에게는 학교생활을 행복하게 만들어 주는 결정적 계기가 되기도 합니다. 그래서 우리는 이 교실을 '함께 어울리는 규칙, 함께 자라는 마음'의 공간이라 부릅니다.

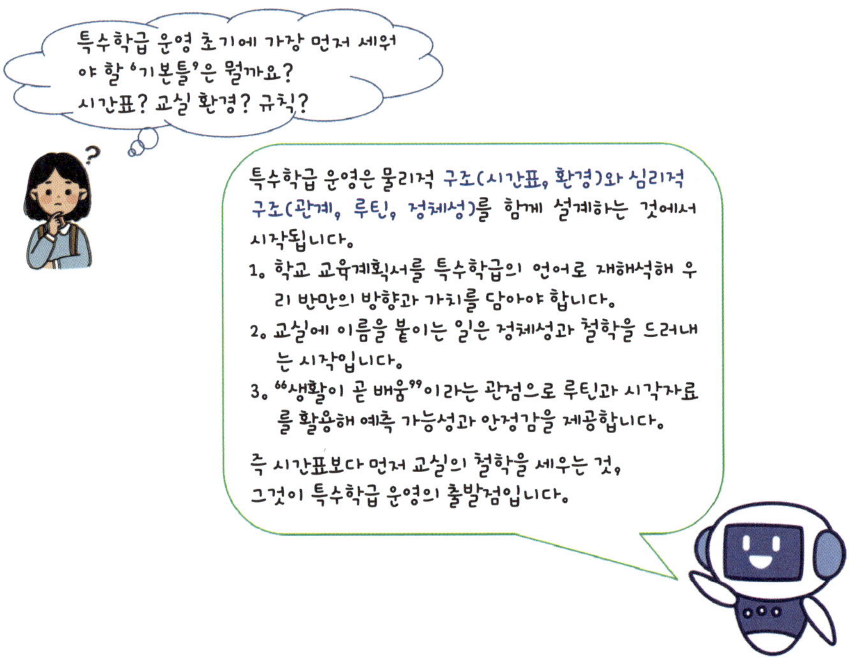

STEP 2. 따로 또 같이 시간표 작성하기

"특수학급 시간표, 내 마음대로 짜도 되는 걸까요? 결국, 특수교사가 원하는 시간에 학생을 부르면 되는 걸까요?"

2년 전, 일반 학교에 처음 근무하게 된 저의 최대 고민은 '특수학급의 시간표 짜기'였습니다. 이전까지 근무했던 특수학교에서는 교육과정과 일과 업무를 전담하는 선생님이 학교 차원의 큰 얼개를 짜주시기 때문에, 개별 교사는 몇 가지 제한된 선택권만 행사하면 되었습니다. 예를 들면, 담임교사를 맡는 것과 교과 전담교사를 맡는 것 중 어느 쪽을 선택할지, 어느 학년을 맡을지 등입니다. 그런데 일반 학교의 특수학급에서는 과목, 요일, 시간, 횟수 등등 주 35시간 내외 수업에 대한 모든 기획을 오로지 특수교사가 혼자서 해내야 한다는 부담감이 앞섰습니다.

그렇다면 어떤 기준으로?

주요 과목인 국어, 영어, 수학 시간에만 특수학급 시간으로 정하면 되는가? 학생의 이동 시간을 줄이고 교사 업무의 효율성을 위해서 오전, 오후 시간으로 나누어 선택하게 하는가? 학생이 좋아하거나 싫어하는 과목으로 구분하여 시간표를 구성하는가? 일반 학교에서의 근무 경험이 있는 몇몇 선생님들께도 질문을 하였지만, 딱히 기준을 정하기가 어려웠습니다. 이러한 요소들이 특수학급 시간표를 작성하는 데 고려해 볼만한 조건이 되는 것은 맞지만, 일반 학교의 교육과정과 편제를 따르게 되어 있는 특수교육 대상 학생의 시간표 작성 기준이 과연 이것이어야 하는지는 여전히 의문이었습니다.

자~알 놀기 위한 고민....

'논다'라는 말에는 저만의 특별한 에피소드가 담겨 있습니다. 중학교 1학년 새 학기 개별화교육지원팀 협의회 시간에 어느 자폐성 장애 학생 어머님께서 학생이 초등학교 때 공부한 국어, 영어, 수학 문제집 세 권을 책상에 꺼내 놓으시더니, "제발, 공부시키지 말고, 그냥 노세요!"라고 당부하셨습니다. 처음엔 무척 당황하였지만, 1학기를 지나고 여름방학을 맞이할 무렵, 저는 그 말이 조금은 이해가 되었습니다. 그 어머님께서 바라시는 '논다'라는 행위는 단순히 '유희'의 개념이 아닌, '앎과 삶을 잇는 공부'였던 것입니다. 첫 1학기는 아이들과 열심히 논다고 놀았지만, 나중에 생각해 보니 어딘가 조금 소심했던 면이 있었습니다. 일반 학교에서의 첫 근무였기에, 학교의 전반적인 분위기와 운영 방식도 익힐 필요가 있었습니다. 그렇지만 2학기에는 조금 더 용기를 내면, 아이들과 훨씬 더 즐겁게, 더 자신 있게 놀 수 있을 것 같다는 기대와 욕심이 생겼습니다. 남의 눈치 보지 말고, 계획 있게! 당당하게! 놀 수 있는 시간을 마련하자. 그래서 찾은 답이 바로 '교육과정'이었습니다.

계획 있게! 당당하게!
놀 수 있는 근거는 '교육과정'에 있다.

Click 교육과정 편성표를 살펴보자!

6. 교육과정 편성표

구 분			1학년 1학기 순수시수	1학년 1학기 자유학기 조정시수	1학년 2학기 시수	2학년 1학기 시수	2학년 2학기 시수	3학년 1학기 시수	3학년 2학기 시수	진로학기 시수
교과(군)	국어		68	17	85	68	68	68	68	43
	사회		34	17	51			34	34	
	역사					51	51	34	34	
	도덕		34	17	51	34	34			
	수학		51		51	68	68	68	68	
	과학		34	17	51	68	68	68	68	
	기술·가정		34	17	51	34	34	51	51	
	정보							17	17	
	체육		51		51	51	51	34	34	
	예술	음악		17	17	17	17	34	34	
		미술		17	17	17	17	34	34	
	영어		34	17	51	68	68	51	51	
	선택	한문	34		34					
		생활중국어				34	34			
		진로와 직업						17	17	
교과(군)소계			374	136	510	510	510	510	510	
창의적 체험활동	자율활동		15		15	12	12	13	13	8
	동아리 활동	동아리활동		17	11	11	11	11	11	
		학교스포츠클럽		17	17	17	17	34	34	
	봉사활동		5		5	5	5	5	5	
	진로활동		8		8	6	6	8	8	
창의적 체험활동 소계			28	34	56	51	51	71	71	
자유학기 활동	진로 탐색 활동			34						
	주제 선택 활동			68						
	예술·체육 활동			51						
	동아리 활동			17						
자유학기활동 소계				170						
총 수업 시간 수			572		566	561	561	581	581	

- 빨간색 메모는 한 학기 수업 시수를 17주로 나누어 주당 수업시수를 표시함.
- 1~2학년 주당 32시간 (월, 화 7교시, 수, 목, 금 6교시)
- 3학년 주당 33시간 (월, 화, 목 7교시, 수, 금 6교시)
- 월 1회(2시간) 창체 (동아리 활동)

[제주★중학교 교육과정 편성표]

교육과정에 근거하여 특수학급 시간표를 작성하기 시작한 지, 어느덧 햇수로 3년 차가 되었습니다. 처음 시간표를 짰던 20**학년도에는 학생이 중학교 1학년 3명뿐이었고, 20**학년도에는 중 2학년 3명, 중 3학년 4명으로 총 7명이 두 학년에 걸쳐 있었습니다. 20**학년도인 올해는 중 1학년 3명과 중 3학년 3명, 총 6명의 학생이 함께하고 있습니다. 특히 올해 중 1학년부터는 2022 개정 교육과정이 새롭게 적용되나, 중 3학년 학생들은 여전히 2015 개정 교육과정을 따르게 됩니다.

교육과정과 학년 구성이 다르면
시간표 작성하기도 더 어렵지 않나요?

이렇게 해마다 교육과정과 학년 구성이 달라지면서, 시간표 작성의 난이도는 점점 높아지는 것처럼 보이기도 합니다. 그런데 실제로 해보니 꼭 그렇지만은 않았습니다. 지금 단계에서 가장 중요한 것은 '놀 수 있는 시간'을 확보하는 것이기 때문입니다. '무엇을 하고 놀 것인가'는 그다음에 고민할 문제입니다. 3개년 동안 저는 같은 원칙으로 시간표 속 놀이 시간을 확보해 왔습니다. 결국 먼저 고려할 것은 놀이의 방식보다, 놀이의 시간입니다.

놀 수 있는 시간을 확보하자!
무엇을 하고 놀지는, 그다음 문제!

Click 반별(통합학급) 시간표를 살펴보자!

지금부터는 교육과정에 나타난 주당 32시간, 또는 33시간 중에서 학생들이 특수학급에서 공부할 시간을 확보하기 위해 반별(통합학급) 시간표를 살펴봅니다. 시간표를 짤 때 저에게는 '저만의 고집'이 있습니다.

모든 교과 선생님을 1주일에 한 번씩은 만나게 하자!

그 이유는 3가지 정도로 요약할 수 있습니다. **첫째, 여기는 특수학교가 아닌, 일반 학교라는 점입니다.** 우리 학생들이 특수학교가 아닌, 일반 학교에 진학한 이유는 특별히 분리되기보다는 또래와 같은 경험을 하면서 함께 어울리며 배우고 성장하기 위해서일 것입니다. 그래서 되도록 특정 교과에 대한 경험을 제한시키지 않으려고 합니다. 교과마다의 특성도 있지만, 교과 선생님마다의 특성도 있어서 되도록 여러 선생님들을 두루 만나 다양한 경험을 하기 원합니다. **둘째, 초등학교는 담임제가 기본이라 한 명의 교사가 대부분의 교과를 가르치지만, 중·고등학교는 교과담임제를 통해 교과별 전문 교사가 수업을 담당합니다.** 이에 따라 중·고등학교 특수학급도 교과 중심으로 시간표를 편성하면, 이후 교과 중심의 개별화교육계획(IEP)을 수립하는 데 도움이 됩니다. 특히 과목별 성취기준을 반영하여 학생 개개인의 교육적 요구에 맞는 수업 계획을 세우는 데 보다 용이합니다. **셋째, 교과목에 대한 평가의 책임 때문입니다.** 교과목에 대한 평가는 해당 교과를 담당한 교사가 책임지며, 평가의 권한이 특수교사에게는 없습니다.

특수학급에서 별도로 수업한 교과는 특수교사가 평가의 책임을 진다(?)

예를 들어, 국어와 수학으로 교과중심의 개별화교육계획을 수립하여 특수학급에서 수업을 한 경우 해당 학생의 국어와 수학 과목에 대한 평가의 책임과 권한이 특수교사에게 있을까요?

교육과정 ≠ 개별화교육계획

해당 학년(군)의 국어 교과는 개별화교육계획상 '국어'와 같은 의미의 교과라고 볼 수 없습니다. 특수학급 시간표에 편성된 '국어'나 '수학'은 통합학급의 여러 교과 시간을 '활용'하여, 학생의 교육적 요구에 맞춘 '국어' 또는 '수학' 영역의 개별화 지도를 실시하는 것입니다. 따라서 특수교사는 특수학급에서 실시한 개별화 교육에 대해 평가를 수행하며, 이 평가 결과는 점수나 등급 대신 학생의 참여도, 성장 과정, 목표 달성 정도, 특이 사항 등을 구체적으로 서술하여 학기 말에 보호자에게 안내합니다.

이러한 이유로, 적어도 주 1회 이상 모든 교과 담당 선생님을 만날 수 있도록 시간표를 편성하고 있으며, 수행평가가 있는 경우에는 통합학급에서 또래 친구들과 함께 평가를 실시하도록 운영하고 있습니다.

고정 시간을 우선 확보하라!

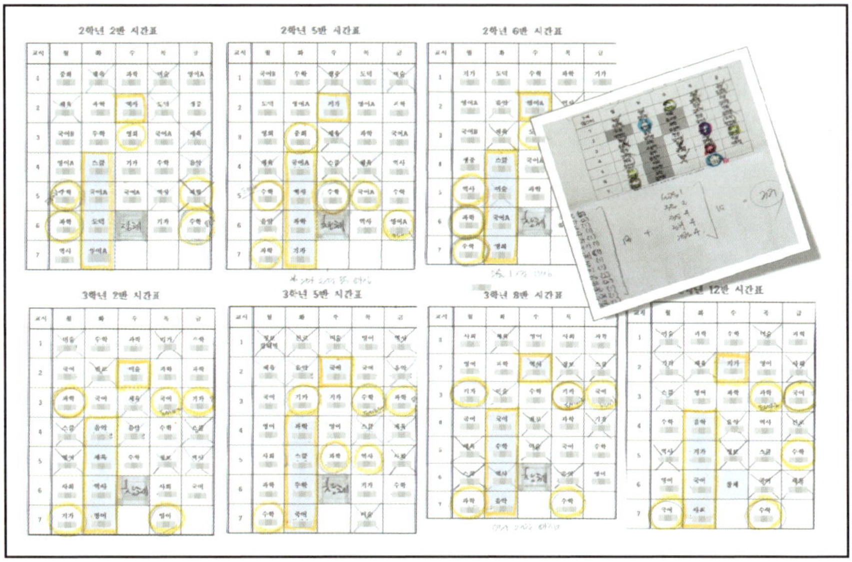

[20**학년도 2~3학년 통합학급 시간표]

저희 학교는 매주 화요일 4~7교시에 특수교육대상자 통합형 직업교육 거점 학교와 연계하여 직업 실습에 참여하거나, 지역사회 적응훈련으로 현장체험학습을 진행하고 있습니다. 또한 매주 수요일 2교시에는 제주여성장애인상담소와 연계하여 장애학생 성교육을 실시하고 있습니다. 이처럼 외부 기관과 연계된 프로그램이 있는 경우에는 고정적인 시간을 반드시 확보해야 합니다. 반별(통합학급) 시간표를 출력할 때는, 고정 시간이 배정된 칸을 음영 처리하여 가시성을 높입니다.

교과별 주당 수업 시수를 확인하면서,
필요한 시간을 하나씩 '지워가기' 방식으로 시간표를 구성!

♣ 주당 1시간 수업 확인하기

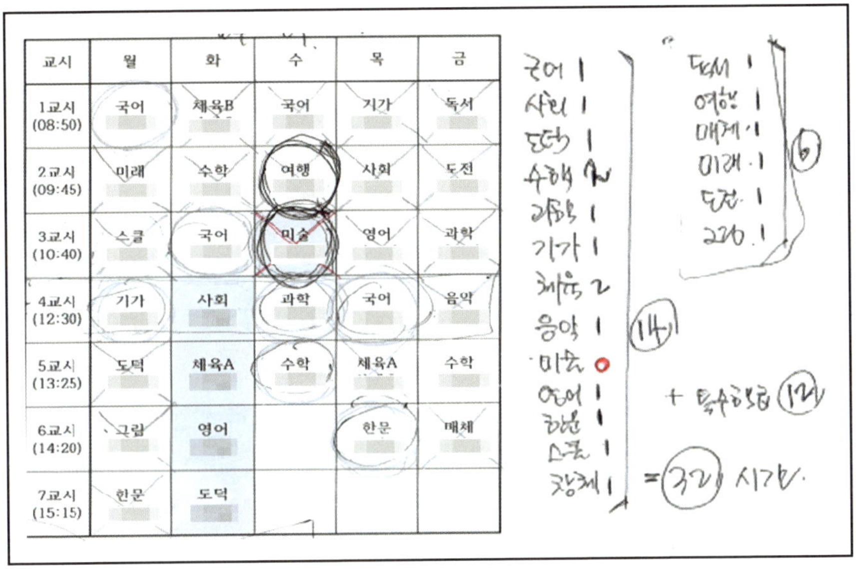

교시	월	화	수	목	금
1교시 (08:50)	국어	체육B	국어	기가	독서
2교시 (09:45)	미래	수학	여행	사회	도전
3교시 (10:40)	수학	국어	미술	영어	과학
4교시 (12:30)	기가	사회	과학	국어	음악
5교시 (13:25)	도덕	체육A	수학	체육A	수학
6교시 (14:20)	그림	영어		한문	매체
7교시 (15:15)	한문	도덕			

[20**학년도 1학년 통합학급 시간표]

1학년 시간표를 예시로 살펴보겠습니다. 먼저, 1학년 1학기는 자유학기제를 운영하기 때문에, 특정 교과에서 1시간씩 조정하여 자유학기제 프로그램이 편성됩니다. 시간표상에서는 조정된 교과 대신 다음과 같은 프로그램명이 표시됩니다.

교과명	국어	도덕	사회	과학	기술・가정	영어
자유학기제 프로그램명	독서	매체	여행	미래	도전	그림

이들 프로그램은 모두 주 1시간씩 운영되므로, 시간표상에는 ×(엑스) 표시를 합니다. 또한 음악, 미술, 학교스포츠클럽도 주 1시간 수업이므로 해당 칸

역시 × 표시를 합니다. × 표시된 시간은 특수학급 수업으로 편성하면 안 되는 시간, 즉 통합학급 수업에 참여해야 하는 시간을 의미합니다.

♣ 고정 시간에 해당하는 교과목 확인하기

다음으로, 고정 시간을 살펴봅니다. 화요일 4~7교시에는 사회, 체육, 영어, 도덕 수업이 편성되어 있습니다. 교육과정 편성표를 보면, 해당 교과의 주당 수업 시수는 다음과 같습니다.

교과	사회	체육	영어	도덕
주당 수업 시수	2시간	3시간	2시간	2시간

이때, 예를 들어 사회 수업에서 1시간을 고정 시간으로 확보해야 한다면, 남은 1시간은 통합학급에서 수업해야 하는 시간이므로 시간표에 × 표시를 합니다. 이렇듯 특수학급 고정 시간에 해당하는 교과는 나머지 시간이 통합학급 수업 참여 시간임을 명확히 표시해야 합니다.

'시간표 짜기'는 × 표시와 고정 시간 확보를 병행하며,
특수학급과 통합학급 수업의 경계를 명확히 설정하는 작업이다.

물론, 학생의 교육적 요구에 따라 통합학급 수업과 특수학급 수업을 적절히 조정할 필요가 있습니다. 통합교육이 가능한 부분은 최대한 통합학급에서 또래들과 함께 수업을 듣게 하고, 개별적인 지원이 필요한 부분은 특수학급에서 별도로 지도합니다.

때때로 학생이 특정 교과목을 지목하여 요구하는 경우도 있습니다. 예를 들어, "○○ 과목을 좋아하니 그 시간에는 통합학급 수업에 참여하고 싶다"라고 요청하면, 고정 시간에 해당되지 않는 한 학생의 요구를 존중하여 통합학급 수업에 참여할 수 있도록 조정합니다. 반면, "○○ 과목이나 ○○ 교과 선생님이 싫다"는 이유로 특수학급 수업으로 대체해 달라고 요청하는 경우에는, 주 1

회 이상 해당 교과 수업에 반드시 참여해야 한다는 원칙을 분명히 설명하고 안내합니다.

학생의 선호를 존중하되,
교육과정 이수를 위한 기본 원칙은 명확히 지켜야 한다.

♣ 전체 시간 확보하기

때로는 특수학급 소속 학생들이 함께 모여 활동할 수 있는 시간을 마련하는 것이 필요합니다. 우리 반의 경우, 주 1회는 도서관에서 '독서 마라톤' 프로그램을, 또 주 1회는 학년별로 '교과 연계 만들기' 또는 '그림 그리기' 프로그램을 운영하고 있습니다. 또한, 체육대회, 소풍, ○○대회 참여 등 예기치 않은 학교 행사와 관련된 활동을 함께 의논하고 결정해야 할 때도 있습니다. 이러한 필요를 반영하여, 주 2~3시간 정도는 학년별 또는 전체 학생이 함께 모일 수 있는 시간을 확보하려고 노력합니다. 이를 위해 학년별, 전체 반별(통합학급) 시간표를 동시에 펼쳐 놓고, 과목별 주당 수업 시수를 계속 확인하면서 × 표시를 그리고, 지우고를 반복하며 시간을 조정합니다. 또한, 학습 수준과 성향이 비슷한 2~3명의 학생들을 같은 시간에 모아 수업할 수 있도록 시간표를 조정할 때에도, 해당 학생들의 반별(통합학급) 시간표를 나란히 펼쳐 놓고 과목별 주당 수업 시수를 세심히 확인하며, × 표시를 그리고 지우는 과정을 여러 번 반복해 최적의 시간을 찾아갑니다.

학생들이 함께 성장할 수 있는 시간을 만들기 위해,
시간표 조정은 세심하고 유연하게 이루어져야 한다.

마지막으로, 혼자 개별 지도가 필요한 학생이 있는지 확인하고, 필요한 경우 주당 1시간 이상 통합학급 수업 참여 원칙을 지키면서 개별 지도 시간을 확보합니다.

모든 학생이 통합학급 경험을 유지하면서도,
필요한 경우 개별 지도 시간을 별도로 확보한다.

Click 특수학급 시간표를 작성하자!

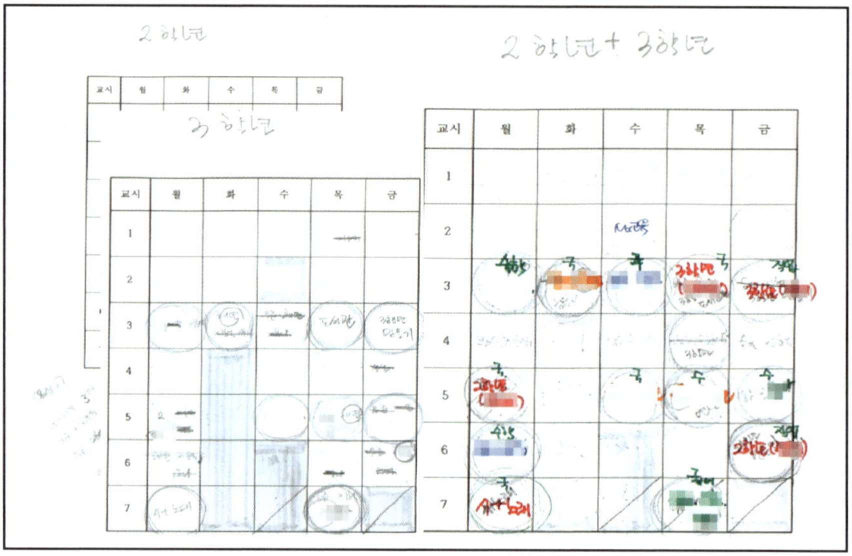

[2~3학년 특수학급 시간표]

이제, 학생별 개인 시간표를 모아 한 장의 특수학급 시간표를 완성하는 작업입니다. 다 학년 학급의 경우, 먼저 학년별로 시간표를 모아보고, 이후 전체를 통합하여 한눈에 볼 수 있도록 정리합니다. 저희 학교처럼 48학급 규모의 큰 학교에서는 학년별로 점심시간이 다르거나 시정표가 엇갈리는 경우도 있으며, 현장체험학습이나 예술제 같은 학교 행사 역시 날짜나 시간을 학년별로 다르게 운영하기도 합니다. 이렇게 학년별 또는 전체 학생의 수업 일정을 한 장의 시간표로 모아 다시 확인해 보면, 수정이 필요한 부분이 자연스럽게 드러나기도 합니다. 아무리 꼼꼼하게 시간표를 짰더라도, 수업 설계 과정에서 학생들의 실제 반응이나 상황에 따라 다시 수정이 필요한 경우가 생깁니다. 이럴 때는 주저하지 말고, 처음으로 돌아가 반별(통합학급) 시간표부터 다시 조정합니다. 그

만큼 '놀 시간'을 확보하는 것은 매우 중요한 일입니다.

'시간표'는 한 학기, 또는 1년 농사를 잘 짓기 위해
땅을 고르고 밑거름을 준비하는 작업과 같다.

저 또한 이번 학기 시간표를 세 차례 수정하는 작업을 거쳤고, 막상 운영해 보니 여전히 아쉬운 점이 있음을 느꼈습니다. 하지만, 1학년 자유학기제가 끝나는 2학기에는 더 많은 융통성이 생기리라 기대하고 있습니다.

Click 개인별 수업 시수를 확인하자!

〈20**학년도 3학년 1학기 개인별 주당 수업시수〉

구분	과목(활동)	1학기 시수	(3-2)	(3-5)	(3-8)	(3-12)
교과(군)	국어	4	3	2	2	1
	사회	2	2	2	2	1
	역사	2	1	1	0	2
	도덕	·	·	·	·	·
	수학	4	4	1	2	2
	과학	4	3	1	3	3
	기술·가정	3	1	2	1	1
	정보	1	1	1	1	1
	체육	2	1	2	2	2
	음악	2	1	2	1	1
	미술	2	1	2	2	2
	영어	3	1	3	3	3
	선택 한문	·	·	·	·	·
	선택 중국어	·	·	·	·	·
	선택 진로와 직업	1	1	1	1	1
창의적 체험활동	학교스포츠	2	2	1	2	2
	창체(자/동/봉/진)	1	1	1	1	1
합계(총 수업 시수: 581)		33	23	22	23	23
특수학급	성교육	·	1	1	1	1
	직업(도예)	·	4	4	4	4
	전체	·	3	3	3	3
	개별	·	2	3	2	2
합계		0	10	11	10	10
주당 총 수업 시수		33	33	33	33	33

- 1학기 총 수업 시수 581÷17주=34.18 ← 2학기 진로학기 시수(51)
- 창체(자/동/봉/진) 2.18 → 주당 1시간으로 간주함
- 매월 마지막 주 수요일은 7교시, 행사 시에 시간표 조정되기도...

- 3학년 주당 총 수업 시수: 33시간
- 1~2학년 주당 32시간 (월, 화 7교시, 수, 목, 금 6교시)
- 3학년 주당 33시간 (월, 화, 목 7교시, 수, 금 6교시)
- 월 1회(2시간) 창체 (동아리 활동)

[3학년 개인별 수업 시수]

'교육과정'에 근거하여 당당하고 떳떳하게 '놀 시간'을 확보하였다면, 이제는 교육과정 편성표에 학생별 주당 수업 시수를 대입하여 확인해 봅시다. 그리고 이를 깔끔한 문서로 정리하여 출력・보관해 두기를 추천합니다. 처음 이 작업을 시작한 이유는, 학생 개인별로 주당 32~33시간 수업이 누락된 부분은 없는지, 주 1회 이상 통합학급에서 반드시 참여해야 하는 과목이 누락되지 않았는지 꼼꼼히 점검하기 위해서였습니다. 실제로, 수업 시수를 대입해 확인하는 과정에서 누락된 수업 시수를 발견하면 시간표를 수정하는 일도 종종 발생했습니다. 그런데 해가 거듭될수록, 이 작업이 단순한 누락 점검을 넘어 학생의 교육과정 이수를 체계적으로 관리하고, 시간표 운영의 신뢰성을 높이는 데 반드시 필요한 과정임을 절감하게 되었습니다.

수업 시수 점검은 단순 확인을 넘어 교육과정 운영의 기본

'개인별 주당 수업 시수표'는 세 가지 측면에서 중요한 의미를 갖습니다. 첫째, 이 시간표를 통해 이 결정이 과연 최선이었는지 **스스로 점검**하는 과정을 거칠 수 있습니다.

이 시간표는 공평(公平)한가? 이 시간표는 공정(公正)한가?

'공평(公平)'이란 모두에게 똑같이 대하는 것이고, '공정(公正)'이란 상황에 맞게, 올바르게 대하는 것에 더 무게가 있습니다. 따라서 특수학급 소속 학생들이 특수학급에서 수업하는 시수가 모두 같을 필요는 없습니다. 각 학생의 교육적 요구와 개별 상황에 맞게 공정하게 조정하는 것이 더 중요합니다.

둘째, **통합학급 담임교사나 교과 담당 교사**가 특수학급의 운영 방식에 대해 잘 알지 못해, 상황에 따라 설명이 필요한 경우가 있습니다. 예를 들어, 통합학급 수업 중 특수교육대상 학생의 행동이나 참여 양상이 수업에 방해가 된다는 이유로, 해당 학생을 별도로 분리하여 특수학급에서 수업을 진행해 달라는 요구가 들어오는 경우가 있습니다. 또는, 통합 수업에 제한적으로만 참여하는 학생에 대해 충분한 관찰 없이 생활기록부 평가 작성을 특수학급 교사에게 일방적으로 요청하는 사례도 있습니다.

이러한 상황에서 오해를 줄이고 협력을 원활하게 하기 위해, 개인별 수업 시수표를 공유하는 것이 매우 중요합니다. 특수교육 대상 학생은 교육과정 운영에 따라 특수학급과 통합학급 수업에 일정 시간씩 참여하도록 편성되어 있기 때문에, 이를 명확히 제시하면 해당 학생의 수업 참여 구조를 쉽게 이해할 수 있습니다.

특수학급 운영에 대한 오해를 바로잡고,
통합학급 교사와의 정확한 소통이 필요하다.

셋째, '개인별 주당 수업 시수표'는 **학부모님께** 내가 할 수 있는 최선의 교육활동을 자신 있게 설명할 수 있는 근거가 됩니다. 특히 중학교 1학년 신입생의 경우, 초등학교와는 다른 중학교 시스템을 설명하는 데에도 매우 유용합니다. 중학교는 수업 교체가 매우 잦습니다. 초등학교에서는 한 명의 담임교사가 여러 교과를 맡기 때문에 담임 재량으로 나이스(NICE) 시스템상 수업 관리를 어느 정도 조정할 수 있지만, 중학교는 과목별 교사가 다르기 때문에 한 교과 선생님이 출장이나 공결이 발생하면 여러 교과 수업이 함께 영향을 받아 연쇄적으로 수업 교체가 이루어집니다. 이러한 특성 때문에, 시간 관리의 중요성이 중학교에서는 더욱 강조됩니다. 예를 들어, 우리 반 학생들의 경우, 체육 수업과 학교스포츠클럽 수업마다 체육복을 갈아입는 것을 매우 어려워했습니다. 이에 따라 매일 아침 당일 시간표를 확인하고, 체육복을 갈아입어야 할 시간을 함께 정하고, 수업 전후 옷을 정리하고 준비하는 과정까지 새로운 시스템에 맞추어 학생들을 세밀하게 지도해야 했습니다. 이처럼 중학교에서는 시간표, 수업 교체, 준비물 관리 등 학생들이 스스로 대응해야 하는 새로운 과제가 많아지기 때문에, 학부모님께도 그에 따른 교육 방향과 지원 방법을 분명하게 설명할 필요가 있습니다.

중학교는 시간표 변화에 능동적으로 대응해야 하며,
이에 맞춘 세심한 지도가 필요하다.

Click 과목(활동)별 시간표를 작성하자!

구분	시간	월	화	수	목	금
0교시	08:30~08:40					
1교시	08:50~09:35					
2교시	09:45~10:30			전체 성교육		
3교시	10:40~11:25	(수학-퀴즈, 보드게임)	(국어_시, 한글)	(국·한·영고피쉬/홈미톡톡)	3학년 (도서관-독서마라톤)	3학년 (교과연계 실습키트)
4교시	12:30~13:15		전체 진로와 직업 (도예) 또는 현장체험학습			
점 심	11:25~12:30					
5교시	13:25~14:10	2학년 (도서관-독서마라톤)		(국어_그림책)	(수학_연산, 화폐)	(직업/미술)
6교시	14:20~15:05	(수학-퀴즈, 보드게임)		창체 (자율) / 동아리 (4주)		2학년 (교과연계 실습키트)
7교시	15:15~16:00	전체( ) (시+그림책+노래)		방과후	(국·한·영고피쉬/홈미톡톡)	방과후
8교시	16:00~16:40			방과후 / 방과후 ×		방과후

* 매주 수요일(6교시): 창체 / 4주차 수요일(6~7교시) 동아리
※ 1학기 : 3/27(수), 4/24(수), 6/26(수) ---> 방과후(×)
※ 2학기 : 9/25(수), 10/23(수), 11/27(수) ---> 방과후(×)

[2~3학년 특수학급 활동별 시간표]

특수학급 시간표가 확정되면, 내부 결재를 받은 후 각 반 담임교사와 교과 담당 교사에게 안내 메시지를 전달합니다. 이 메시지에는 "이러이러한 시간에는 학생들이 특수학급 수업에 참여하고 있으므로, 해당 시간에 통합학급 수업에 없더라도 '결과 처리'되지 않도록 양해해 달라"는 내용이 포함됩니다. 내부 결재용 시간표에는 보통 국어, 수학, 직업 등 교과 중심의 개별화교육계획 수

립 교과를 중심으로 표시하지만, 실제 운영되는 수업은 일반학교 교육과정상의 국어, 수학, 직업 교과와는 다를 수 있습니다. 예를 들어, '국어'로 표시된 시간에는 학생의 교육적 요구에 따라 한글 해득, 문해력 향상, 의사소통 능력 지도를 진행하는 경우가 많습니다. 이는 편의상 '국어'로 명시한 것일 뿐, 실제로는 국어 교과의 성취기준보다는 생활 중심의 언어 지원에 가깝다고 할 수 있습니다. 그래서 저는 특수학급 교실에 게시하는 큰 시간표에는 교과명이 아닌 '활동명'을 사용하여 안내하고 있습니다.

예를 들어 '말하기 연습', '읽기 놀이', '직업 체험' 등 학생들이 쉽게 이해하고 공감할 수 있는 용어나, 주로 사용하는 교재·교구 명을 함께 넣어 표현합니다. 이는 학생들이 자신의 하루 일과를 스스로 예측하고 준비할 수 있도록 돕기 위해서입니다. 낯선 용어나 추상적인 교과명보다 구체적이고 친숙한 활동명을 통해 학생의 안정감과 참여도를 높이고, 자연스럽게 하루의 루틴을 내면화할 수 있도록 지원하고자 하는 것입니다.

루틴의 첫걸음은 '시간표'에서 시작된다!

시간표는 단순한 시간 배치가 아닌, 학생이 하루를 예측하고 움직일 수 있게 하는 구조이며, 특수학급의 안정된 생활과 학습 흐름을 만드는 가장 중요한 도구입니다.

Click 개인별 시간표를 작성하자!

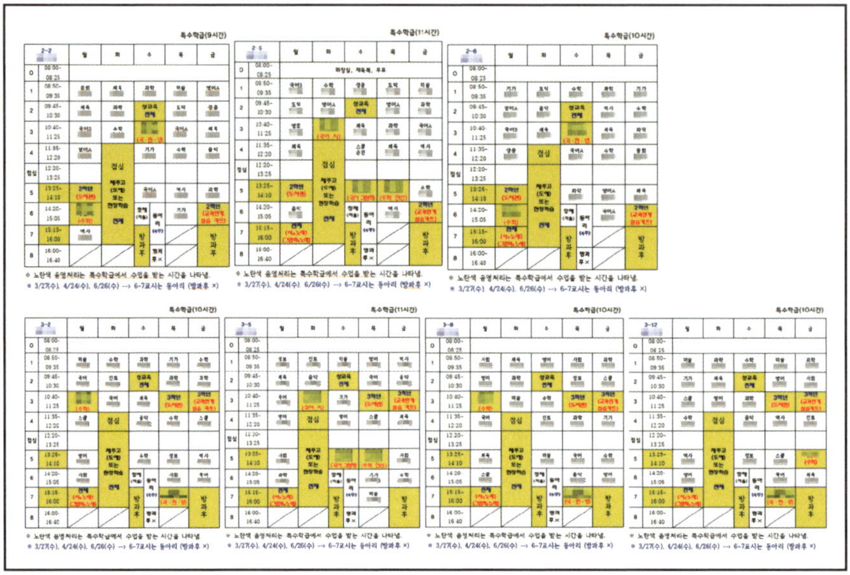

[20**학년도 2~3학년 학생 개인별 시간표]

마지막으로, 학생 개인별 시간표를 코팅하여 나누어줍니다. 학생들이 가방이나 책상 서랍에 넣고 수시로 확인할 수 있도록 지도하며, 변동 사항이나 추가 일정이 생길 경우 네임펜으로 직접 쓰고 지우고를 할 수 있도록 합니다. 예를 들어, "오늘 ○교시에는 장애이해교육 주간 활동으로, 친구들에게 나눠줄 선물을 분류하고 포장하는 작업을 함께 할 거야."와 같이 설명해 주고, 필요하다면 학생이 시간표에 직접 내용을 수정하도록 합니다. 또한, 쉬는 시간, 점심시간, 등・하교 시 학생별로 확인해야 할 생활지도 사항이 있다면 시간표에 함께 명시하여 하루의 흐름 속에서 자연스럽게 생활지도가 이루어지도록 합니다. 예를 들어, 저희 반의 경우 1학년 초에 소변 실수가 잦았던 학생이 있었는데, 개인 시간표에 '화장실 가는 시간'을 미리 표시해 두고 반복적으로 지도한 결과, 학생 스스로 시간을 인지하고 움직일 수 있는 습관이 형성되었습니다.

자, 이제 계획적으로 '놀 시간'은 확보되었습니다. 이제 중요한 질문은 바로 이것입니다.

"무엇을 하며 놀 것인가?"

당당하게! 떳떳하게!

우리는 놀 근거를 가지고 있습니다. 어디에서? 교육과정에서!

놀이도 배움입니다. 학생의 삶과 연결된, 의미 있는 놀이를 위해 이제 우리는 교육과정을 근거 삼아 더욱 자신 있게 수업을 설계할 수 있습니다.

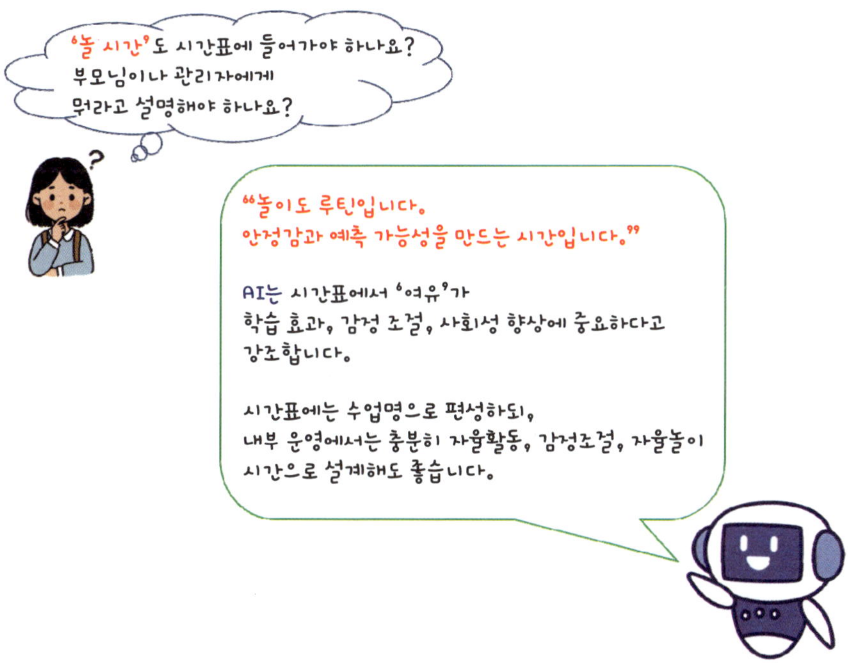

STEP 3. 공통 교육과정 기반 주제 중심 수업 구성하기

교육과정에 근거하여 '따로 또 같이' 놀 시간을 확보했다면, 이제는 그 시간표에 무엇을 하며 놀 것인지 채워 넣을 차례입니다.

맹글면 영글어진다

'맹글면', 즉 함께 만들어 가면 특수학급 교육과정이 완성됩니다. 여기서 말하는 교육과정은 문서로서의 교육과정이 아닙니다. 아이들과 함께 살아 숨 쉬는 특수학급의 교육 활동이며, 교사의 고민과 실천이 담긴 운영의 흐름입니다. 이 과정을 함께 맹글어 갈 때, 아이들에게는 지식과 이해가 자라고, 마음은 깊어지며 성숙과 성장이 영글어 갑니다. 교사에게는 경험과 노하우가 쌓이고, 그 속에서 보람과 행복이 차오릅니다. 결국, 함께한 이 시간과 공간은 아이와 교사 모두에게 속이 꽉 찬 열매처럼, 단단하고 풍요롭게 영글어 갈 것입니다.

Click 한 학기 수업 계획을 살펴보자!

부담 없이, 한 학기 수업 계획 읽기

학기 초, 통합학급의 수업 계획표(교과 진도표)를 차분히 살펴봅니다. "아, 우리 아이들이 통합학급에서 이런 내용을 배우는구나." 이처럼 가볍게 흐름을 읽듯 살펴보는 것으로 시작하면 됩니다.

하지만 대부분의 학교는 당해 학년도 수업 계획과 평가 계획을 4월 초와 9월 초에 내부 결재 후 공유합니다. 문제는, 특수학급 수업은 이미 3월부터 시작된다는 것!

이 자료를 기다리기엔 준비 시간이 너무 부족합니다.

그래서 어떻게 준비하나? 작년도 자료를 적극 참고합니다!

저는 매년 2~3월, 학교 홈페이지 또는 업무포털의 문서등록대장에서 전년도 수업 계획과 평가 계획을 다운로드해 먼저 살펴봅니다. 그 이유는 간단합니다.

- ✔ 교육과정, 성취기준, 교과서가 같으면 수업 내용도 크게 다르지 않기 때문입니다.
- ✔ 실제로 4월에 평가 담당 부서에서 공유되는 자료와 비교해 보면, 대부분 유사합니다.
- ✔ 혹시 일부 달라진 내용이 있더라도 충분히 수정하여 반영이 가능합니다.

2024학년도 1학기 2학년 국어과 교수학습 및 평가 계획

학교명	학년	과목	학기	학급	지도교사

1 교수학습 및 평가 방법

시기		시수/누계	단원명	교육과정 성취기준/평가 요소	수업-평가 연계 방안			비고
월	일				수업방법	평가방법	연계주안점 및 유의사항	
	29~3	2/32		▪적절한 언어적, 준언어적, 비언어적 표현을 활용하여 말하기 ▪적극적인 듣기 태도 기르기 <한 학기 한 권 읽기> ▪독서일지 작성하기				2, 3학년 중간고사(2~3)
5	6~10	3/35	4. 개성적인 발상과 표현 (1) 면 후일/독은 아름답다 (2) 양반전	[9국05-09] 자신의 가치 있는 경험을 개성적인 발상과 표현으로 형상화한다. ▪반어, 역설이 쓰인 표현 효과 이해하기 ▪일상에서 반어, 역설, 운율을 활용한 표현 찾아보기 ▪풍자 표현의 개념과 효과 이해하기 ▪반어, 역설 표현을 활용하여 시 쓰기 ▪다양한 속담, 관용구, 명언과 참신한 표현을 활용하여 글 쓰기 <한 학기 한 권 읽기> ▪독서일지 작성하기	▪개별학습 ▪발표학습 ▪<인권교육>작품 분석을 통해 조선 시대와 현대 사회의 인권 비교하기	▪지필평가 ▪수행평가 ▪포트폴리오 평가	▪반어, 역설 표현이 쓰인 노래 가사를 통해 학생들이 쉽게 이해하도록 지도 ▪노래 가사에서 운율을 느낄 수 있는 부분을 찾아 운율을 형성하는 요소를 직접 찾아볼 수 있는 활동 제공 ▪만화나 그림을 통해 풍자의 개념과 기능을 쉽게 이해하도록 지도 ▪(수행평가) '반어와 역설을 활용하여 시 짓기' 평가 진행	대체공휴일(6)
	13~17	3/38						석가탄신일(15)
	20~24	4/42						1학년 진로체험(20) 2학년 진로체험(21) 3학년 진로체험(22)
	27~31	4/46			▪개별학습 ▪발표학습 ▪<안전교육>재난 안전 표어 만들기 ▪<제주어교육>			

[제주★중학교 20**학년도 1학기 2학년 교수학습 및 평가 계획]

수업 계획표와 평가 계획표는 '왔다 갔다' 하며 함께 보기!

수업 계획표를 보면서 동시에 평가 계획표도 확인합니다. 표에 노란색으로 표시한 부분처럼, 수행평가 성취기준이 드러나는 활동이 무엇인지 눈여겨봅니다. 수업 내용을 계획할 때, 평가 계획을 먼저 살피는 접근은 '백워드 설계(backward design)'의 시작이기도 합니다.

결국, 우리는 '같은 흐름 속에서 조금 다르게'

특수교사는 통합학급과 같은 교육과정의 흐름을 따르면서도, 그 흐름을 학생 개개인의 특성과 상황에 맞게 조정하며 수업을 준비합니다. 예를 들어, 통합학급에서는 3월 초부터 정해진 수업계획에 따라 교과 수업이 시작되지만, 특수학급에서는 그 계획이 공식적으로 공유되기 전부터 작년 자료를 바탕으로 미리 준비하고, 학생의 수준과 특성에 따라 내용을 재구성해야 합니다. 또한, 일반학급의 평가 방식을 그대로 적용하기보다는 학생이 참여할 수 있는 방식으로 수행평가 활동을 조정하거나, 보조도구나 지원을 덧붙이는 방식으로 평가를 구성합니다.

이처럼 특수교사는 통합학급의 흐름에서 완전히 벗어나는 것이 아니라, 같은 방향을 향하면서도 '조금 먼저', '조금 다르게' 접근해야 하는 것입니다. 그래서 우리는 같은 교육과정을 따르되, 아이들의 실제 상황과 요구에 맞게 '따로 또 같이' 수업을 설계해 갑니다. 이 말은, 통합학급과 연결된 수업을 하되, 특수학급만의 방식으로 아이들을 위한 맞춤형 수업을 함께 만들어 간다는 뜻입니다.

Click 한 학기 평가 계획을 살펴보자!

4 평가의 종류, 방법, 시기, 횟수, 기준, 반영 비율

구분	지필평가		수행평가(과정 중심 평가)	
영역	중간고사	기말고사	책 읽고 독서 감상문 쓰기	반어와 역설을 활용하여 시 짓기
방법	선택형	선택형	서·논술형	서·논술형
반영비율(%)	25%	25%	30%	20%
배점(점)	100점	100점	100점	100점
서논술형 반영비율(%)	-	-	30%	20%
시기	5월 1주	7월 2주	3월 2주 ~ 6월 4주	5월 4주
성취기준	[9국05-04] [9국02-10] [9국01-08]	[9국04-07] [9국01-01] [9국01-02] [9국05-09] [9국03-07]	[9국02-10]	[9국05-09] [9국03-07]

[제주★중학교 1학기 2학년 교수학습 및 평가 계획]

특수교사가 전 교과의 성취기준을 모두 다루는 것은 현실적으로 불가능합니다. 시간과 인력, 학생 개별 수준의 다양성을 고려했을 때, 모든 성취기준을 다루는 것은 물리적으로도, 교육적으로도 비효율적일 수 있습니다. 그렇다면, 특수학급에서는 어떤 기준으로 수업 내용과 성취기준을 선택해야 할까요?

단순한 흥미나 교사 중심의 편의보다, '수행평가'에 주목한 이유

저는 그 해답을 '수행평가'에 초점을 맞추는 것에서 찾았습니다. 그 시작은 이 질문이었습니다. "지금, 이 학교에서, 내가 이 아이들에게 정말 줄 수 있는 도움은 무엇인가?" 그 고민 속에서 수행평가의 성취기준이 가진 교육적 의미를 발견했습니다.

✔ 중점적으로 다루어지는 성취기준

수행평가에서 다루는 성취기준은 대개 해당 학년에서 꼭 다루어야 하는 중심 성취기준입니다. 중간고사・기말고사에서도 반복적으로 확인되는 기준이기도 하지요.

✔ 지식만이 아니라 '내면화'까지 평가

수행평가의 성취기준은 단순히 지식의 유무만 평가하지 않습니다. '학생이 그 내용을 이해했는가?', '그 과정을 수행할 수 있는가?', '그 가치와 태도를 생활 속에서 실천할 수 있는가?'까지 포괄합니다.

✔ 관찰 중심, 함께하는 평가

수행평가는 학습 과정과 결과를 관찰하고 평가하는 방식입니다. 중요한 점은, 이 관찰이 단지 교사만의 몫이 아니라는 것입니다. 또래 학생들 간의 관찰과 피드백도 자연스럽게 이루어집니다. 이 과정 속에서 아이들은 성취감을 느끼고, 실패를 경험하며 배움을 쌓고, 함께하는 소속감과, 자존감을 키워나갈 수 있습니다.

결국, 수행평가 중심으로 성취기준을 선택하는 것은 특수학급 수업을 일반학교 교육과정과의 흐름 속에 자연스럽게 두는 방법입니다. 특수학급 교사는 단지 조금 더 앞서 준비하고, 조금 더 가까이에서 학생을 살피며, 같은 교육과정 속에서 더 깊고 의미 있는 수업을 만들어 가는 사람입니다.

Click 수행평가 문항을 분석해 보자!

국어	[읽기]
[9국02-10] 읽기의 가치와 중요성을 깨닫고 읽기를 생활화하는 태도를 지닌다.	
시기	3~6월
단원	1. 문학 작품의 관점 2. 독서와 발표
핵심 역량	문화 향유 역량, 자기 성찰 계발 역량, 비판적 창의적 사고 역량
과제	**소설 읽고 독서감상문 쓰기**

국어	[읽기]
[9국03-01] 쓰기는 주제, 목적, 독자, 매체 등을 고려한 문제 해결 과정임을 이해하고 글을 쓴다.	
시기	3~6월
단원	1. 문제 해결 과정으로서의 쓰기
핵심 역량	문화 향유 역량, 자기 성찰 계발 역량, 비판적 창의적 사고 역량
과제	**자서전 쓰기**

국어	[쓰기]
[9국03-07] 생각이나 느낌, 경험을 드러내는 다양한 표현을 활용하여 글을 쓴다.	
시기	5월 4주
단원	4. 개성적인 발상과 표현
핵심 역량	문화 향유 역량, 자기 성찰 계발 역량, 비판적 창의적 사고 역량
과제	**반어와 역설을 활용하여 시짓기**

국어	[문법]
[9국04-02] 음운의 체계를 알고 그 특성을 이해한다.	
시기	5월
단원	소중한 우리말
핵심 역량	창의적 사고 역량, 자료 정보 활용 역량
과제	**음운 체계 설명하기**

[제주★중학교 20**학년도 1학기 2학년 교수학습 및 평가 계획]

특수학급의 교육과정을 '따로 또 같이' 구성하기 위해 저는 모든 교과의 수행평가 계획을 꼼꼼히 살펴봅니다. 그 이유는 단순합니다. 성취기준에 따른 과제와 수행 시기를 정확히 알아야, 특수학급에서도 그 흐름에 맞춰 적절한 시기에 연결 가능한 수업 활동을 구상할 수 있기 때문입니다.

'성취기준, 수행 과제, 평가 시기' 이 세 가지 정보를 한눈에 볼 수 있도록 작은 카드 형태의 틀로 만듭니다. 그 이유는 교과서나 문서 위에선 보이지 않는 연계점을 물리적으로 움직여 보며 찾아내기 위해서입니다.

- ✔ 이 시기에 음악과 미술의 주제는?
- ✔ 국어과의 수행평가는 어떤 표현 활동과 연결될 수 있을까?
- ✔ 이 과제는 학생의 자존감, 표현력, 협업 능력과 어떤 관계가 있을까?

성취기준을 움직이며 사고하는 과정을 통해 단순히 따로 놀던 수업들이 서로 연결된 하나의 배움 구조로 보이기 시작합니다.

이렇게 수행평가 중심의 활동 요소들을 조각조각 꺼내어 조합해 보는 작업은, 특수학급만의 맞춤형 교육과정을 설계해 가는 아주 중요한 시작점이 됩니다.

Click 수행평가 문항별로 교과 핵심역량을 확인하자!

<2023학년도 중1학년 2학기 수행평가 문항별 교과 핵심역량>

과목	교과 핵심 역량
국어	의사소통 역량, 자료 · 정보 활용 역량, 자기 성찰 · 계발 역량, 공동체 · 대인관계 역량
사회	의사소통 및 협업 능력, 정보 활용 능력, 문제 해결력
도덕	도덕적 사고 능력, 도덕적 공동체 의식, 도덕적 대인관계 능력, 도덕적 정서 능력
수학	문제 해결, 추론, 의사소통
과학	과학적 사고력, 과학적 탐구 능력, 과학적 문제 해결력
기술 · 가정	창의적 사고 역량, 지식 정보 처리 역량, 실천적 문제 해결 능력
체육	경기 수행 능력, 신체 표현 능력
음악	음악적 감성 역량, 음악적 소통 역량, 음악정보 처리 역량
미술	미적 감수성, 자기 주도적 미술 학습 능력, 시각적 소통 능력, 창의 · 융합 능력
영어	영어 의사소통 역량, 자기관리 역량, 공동체 역량, 지식 정보 처리 역량
한문	의사소통 능력, 정보처리 능력, 창의적 사고 능력

과목	교과 핵심 역량 키워드							
	의사소통	지식·정보 처리(활용)	공동체 (협동)	대인관계	문제해결	심미적 감수성	창의성 (사고력)	자기관리 (성찰)
국어	○	○	○	○				○
사회	○	○	○		○			
도덕			○	○				도덕적 사고·정서
수학	○				○		추론	
과학					○		○	
기술 · 가정		○			○		○	
체육						○		
음악	○	○				○		
미술	○					○	○	
영어	○	○	○					○
한문	○	○					○	
합계	7	6	4	2	4	3	5	3

[과목별 교과 핵심 역량]

수업을 주제 중심으로 재구성하려 할 때, 각 교과에서 다루고자 하는 핵심 역량이 무엇인지 정확히 아는 것은 매우 중요합니다. 그래서 저는 11개 교과에서 수행평가 성취기준이 담고 있는 핵심 역량을 키워드 중심으로 표로 정리해 보았습니다.

왜 핵심 역량 중심으로 정리했을까?

수행평가 성취기준은 단순히 지식을 묻는 데 그치지 않습니다. 학생이 문제를 해결하고, 표현하고, 소통하며, 협력하는 역량 중심의 평가 요소를 담고 있기 때문입니다. 이렇게 핵심 역량 중심으로 살펴보면 다음과 같은 장점이 있습니다.

✔ 중복되는 핵심 역량이 보인다.

예를 들어, 자기관리 역량, 공동체 역량은 국어, 도덕, 체육, 음악 등 여러 교과에 반복적으로 등장합니다.

✔ 통합 수업 설계의 실마리를 제공합니다.

공통적으로 반복되는 역량은 수업 주제를 엮어주는 연결고리가 됩니다. 예를 들어 '자기이해와 표현'을 중심 주제로 잡으면 국어, 미술, 도덕이 자연스럽게 하나의 흐름으로 연계됩니다.

✔ 수업 설계 시 주제와 활동 유형을 구체화할 수 있습니다.

'표현', '협업', '탐구'와 같은 역량 키워드는 수업의 대주제나 활동 중심 요소로 활용할 수 있습니다.

수업에 어떻게 활용할 수 있을까?

수행평가는 단순한 평가 활동이 아니라, 학생의 핵심 역량을 길러주는 학습의 일부로 설계되어야 합니다. 특히 여러 교과에서 중복되어 나타나는 핵심 역량을 중심으로 바라보면, 이를 바탕으로 통합 수업의 주제를 도출할 수 있습니다.

또한 교과 간 협업이 필요한 경우, 공통의 핵심 역량을 기준으로 서로 다른 교과를 연결하는 공동 프로젝트나 융합 활동을 구성할 수 있습니다. 예를 들어, '자기 표현'을 중심 주제로 삼는다면 국어에서는 자서전 쓰기, 미술에서는 자화상 그리기, 도덕에서는 나의 강점 찾기 활동으로 연결할 수 있습니다.

또한 '공동체와 협력'을 주제로 할 경우, 체육에서는 협동 게임, 음악에서는 합창, 도덕에서는 역할 나누기를 통해 학생들이 자연스럽게 공감과 협업의 경험을 쌓는 수업을 만들 수 있습니다.

이처럼 핵심 역량은 교과 수업을 하나로 엮는 실마리가 되고, 수행평가는 그 안에서 학생의 성장을 도와주는 중요한 도구가 됩니다.

Click 시간표에 성취기준을 매핑(mapping)해 보자!

성취기준을 시간표에 '매핑'해 봅니다. 시간표를 교육과정과 연결하는 일입니다.

즉 언제(어느 요일, 몇 교시에), 무엇을(어떤 활동을 할지), 왜(그 활동이 어떤 성취기준을 기반으로 하는지를) 시간표 위에 직접 시각적으로 표현해 보는 것입니다.

이젤패드 + 성취기준 카드 = '맹글기'의 시작

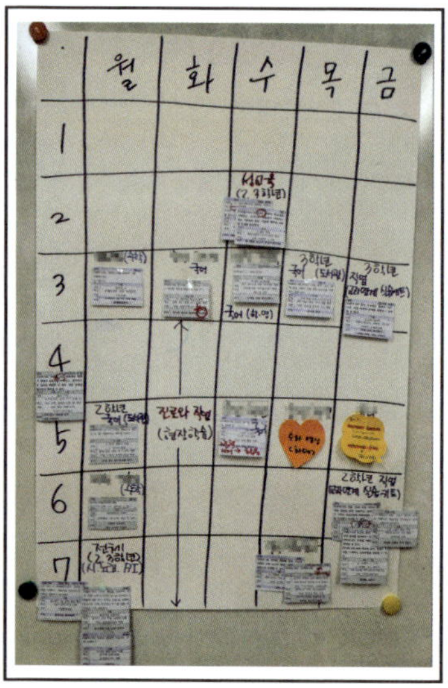

저는 먼저, 각 교과의 수행평가 성취기준을 작은 카드 형태로 출력합니다. 그리고 이젤 패드나 자석 칠판 위에 시간표를 놓고 그 위에 성취기준 카드를 붙였다, 떼었다 해보며 구성해 봅니다. 예를 들어, 월요일 7교시에 **'시 · 노래 배우기'** 활동이 있다면 그 시간에 해당하는 칸에 [9국03-07] **'생각이나 느낌, 경험을 드러내는 다양한 표현을 활용하여 글을 쓴다.(반어와 역설을 활용하여 시 짓기)'** 성취기준 카드를 붙입니다.

왜 직접 붙여보는가?

성취기준을 시간표 위에 직접 시각적으로 배치해 보는 이 과정은, 단순히 일정표를 만드는 것을 넘어 수업의 구조와 흐름을 '몸으로 익히는' 일이기도 합니다.

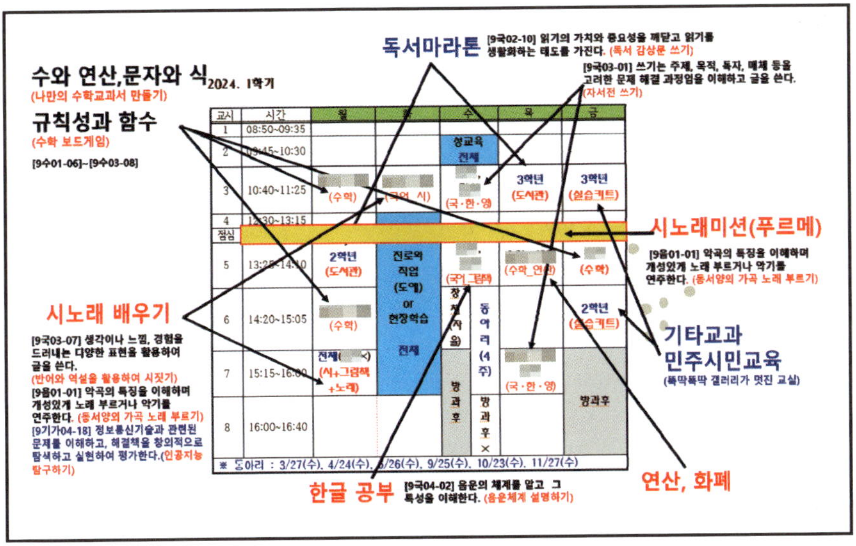

[20**학년도 제주★중학교 특수학급 시간표]

✔ 성취기준이 골고루 반영되고 있는가?

✔ 활동 간 연결성이 자연스러운가?

✔ 주제 중심 수업 흐름 속에 핵심 역량이 잘 녹아 있는가?

이런 질문에 대한 답을, 직접 붙이고 떼며 확인할 수 있습니다.

수업은 짜는 것이 아니라, 맹글어가는 것

이런 작업을 하다 보면, 시간표는 더 이상 틀에 맞춘 단순 계획표가 아닙니다. 아이들과 함께 살아갈 한 학기의 삶의 설계도가 됩니다. 이런 의미에서, 시간표를 성취기준으로 채워가는 작업은 그야말로 **"맹글어 보는 것"**입니다. 손으로 만지고, 눈으로 확인하며, 머리와 마음으로 설계해 가는 특수학급 교사만의 창의적 실천입니다.

Click 재구성 카드로 1학기 수업을 설계해 보자!

한 학기 수업을 설계할 때, 저는 「특수교육 교수평일체화를 위한 재구성 카드」[2]를 활용합니다. 일반적으로 재구성은 '대주제-소주제-매개체-핵심 역량-수업 방법-공유 방법-평가 방법'의 요소들을 상위 개념부터 아래로 나열하는 방식, 즉 **탑다운(Top-down) 방식**으로 진행됩니다. 예를 들면, '인성'이라는 대주제를 먼저 설정하고 그에 맞는 소주제, 관련 성취기준, 구체 활동들을 연결해 나가는 방식입니다.

그런데 저는 그 반대 방향으로 수업을 설계합니다.

우선 수행평가 성취기준들을 먼저 분석합니다. 그리고 그 안에서 자주 등장하거나 공통으로 나타나는 핵심 역량과 주제 요소를 추출합니다.

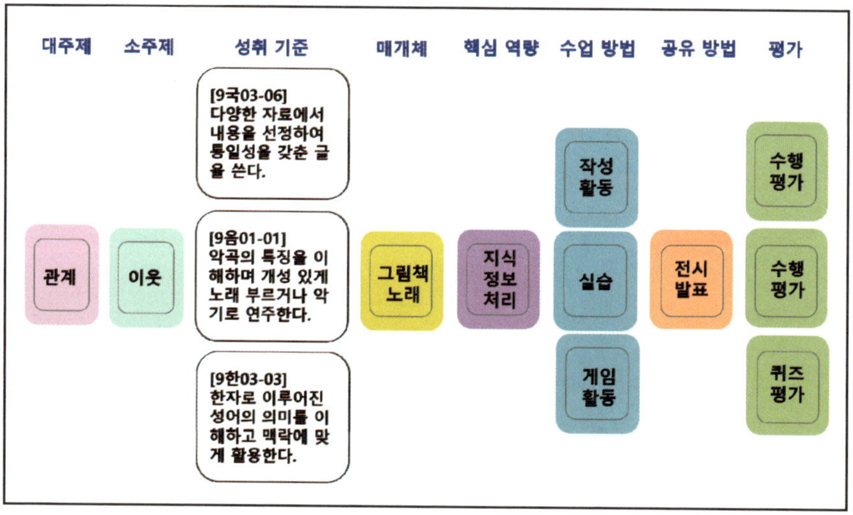

[20**학년도 중학교 2~3학년 1학기 국어 영역 수업 재구성]

2) 특수교육 교수평일체화를 위한 재구성 카드(한경화, 정명철, 2020. 교육과학사).

이후 그 공통 요소들을 모아 오히려 대주제를 도출하는 방식으로 수업을 재구성합니다. 즉 '성취기준 → 공통역량 → 주제'의 순서로 구성되는 **바텀업(Bottom-up) 방식**입니다.

이처럼 성취기준 분석에서 출발하는 바텀업(Bottom-up) 방식은 미리 정한 주제를 중심으로 성취기준을 연결해 나가는 **탑다운(Top-down)** 설계 방식과는 다른 접근입니다. 두 방식 모두 수업 설계에 의미 있는 방향을 제시하지만, 바텀업(Bottom-up) 방식은 특히 학생의 현재 상태와 교육적 필요를 면밀히 살펴, 그에 맞는 성취기준과 수업 내용을 현장에서 유연하게 구성하는 데에 강점이 있습니다.

즉 학생 중심의 실천적 교육과정 구성 방식으로 볼 수 있습니다.

재구성은 '창작'이 아니라 '발견'입니다.

특수학급 교사의 교육과정 재구성 작업은 완전히 새로운 것을 창작하는 일이 아닙니다. 이미 존재하는 교육과정 속에서 학생에게 의미 있는 맥락을 발견하고 연결해 가는 일입니다. 재구성 카드는 그 과정에서 교사에게는 사고의 틀을 제공하고, 학생에게는 의미 있는 경험의 구조를 만들어 주는 도구입니다.

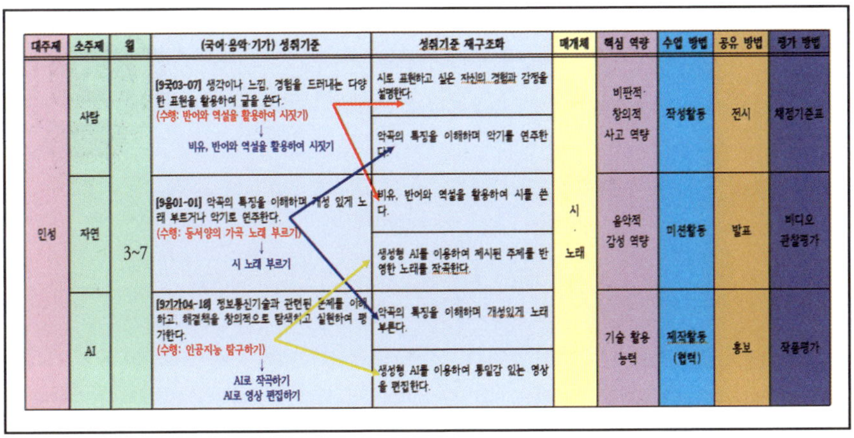

대주제	소주제	월	(국어·음악·기가) 성취기준	성취기준 재구조화	매개체	핵심 역량	수업 방법	공유 방법	평가 방법
인성	사람	3~7	[9국03-07] 생각이나 느낌, 경험을 드러내는 다양한 표현을 활용하여 글을 쓴다. (수행: 반어와 역설을 활용하여 시짓기) ↓ 비유, 반어와 역설을 활용하여 시짓기	시로 표현하고 싶은 자신의 경험과 감정을 설명한다. 악곡의 특징을 이해하며 악기를 연주한다.	시·노래	비판적·창의적 사고 역량	작성활동	전시	채점기준표
	자연		[9음01-01] 악곡의 특징을 이해하며 개성 있게 노래 부르거나 악기로 연주한다. (수행: 동서양의 가곡 노래 부르기) ↓ 시 노래 부르기	비유, 반어와 역설을 활용하여 시를 쓴다. 생성형 AI를 이용하여 제시된 주제를 반영한 노래를 작곡한다.		음악적 감성 역량	미션활동	발표	비디오 관찰평가
	AI		[9기가04-18] 정보통신기술과 관련된 문제를 이해하고, 해결책을 창의적으로 탐색하고 실현하여 평가한다. (수행: 인공지능 탐구하기) ↓ AI로 작곡하기 AI로 영상 편집하기	악곡의 특징을 이해하며 개성있게 노래 부른다. 생성형 AI를 이용하여 통일감 있는 영상을 편집한다.		기술 활용 능력	제작활동(협력)	홍보	작품평가

[중학교 2~3학년 1학기 국어 영역 수업 설계도]

수행평가 중심으로 성취기준을 재구성한 수업이 정말 학생의 성장에 도움이 될까요?

네,
수행평가는 지식뿐 아니라 태도와 역량까지
함께 평가하기 때문에,
학생이 배운 것을 삶 속에서 표현하고 실천하는
경험으로 이어질 수 있습니다.

성취기준을 중심에 두고 수업을 설계하면,
배움과 평가가 자연스럽게 연결되어
학생의 자기이해, 소통능력, 협력태도 등
실질적 성장을 도울 수 있습니다.

STEP 4. 개별화교육계획 수립하기

"학생이 교과 수업에서 자신의 수준과 특성에 맞게 배우고 표현할 수 있도록, 개별화교육계획은 어떻게 설계해야 할까요?"

우리 반의 교과 중심 개별화교육계획은 **'성취기준 중심 교과 간 통합'**[3] 유형이라 할 수 있습니다. 이는 여러 교과의 수행평가 성취기준을 바탕으로, 학생의 수준과 특성을 고려하여 기능 중심으로 교육 내용을 재구성하고, 실생활과 연결된 주제 중심의 프로젝트 수업을 통해 학생이 몰입하며 표현할 수 있도록 설계한 방식입니다.

Click 국어 영역 개별화교육계획(IEP)

✔ 학기별 개별화교육계획 및 평가

학기	현행수준	학기목표
1	시·그림책·노랫말에 포함된 겹받침 글자 단어, 소리와 표기가 다른 낱말·문장을 따라 읽거나 쓰고, 자기 생각이나 느낌, 관련 경험 등을 자유롭게 발표함. 소리와 글자 사이의 대응 관계 원리, 어간-어미 활용 변화를 통한 철자 쓰기에 대한 반복 지도가 꾸준히 요구됨. 주제어를 활용한 'Go Fish', '빙고', '폭탄 돌리기' 등 다양한 게임과 노랫말을 활용한 한글 학습에 흥미를 보임. 눈-손 협응의 어려움으로 글자의 크기와 형태가 고르지 않지만, 철자법에 맞게 주제어와 중심 문장을 따라 쓰려고 노력함.	관심 있는 분야의 책을 찾아 읽고, 주제어를 활용한 바른 철자 쓰기를 할 수 있다. 시의 분위기와 특징을 잘 살려 시·노래를 부르고, 문학적 표현력과 감수성을 기를 수 있다.

3) 국립특수교육원(2019). 개별화교육계획운영가이드북. p.16.

✔ 월별 개별화교육계획

월	교육목표	교육내용	교육방법
3 ~ 4	• 시를 즐겁게 듣고, 느낌을 말로 표현할 수 있다. • 시 속 인물이나 상황에 공감하며 감정을 표현할 수 있다.	- 계절 관련 시 듣기 · 읽기 ☐ 독서마라톤 시작 : 나의 독서기록장 꾸미기 - 인권 · 다양성 관련 시 감상 ☐ 독서미션 ① : 등장인물 감정 말풍선 만들기	직접교수법 반응중심학습 역할극
5	• 시의 낱말과 표현을 바꾸어 나만의 시를 만들 수 있다.	- 짧은 시 개작하기 - 시 · 노래로 바꾸어 부르기 ☐ 독서미션 ② : 책 속 문장으로 시 만들기	쓰기워크숍 놀이학습
6 ~ 7	• 시의 내용에 맞게 동작이나 노래로 표현할 수 있다. • 나의 느낌과 생각을 시로 표현할 수 있다.	- 감정 · 상황에 맞는 시 표현하기 ☐ 독서미션 ③ : 내가 고른 시 낭송하기 - 여름과 나를 주제로 시 쓰기 ☐ 독서미션 ④ : 계절 느낌 시화 만들기	표현중심학습 협동학습 오감활동 그림자료 활용

[3학년 가○○ 학생의 국어영역 교과중심 개별화교육계획 수립의 예]

이 장에서 소개하는 두 학생의 '국어'와 '진로와 직업' 영역의 개별화교육계획은 국어, 음악, 기술 · 가정 교과의 성취기준을 주제 중심으로 통합하였으며, 학생이 자신의 경험과 감정을 언어, 음악, 디지털 매체로 창의적으로 표현할 수 있도록 구성한 교육계획입니다.

3월부터 7월까지의 수업은 "사람과 자연, AI"라는 소주제 아래, 학생이 자신의 이야기를 시로 쓰거나 읽고, 그 시를 기반으로 생성형 AI를 활용해 노래로 작곡하고, 최종적으로 디지털 콘텐츠로 제작하여 공유하는 프로젝트형 학습으로 구성되었습니다. 이를 위해 다음과 같은 교과 성취기준을 통합적으로 재구조화하였습니다.

학생의 감정과 경험이 시와 노래, AI 콘텐츠로 확장되며,
교과 성취기준이 하나의 프로젝트 안에서 유기적으로 실현되다!

Click 진로와 직업 영역 개별화교육계획(IEP)

✔ 학기별 개별화교육계획 및 평가

학기	현행수준	학기목표
1	사용 설명서를 읽고 다양한 DIY 조립 만들기 작품을 완성하고, 크기와 모양, 색깔이 다른 다양한 레고 블록으로 창의적인 작품을 만듦. 제과·제빵, 도예 실습에서 새로운 작업 환경에 잘 적응하며, 정리 정돈을 잘함. 작업 순서를 잘 기억하여 작업에 참여하며 작업 도구를 안전하게 다룸. 컴퓨터나 기계 조작에 능숙함.	자신의 흥미와 강점을 바탕으로 진로를 탐색하고, 생성형 AI 및 디지털 도구를 활용하여 창의적으로 표현한다. 다양한 체험과 발표 활동을 통해 자기 이해와 진로 역량을 기른다.

✔ 월별 개별화교육계획 및 평가

월	교육목표	교육내용	교육방법
3~4	자신의 흥미와 강점을 탐색하고, 디지털 도구 활용 기초를 다진다. 자연과 관련된 진로를 탐색하고, 생성형 AI의 기본 개념을 이해한다.	- 진로 흥미 검사 및 관심사 포스터 만들기 - 나를 소개하는 디지털 카드 만들기 (Canva, PPT 등 활용) - 동물 직업 관련 견학 및 활동 정리 - ChatGPT로 자연 관련 직업 정보 찾기	진로 검사 시각 자료 활용 발표 수업
5	예술 직업을 탐색하고, AI로 콘텐츠를 창작해 본다.	- 일러스트레이터, 공예가 등 탐색하기 - AI로 나만의 캐릭터와 이야기 만들기 (텍스트+이미지)	정보 탐색 만들기 실습 AI 창작 체험
6~7	진로 목표를 정리하고, 디지털 포트폴리오 구성 능력을 기른다. 자신의 진로와 디지털 작업물을 공유하고 피드백을 나눈다.	- 진로 포트폴리오 구성하기 - 나만의 홍보 포스터 만들기 (Canva, AI 이미지) - 진로 발표회 및 디지털 전시회 - 친구 피드백 & 나의 성장 리플렉션 카드 적기	발표 수업 전시 활동 또래 피드백

[3학년 나○○ 학생의 진로와 직업 영역 교과중심 개별화교육계획 수립의 예]

세 교과의 성취기준을 **'경험 → 시 → 노래 → AI 콘텐츠 제작'**이라는 흐름으로 유기적으로 연결해 보았습니다. 국어 영역에서는 시 감상 및 창작을 통해 문학적 감수성과 자기 표현력을, 음악 영역에서는 시·노래 활동을 통해 운율 감각과 예술적 상상력을, 기술·가정 영역에서는 AI 기반 작곡 및 영상 편집을 통해 디지털 표현 역량을 기르고 있습니다.

무엇보다 이 통합형 개별화교육계획은 학생의 표현 방식(글·소리·영상)을 다양하게 허용함으로써, 특수교육대상 학생의 강점, 흥미, 표현 양식의 선호도를 충분히 반영한 맞춤형 교육 실천이라는 점에서 의의가 있습니다. 이처럼 성취기준을 교과 간에 통합하고, 실천 가능한 활동 중심 수업으로 재구성함으로써, 우리 반 학생들은 단순한 지식 습득이 아니라 자신의 감정과 삶을 통합적으로 표현하고, 또래와 연결되며 성장하는 경험을 쌓아가고 있습니다.

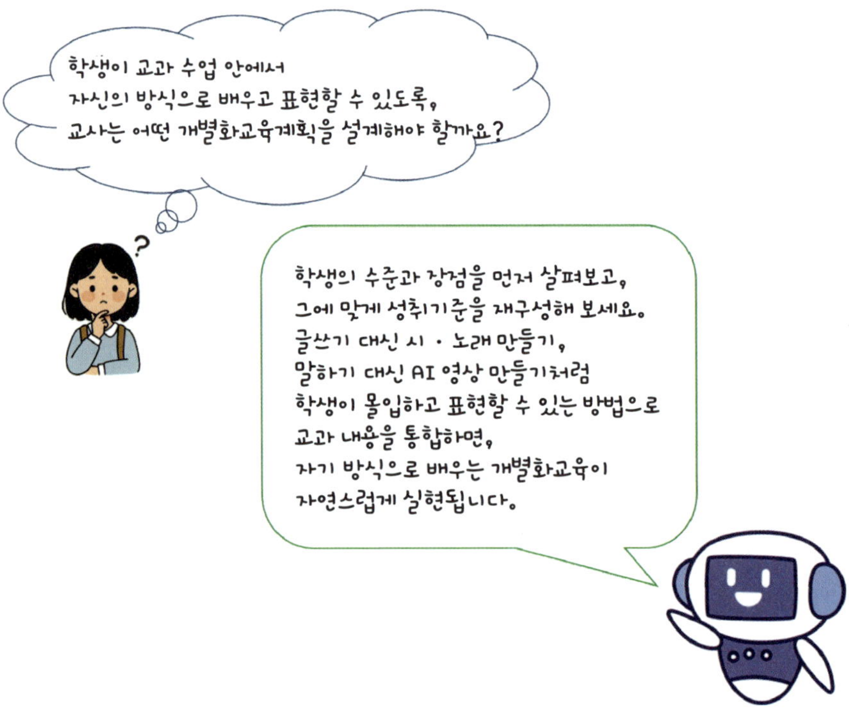

STEP 5. AI와 함께하는 인문학 수업 이야기

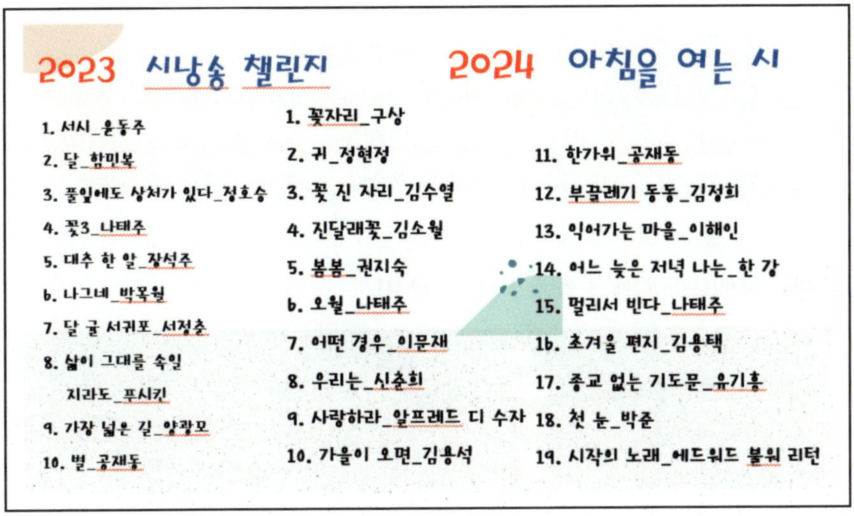

[제주★중학교 '시 낭송 챌린지(아침을 여는 시)' 시 목록]

제주★중학교에서는 20**년부터 매일 아침 **'시 낭송 챌린지(아침을 여는 시)'** 활동을 통해 한 편의 시로 하루를 여는 교육문화를 실천해 오고 있습니다. 이 활동은 시를 통해 감성과 사고를 일깨우는 학교 공동체 문화로 자리 잡아가고 있으며, 학생들에게 다양한 방식으로 의미 있게 활용되고 있습니다.

특히 특수교육 대상 학생에게는 시어가 **한글 해득의 기초 어휘**로 활용되며, 동시에 **문해력과 문법 교육**의 실질적인 자료가 됩니다. 더불어 전교 학생들에게는 **인성 교육, 다양성 이해, 장애 인식 개선**의 매개체로 기능하며, 시를 통해 타인의 삶과 감정을 상상하고 공감하는 힘을 기를 수 있도록 돕습니다.

시와 노래, 그리고 생성형 AI가 만나는 통합교육의 장

본 장에서는 이 시 낭송 활동의 확장판으로서, 생성형 인공지능(AI)을 교육에 접목한 사례를 소개합니다. 학생들은 생성형 AI를 활용하여 시를 노래로 바꾸고, 악보로 출력하며, 이를 영상으로 편집해 표현하는 등 **문학, 음악, 디지털 기술이 융합된 인문학 수업**을 경험할 수 있습니다.

이런 활동은 학생들이 느끼고, 표현하고, 서로 공감하는 힘을 키우는 데 큰 도움이 됩니다. 또한 생성형 AI와 함께하면서도 **'사람답게 배우고 성장하는 교육'**이 어떤 모습일 수 있는지를 보여주는 뜻깊은 수업의 한 장면이 됩니다.

SUNO로 시를 노래로 바꾸어 보자!

[SUNO 프로그램 화면 예시]

SUNO는 인공지능(AI)을 활용하여 글(가사나 시)을 입력하면 자동으로 멜로디와 목소리를 만들어 주는 **음악 생성 프로그램**입니다. 음악을 전공하지 않아도, 악보를 몰라도, 누구나 쉽게 자신만의 노래를 만들 수 있는 도구입니다.

시나 가사처럼 짧은 글을 넣으면, AI가 어울리는 리듬과 멜로디, 노래 목소리까지 만들어 줍니다. 발라드, 팝, 재즈 등 다양한 음악 스타일도 선택할 수 있습니다.

'시' 수업에서 왜 'SUNO'를 사용할까요?

학생들이 시를 더 깊이 이해하고, 느낌을 음악으로 표현할 수 있기 때문입니다. 음악, 문학, 기술이 만나 창의적이고 통합적인 활동이 가능해집니다. 특히 특수교육 대상 학생들에게는 말과 글로 하기 어려운 감정을 소리로 표현하는 통로가 되어 줄 수 있습니다. 나만의 시 · 노래가 완성되면, MP3로 저장하거나, 동영상 배경에 삽입해 시 · 노래 영상 제작에도 활용할 수 있습니다.

Click VREW로 시 · 노래 영상을 제작해 보자!

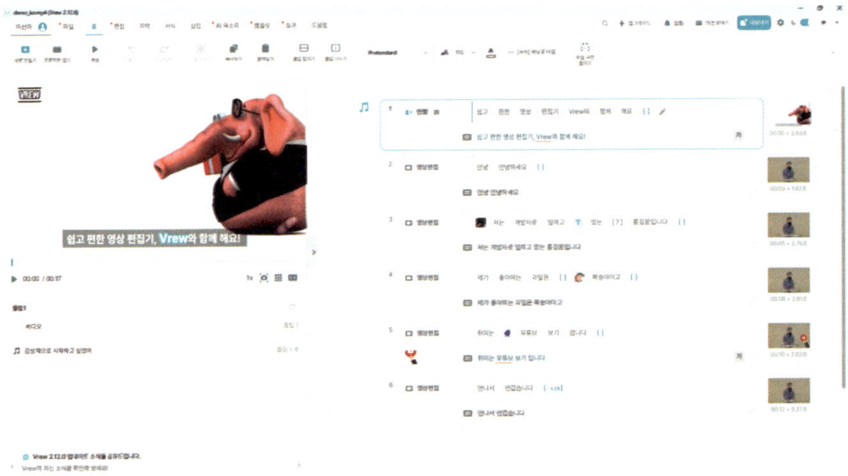

[VREW 프로그램 화면 예시]

VREW는 AI(인공지능) 기술을 기반으로 한 **영상 편집 프로그램**입니다. 초보자도 손쉽게 자막을 만들고, 영상 장면을 자르거나 꾸밀 수 있어 마치 전문가처럼 영상 편집이 가능합니다.

특히 SUNO로 제작한 시 · 노래 음원 파일을 VREW에 넣으면, 음원 속 목소리를 자동으로 글자(자막)로 변환해 줍니다. 단, '음성 분석' 기능을 꺼두면 수동으로 자막을 입력할 수도 있으며, 실제로 사람의 음성은 인식 오차가 발생하는 경우가 많아, 저의 경우에는 직접 자막을 입력하는 방식을 선호합니다. VREW에서는 자막의 글자 크기, 색상, 위치도 쉽게 조정할 수 있으며, 영상이 1초 단위의 탭 구조로 나뉘어 표시되기 때문에 원하는 장면을 간편하게 잘라내거나 붙이기 쉽고, 자막 수정도 매우 직관적으로 이루어질 수 있습니다. 이처럼 VREW는 영상 편집의 복잡함을 낮추면서도, 교육 현장에서 활용 가능한 다양한 가능성을 열어주는 AI 기반 도구입니다.

수업에서 VREW를 활용하면 좋은 점

✔ 시 · 노래 영상 제작

시 · 노래를 만든 뒤, 시의 내용에 어울리는 이미지를 넣어 나만의 시 · 노래 영상을 만들 수 있습니다. 학생이 직접 그린 그림, 기존의 이미지 자료를 삽입해도 되고, AI 이미지 생성 기능을 활용한 삽입 등 다양한 방식이 가능합니다. 이런 멋진 시 · 노래 영상은 다감각적 교육 경험으로 기억에 오래 남고, 발표 활동이나 전시회 작품으로도 폭넓게 활용됩니다.

✔ 시 낭송 챌린지 영상 편집

시 낭송 챌린지 활동 후, 학생이 직접 부른 노래에 다시 자막을 입히는 작업도 가능합니다. 이 과정은 자신의 목소리와 표현이 영상으로 완성되는 경험을 통해, 학생에게 표현력과 자신감을 길러주는 소중한 기회가 됩니다.

✔ 다양한 수업 결과물 제작

VREW는 시 · 노래 영상 외에도 발표 영상, 독서 활동 영상, 장애이해교육 영상 등 수업 유형에 따라 다양한 결과물을 제작할 수 있도록 지원합니다. 이러한 영상들은 수행평가 자료나 포트폴리오로도 유용하게 활용될 수 있습니다.

✔ 특수교육 대상 학생의 표현력과 학습역량 증진

VREW는 직관적인 인터페이스와 간단한 탭 구조 덕분에, 특수교육 대상 학생들도 몇 가지 버튼만 익히면 스스로 조작이 가능합니다. 자막을 수동으로 입력하는 활동은 자연스럽게 한글 타자 연습, 맞춤법 학습, 어휘력 향상으로 이어지며, 학생이 직접 만든 영상은 표현의 기쁨과 성취감을 안겨줍니다. 이는 곧 자기 표현력과 자존감을 키워주는 중요한 교육 경험으로 연결됩니다.

Click capella audio2score로 시 · 노래 악보를 제작해 보자!

[capella audio2score 프로그램 화면 예시]

capella audio2score는 음성 파일(mp3 등)을 자동으로 **악보로 변환해 주는 AI 기반 음악 프로그램**입니다. 노래를 듣고 흥얼거릴 수는 있어도, 정확한 음정이나 박자를 짚기 어려운 학생들, 또는 노래에 익숙하지 않은 학생들에게 시각적으로 제공되는 악보는 큰 학습 도구가 됩니다.

왜 교실에서 capella audio2score를 활용할까요?

대부분의 학생들은 노래를 듣는 것과 실제로 부르는 것 사이에 큰 차이를 느낍니다. 음정이나 박자에 약한 경우가 많고, 노래 실력 부족으로 따라 부르기를 어려워하는 학생도 있습니다. 이럴 때 시・노래를 capella audio2score로 악보로 변환하여 보여주면, 피아노로 정확한 음높이와 박자를 짚어줄 수 있고, 학생에 맞게 속도나 난이도, 조(키)를 조절할 수 있어 훨씬 접근하기 쉬운 형태로 노래 학습이 가능합니다. 또한 변환된 악보는 PDF 파일로 저장할 수 있어, 학생 개인별 연습 자료로 제공하거나 시・노래 악보집으로 정리・보관하기에도 매우 용이합니다.

Click 수업 속 활용 사례

시・노래 악보집이 하나둘씩 쌓이기 시작하자, 학생들은 "이 노래 다시 부르고 싶어요"라며 직접 악보를 찾아와 교사에게 피아노 반주를 요청합니다. 놀랍게도, 미션을 수행한 지 오래된 곡임에도 피아노 반주가 시작되면 학생들은 자연스럽게 시・노래를 흥얼거리며 따라 부릅니다. 아직도 시를 외워 노래하고 있는 자신이 신기하다고 말합니다.

이러한 경험은 단순한 암기나 반복 학습의 결과가 아닙니다. 음악을 통한 감각적 기억 형성 과정 속에서 자연스럽게 이루어진 학습이며, 학생들은 이를 통해 자신의 표현력을 발견하고, 소리와 의미가 연결된 언어 경험을 차곡차곡 쌓아갑니다. 이 과정은 점차 자신감과 자기표현 능력으로 이어지며, 학생의 내면을 단단히 키워주는 의미 있는 배움의 순간이 됩니다.

Click QR코드로 시 · 노래 영상을 감상하고 함께 노래해 보자!

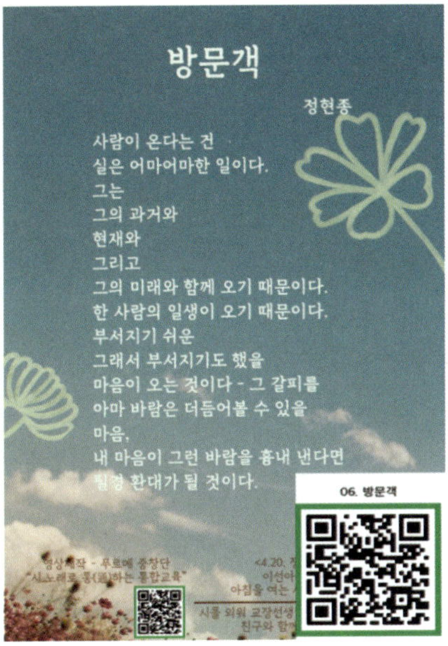

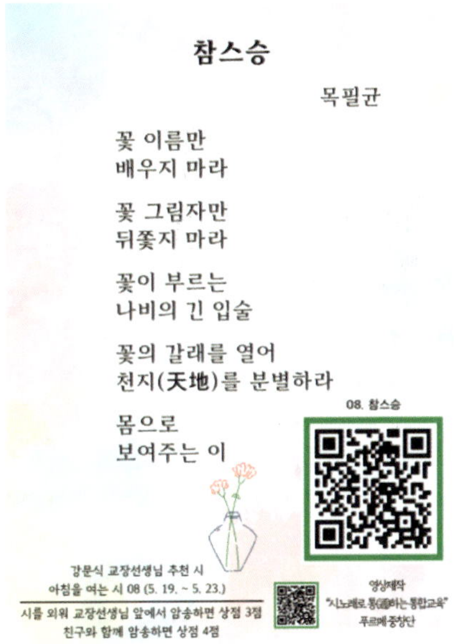

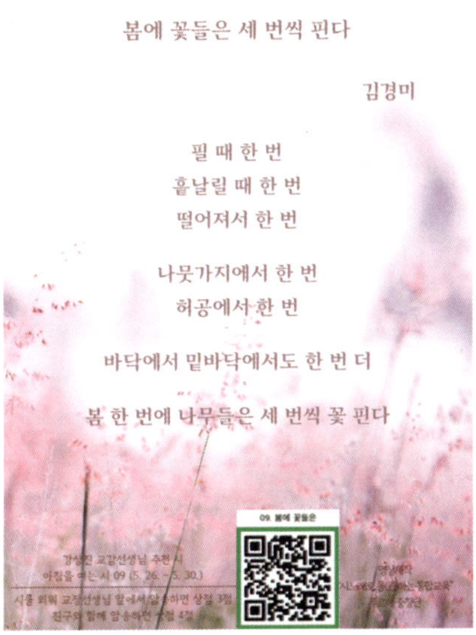

STEP 6. 맞춤형 과정 중심 평가 설계하기

"맞춤형 과정 중심 평가는 어떻게 하나요? 평가 기준 작성이 너무 어려워요."

이 질문은 많은 교사들의 솔직한 목소리입니다. 학생의 수준과 특성에 맞춘 수업은 잘 설계했지만, 막상 수행평가 기준표를 만들려니 막막한 느낌이 들기도 합니다.

'평가 기준까지 꼭 내가 다 만들어야 할까?'라는 생각이 드는 것도 자연스러운 일입니다. 하지만 맞춤형 평가라고 해서 완전히 새로운 기준을 만들어야 한다는 부담감은 내려놓아도 됩니다.

핵심은 기존의 평가 기준을 '학생 수준에 맞게 조정하고 재구성하는 것'

교과 담당 교사의 채점기준표를 참고하되, 표현을 바꾸고 기대 수준을 조절하여, 특수교육 대상 학생의 배움과 성장을 제대로 담아낼 수 있도록 '나만의 기준표'를 만들어 가는 것이 과정 중심 평가의 출발점입니다.

Click 수행평가, 평가기준부터 제대로 들여다보자!

다음의 사례는 「**반어와 역설을 활용하여 시 짓기**」라는 수행평가 활동을 위해 만들어진 채점기준표입니다. '경험 정리', '반어와 역설의 활용', '작품의 완성도'라는 세 가지 평가 요소에 대해 5등급(상 · 중상 · 중 · 중하 · 하)으로 나누어 구체적인 기준과 점수 배분이 정리되어 있습니다.

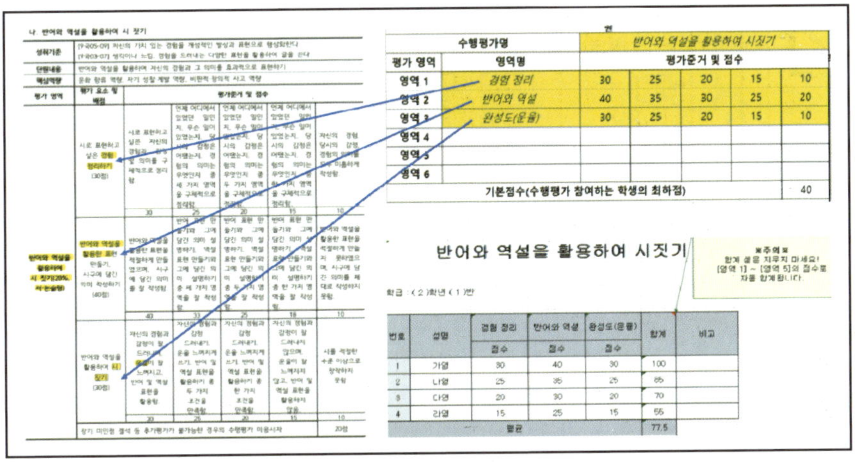

[제주★중학교 20**학년도 1학기 2학년 교수학습 및 평가 계획]

이러한 평가 기준은 수행평가 전에 학생들에게 공지되어, 학습자 스스로도 목표를 알고 스스로 점검하며 수행에 임할 수 있도록 설계되어 있습니다. 또한, 교사는 엑셀 파일을 활용해 학생별 결과를 관리하고, 학생은 결과 확인을 통해 스스로의 성장을 점검할 수 있게 됩니다. 이처럼 명확하고 구조화된 평가 기준은 과정 중심 평가가 형식이 아닌 실천으로 자리 잡기 위한 출발점이 됩니다.

Click 수업 설계도 위에, 평가기준을 자연스럽게 얹어보자!

수업을 설계할 때마다 한 가지 고민이 따라옵니다. "이 활동, 우리 반 아이들 수준에 맞는 평가 기준은 어떻게 세워야 할까?" 완전히 새로운 기준을 매번 만들기엔 부담스럽고, 그렇다고 통합학급의 평가기준을 그대로 가져오자니 우리 아이들에게는 어려운 부분이 많습니다. 그래서 저는 기존 교과의 수행평가 성취기준을 바탕으로, 학생 수준에 맞게 조정하는 방식으로 접근해 보았습니다. 한 학기 수업 설계도에 국어, 음악, 기술・가정 교과의 활동을 정리하고, 그 흐름 위에 재구성한 수행평가 기준을 자연스럽게 얹어보았습니다. 활동과 평가가 따로 존재하지 않고, 학생이 배우고, 표현하고, 느낀 것들이 평가 안에 담길 수 있도록 연결하고자 한 시도였습니다.

20**학년도 중학교 2,3학년_1학기 수업 설계도 & 평가 기준

제주★중학교 학습도움실2

대주제	소주제	월	(국어 · 음악 · 기가) 성취기준	성취기준 재구조화	평가기준		
인성	사람	8~12	[9국03-07] 생각이나 느낌, 경험을 드러내는 다양한 표현을 활용하여 글을 쓴다. (수행: 반어와 역설을 활용하여 시짓기) ↓ 비유, 반어와 역설을 활용하여 시짓기	시로 표현하고 싶은 자신의 경험과 감정을 설명한다.	시로 표현하고 싶은 자신의 경험과 감정을 구체적으로 설명함.		
					시로 표현하고 싶은 자신의 경험을 일부분만 표현하였으나 감정을 잘 설명함.		
					시로 표현하고 싶은 자신의 경험은 잘 표현하였으나 감정을 및 의미가 잘 드러나지 않음.		
					시로 표현하고 싶은 자신의 경험과 감정 및 의미가 모두 잘 드러나지 않음.		
					본인의 의사에 의한 미제출 → 참여하지 않음		
				악곡의 특징을 이해하며 악기를 연주한다.	전자드럼 패드	박자와 리듬이 규칙적이며 악곡 표현이 안정적임.	
						박자와 리듬이 다소 불안정하여 악곡 표현이 안정적이지 못함.	
						박자와 리듬이 정확하지 않아 악곡 표현이 불편함.	
						악기 연주에 관심을 보이지 않거나 평가에 응시하지 않음.	
	자연		[9음01-01] 악곡의 특징을 이해하며 개성 있게 노래 부르거나 악기로 연주한다. (수행: 동서양의 가곡 노래 부르기) ↓ 시 노래 부르기	비유, 반어와 역설을 활용하여 시를 쓴다.	비유, 반어와 역설을 활용하여 효과적으로 표현하며, 시구에 담긴 의미를 잘 작성함.		
					비유, 반어와 역설을 활용하여 효과적으로 표현하였으나, 시구에 담긴 의미 작성이 미흡함.		
					비유, 반어와 역설을 활용하여 표현하였으나, 비유, 반어와 역설 중 하나가 미흡함.		
					비유, 반어와 역설을 활용하여 표현하였으나, 비유, 반어와 역설 중 둘 이상이 미흡함.		
					본인의 의사에 의한 미제출 → 참여하지 않음		
				생성형 AI를 이용하여 제시된 주제를 반영한 노래를 작곡한다.	조건	1. SUNO 프로그램 열기 2. 제목과 가사 입력하기 3. 음악 스타일 지정하기 4. 음악 생성하기 5. 음악 다운로드하기	5가지 조건을 모두 만족함.
							5가지 조건 중 4가지를 만족함.
							5가지 조건 중 3가지를 만족함.
							5가지 조건 중 2가지를 만족함.
							5가지 조건 중 1가지를 만족하거나 모두 만족하지 못함.
	AI		[9기가04-18] 정보통신기술과 관련된 문제를 이해하고, 해결책을 창의적으로 탐색하고 실현하여 평가한다. (수행: 인공지능 탐구하기) ↓ AI로 작곡하기 AI로 영상 편집하기	악곡의 특징을 이해하며 개성있게 노래 부른다.	시 · 노래	음정이 정확하여 악곡의 흐름이 안정적임.	
						음정이 다소 불안정하여 악곡의 흐름이 안정적이지 않음.	
						음정이 정확하지 않아 악곡의 흐름이 불안정함.	
						노래 부르기에 관심을 보이지 않거나 평가에 응시하지 않음.	
				생성형 AI를 이용하여 통일감 있는 영상을 편집한다.	조건	1. VREW 프로그램 열기 2. 편집할 영상 업로드하기 3. 자막 삽입하기 4. 이미지 또는 목소리 삽입하기 5. 프로젝트 파일 저장하기	5가지 조건을 모두 만족함.
							5가지 조건 중 4가지를 만족함.
							5가지 조건 중 3가지를 만족함.
							5가지 조건 중 2가지를 만족함.
							5가지 조건 중 1가지를 만족하거나 모두 만족하지 못함.

[20**학년도 제주★중학교 특수학급 2,3학년 1학기 수업 설계도 & 평가 기준]

물론 아직도 완성된 답을 찾은 건 아닙니다. 그렇지만 적어도 우리 반 아이들이 **"이 정도면 나도 해볼 수 있어요"**라고 느끼는 모습을 보며, 수업과 평가가 하나의 흐름이 될 수 있다는 희망을 갖게 되었습니다.

이 자료는 그런 경험을 바탕으로 만든 작은 실천의 결과물입니다. 완벽하진 않지만, 누군가에게는 시작의 발판이 될 수 있기를 바라는 마음으로 이 사례를 소개합니다.

8

특수학교 학급 운영하기

STEP 1. 특수학교에서 특수교사의 역할

"일반학교 특수학급과 특수학교에서 특수교사의 역할은 어떻게 다를까요?"

특수학교는 특수교사, 진로전담교사, 상담교사, 보건교사, 영양교사(영양사), 행정실에서 근무하는 교육행정직, 특수교육실무사 등의 공무직, 사회복무요원 등으로 구성되어 있습니다. 장애학생의 교육을 위한 특수학교에 이렇게나 많은 교직원들이 근무하고 있다는 사실이 놀랍지 않나요?

특수학교에는 비교적 장애가 심해 일반학교에서 통합교육을 받기 어려운 장애학생들이 주로 재학하고 있답니다. 특수학교에 재학 중인 장애학생의 비율은 2023년 교육부 조사 자료 기준 전체 장애 학생의 27.5프로 정도예요. 장애가 심한 학생들과 그들의 삶을 지원하기 위한 다양한 직종의 인력들이 모여있는, 작은 사회라고 볼 수 있는 특수학교에서의 특수교사의 역할, 함께 살펴보도록 합시다.

특수학교는 보건, 상담, 영양을 제외한 모든 교사의 구성이 특수교육을 전공한 특수교사로만 이루어져 있습니다. 교장, 교감 선생님도 특수교육을 전공한 분들이시죠. 그렇기 때문에 일반학교에 비해서 특수교육 및 장애에 대한 관리자의 이해도가 높아 교육활동에 좀 더 전문적인 도움, 조언, 협조를 받을 수 있어 내실 있는 특수교육이 이루어질 수 있는 유리한 조건을 가지고 있는 것이 사실입니다. 학교에는 교장, 교감 다음으로 부장이라는 직급이 존재하는데요. 보통 1급 정교사 자격을 갖고 있는 교사들 중 교직 경력이 많고 해당 부서의 업무에 능통한 교사가 부장교사를 맡게 됩니다. 학교 전체 교사 수에 비례하여 부서가 생성되므로 학교마다 부서 수는 약간씩 차이가 나지만 대략 10여 개의 부서가 있다고 생각하면 됩니다. 각 부서는 부장의 지휘 아래 몇 명의 계원들이 업무를 분담하여 학교의 업무를 수행한다고 보면 되는데요. 학교마다 부서의 개수, 명칭은 조금씩 다르지만 일반적으로 운영되는 공통적인 부서 성격에 따라 다음과 같이 나누어볼 수 있습니다.

순	부서명	하는 일
1	초등교무부	초등교무학사시스템 운영, 초등 전입학상담, 일과 운영, 초등인사 관련 업무 지원, 초등시수 나이스 및 학사운영 입력 등
2	중등교무부	중등교무학사시스템 운영, 중등 전입학상담, 일과 운영, 중등인사관련 업무 지원, 진급 및 졸업 사정, 생기부, 교권 업무 등
3	학생안전부	학생생활안전업무, 통학지도, 학교폭력예방, 행동중재지원, 위기행동학생관리, 학교 안전교육, 출결 등

순	부서명	하는 일
4	교육연구부	교원역량개발지원, 교원연수, 전문적 학습 공동체, 교육기부, 교육실습생, 수업 연구 및 공개수업, 각종 연구회, 도서관 운영 등
5	교육과정부	교육과정 편성·운영, 창의적 체험활동, 교육과정 위원회, 자유학기제, 고교학점제 교육과정 편제 및 계획, 교과협의회 등
6	체육교육부	학교운동부 지도, 교기 및 학교체육 운영 계획, 체육대회, 체육기구 관리, PAPS-D, 생존 수영, 체육기자재 관리 등
7	교육정보부	나이스 시스템 권한 관리, 정보보안, 개인정보보호, 융합형 선진교실 운영 지원, 미래교육지원, 교내방송 관련 업무 지원 등
8	문화예술 교육부	문화예술 대회 및 공연, 예능대회 참가활동 지원, 행사 업무 지원, 수학여행, 수련활동 등 현장체험학습 지원 등
9	진로교육부	진로지원 및 진로체험의 날 운영, 진로진학상담, 직업능력평가, 학부모교육, 진로직업 연수 등
10	전공교육부	전공과 교육과정 운영, 전공과 신입생 입시전형, 전공과 진학 설명회, 복지일자리 등
11	교육지원부	지원 인력 배치 및 교육, 장애인식개선교육, 치료지원, 보조공학기기 관리, 치료지원진단·평가위원회 등

새 학기가 시작되기 전 1~2월에 해당 학년도에 근무하게 될 교원들로부터 업무희망원을 수합 후 인사자문위원회를 거쳐 부서 및 담임교사, 교과교사가 정해지게 되는데요. 2월 중 새 학년도의 업무 분장이 발표되면 그때부터 본인이 맡은 업무, 학년, 교과에 맞게 교사별로 각자 새 학기를 맞이할 준비를 하게 됩니다.

업무 분장이 발표된 후 신학기 준비를 위한 출근일에는 반드시 학교에 출근해야 해요. 이때 새 학년도 전출전입 교사 환송 및 환대, 학생들을 맞이할 교실 정비, 등교 준비를 위한 학부모님과의 연락, 시간표 작성, 업무 및 학생 정보 인수인계 등 새 학기를 잘 보낼 수 있는 모든 준비가 이루어지기 때문입니다.

일반학교 특수학급 담임과 특수학교 담임의 학급 운영은 큰 프레임에서 비슷하게 흘러가지만 차이점도 존재합니다.

일반학교에 재학하는 특수교육 대상 학생은 통합학급 담임이 있어 학생들의 소속은 원적학급에 속하며, 일반학생들과 동일하게 시험, 평가의 주체는 일반학급 담임, 일반교과 교사입니다.

특수학급 담임은 특수교육 대상 학생이 일반학급에 잘 통합될 수 있도록 통합을 지원하고, 특수교육 대상자가 차별받지 않고 수준에 적합한 시험, 평가를 치를 수 있도록 일반 교사에게 시험, 평가에 대한 조정을 지원・자문해 주는 역할을 할 수 있어 통합을 위한 지원자, 조력자의 성격이 강하다고 볼 수 있어요.

이에 반해 특수학교 담임교사는 특수교육 대상 학생들이 속해있는 원적학급의 담임으로, 시험부터 평가까지 모두 주체적인 특수학교 담임교사의 역할이랍니다.

- **일반학교의 특수학급 담임교사:** 통합교육 지원, 시험 및 평가 조정, 지원이 필요한 교과목에 대한 보충 지도
- **특수학교의 담임교사:** 원적 학급으로서의 학급 운영, 교과 운영, 시험 및 평가에 주체적 역할

STEP 2. 특수학교에서의 학급경영 전략

"특수학교는 유치원부터 전공과까지 총 15개 학년으로 나누어져 있습니다. 동학년, 동년배의 아이들로 구성된 학급, 어떻게 경영하면 좋을까요?"

특수학교는 유치원부터 전공과까지 총 15개 학년으로 나누어져 있습니다. 동학년, 동년배의 아이들로 구성된 학급, 어떻게 경영하면 좋을까요?

Click 학급 교육과정 설계하기

우리 학교 교육과정을 살펴보신 적 있나요? 학교 교육과정은 매년 3월에 책자로 제작되어 나누어주는 <학교 교육계획서>라는 제목의 문서 형태로 존재합니다. 학교 교육과정은 국가 수준의 교육과정 기준과 시・도교육청 교육과정 편성・운영 지침 등을 근거로 학교 실정, 학생 실태에 맞게 작성된 **당해 학교의 구체적인 실행 교육과정**입니다. 이러한 학교 교육과정의 교육 비전, 교육 목표에 기반하되 교사 개개인의 철학을 담아 다채로운 색으로 표현해 내는 것이 바로 학급 교육과정이 아닐까 합니다.

학급 교육과정에 어떤 가치를 담고 싶은지 생각해 보셨나요?

감동	관용	도움	사랑	연대	자각	준법정신	평등
감사	교감	도전	생태	열정	자부심	즐거움	평온
개방성	권리	돌봄	성실	예절	자신감	지혜	평화
건강	근면	만족	성찰	용기	자유	진정성	한결같음

격려	긍정	몰입	소통	용서	자율	참신함	합리적 의사결정
결단	기뻐함	문제해결	수용	우정	자존감	참여	행복
겸손	기여	민주	신뢰	유머	절제	창의성	협동
경외심	깨달음	믿음	신중	유연함	정당성	창의적 사고	협력
경청	꿈	배려	실천	윤리의식	정돈	책임	호기심
공감	끈기	배움	안전	의무	정의	청렴	환경의식
공동체	나눔	보람	약속	이해	정직	친절	활력
공익성	너그러움	복지	양보	인권	존중	타협	효도
공정	노력	봉사	양성평등	인내	주인의식	탁월함	휴식
관계	다양성	비판적 사고	여유	경청	준법	통찰	희망

[출처: 배워서 바로 실천하는 특수학급경영. 김미연 외. 교육과학사]

위의 112가지 가치 중 학급 교육과정에 가장 담고 싶은 가치 7개만 골라서 아래 별 속에 채워보세요. 고르고 골라 남게 된 7개의 가치는 나의 삶의 가치관이자 교사로서의 지향점이자 학급경영의 핵심 키워드일 것입니다.

고른 가치를 중심으로 나의 학급 교육관을 한 문장으로 정리해 볼까요?

정리된 한 문장이 바로 학급 교육과정 설계의 시작점이자 도착점이 될 것입니다.

✔ **학급 교육관을 한 문장으로 정리하기**

Click 해당 학년 교육과정 제대로 알기

특수학교에서는 기본 교육과정을 운영할 수 있습니다. 기본 교육과정은 특수학교에 재학 중인 초등학교 1학년부터 고등학교 3학년까지의 학생을 대상으로 편성·운영하는 교육과정입니다. 2024년부터 초등 1~2학년군을 대상으로 2022 개정 특수교육 교육과정 적용이 시작되면서 2025년에는 초등 3~4학년군, 중학교 1학년, 고등학교 1학년이 2026년에는 초등 5~6학년군, 중학교 2학년, 고등학교 2학년이 2022 개정 특수교육 교육과정 적용을 받습니다.

2027년에는 중학교 3학년, 고등학교 3학년까지 전면 2022 특수교육 교육과정 적용이 시행되는데요. 지금 내가 맡은 학년의 아이들이 어떤 교육과정을 적용받는지 아는 것은 너무나 당연한 교사의 역량입니다. 교육과정에 대한 문해력을 갖추고 1년 동안 내가 맡은 아이들이 경험해야 할 교과목의 성취 기준을 살펴보는 것부터 교육 계획의 시작을 열어보세요.

2022 개정 특수교육 교육과정 연도별 적용 시기

2024년 적용	2025년 적용	2026년 적용	2027년 적용
▪ 초등학교 1학년 ▪ 초등학교 2학년	▪ 초등학교 3, 4학년 ▪ 중학교 1학년 (23년 기준 초5) ▪ 고등학교 1학년 (23년 기준 중2)	▪ 초등학교 5, 6학년 ▪ 중학교 2학년 ▪ 고등학교 2학년	▪ 중학교 3학년 ▪ 고등학교 3학년

Click 나만의 스타일로 학급 운영하기

선생님이 가장 좋아하는 활동은 무엇인가요? 교사가 즐거워야 학생도, 교실도 즐거울 수 있습니다. 선생님이 가장 좋아하고 가장 잘할 수 있는 매개체를 중심으로 나만의 스타일이 녹아든 학급 운영을 계획해 보세요. 내가 좋아하는 활동을 준비할 때 설렘, 떨림, 기대, 흥분으로 마음이 꽉 차는 경험, 다들 해보셨죠? 학급 운영도 그렇게 계획하시면 됩니다.

독서를 좋아하는 교사, 그림책으로 학급을 운영하다.

"첫 만남, 학생들과 보낼 일 년 운영 계획을 그림책으로 세워볼까요?"

새 학기 첫 만남, 아이들과 함께 어떻게 열고 계신가요? 낯선 분위기 속 다소 어색하고 쑥스러운 분위기를 그림책으로 전환시켜 보세요. 그림책 ≪내 이름≫의 각 페이지에 학생들의 이름을 넣어서 힘차게 읽어 줍니다. 교사가 그림책을 읽어줄 때 잘 듣고 있다가 자신의 이름이 나오면 힘차게 "네!"하고 대답할 수 있도록 사전에 안내합니다.

나를 대표할 수 있는 것 하나를 꼽으라면?
바로 내 이름!
새 학기 첫 만남을
그림책 ≪내 이름≫과 함께 열어 봐요.

[출처: 그림책 ≪내 이름≫ 글 신혜은, 그림 이철민]

> 이현희! (이현희 학생: "네!")
> 입학식 날 두근두근 설레던 이름
> 이승하! (이승하 학생: "네!")
> 출석을 부를 땐 기운찬 이름
> 이주원! (이주원 학생: "네!")
> 슛-골인! 으쓱으쓱 하늘을 나는 이름
>
> -그림책 ≪내 이름≫ 中-

책을 모두 함께 읽으며 즐거운 출석 체크가 끝났다면 다음은 서로의 이름을 익히기 위한 활동을 진행합니다.

이름하여 "초성 게임으로 함께 알아보는 너의 이름은?"

활동 방법은 간단합니다.

초성을 보고 손을 들어 친구 이름을 말합니다. 이때 자신의 이름은 말하지 않습니다. 가뜩이나 첫 만남인데다 초성만 보고 유추하여 이름을 맞힌다는 것은 우리 장애 학생들에게 굉장히 어려운 과제겠죠? 아마 시작도 하기 전에 사기가 뚝 떨어질 거예요. 그래서 아이들의 사기를 진작하고 활동에 대한 흥미를 높이기 위해 아이들이 충분히 활동에 참여할 수 있도록 활동 난이도를 낮춰줄 힌트를 제공합니다.

바로 책상, 혹은 사물함에 붙어있는 친구들 이름표를 보고 정답을 찾아도 된다는 것! 새 학기를 준비하며 학생들의 자리 및 사물함 배정을 안내하고, 아이들이 자신의 자리를 쉽게 인지하게 하기 위하여 교사들이 미리 책상, 사물함, 신발장 등에 학생들 이름표를 붙여 놓잖아요. 그걸 활용하는 겁니다. 학생들은 친구 이름 초성이 화면에 띄워질 때마다 열심히 친구들 이름표를 살펴보며 정답을 맞히기 위해 노력할 거예요. 정답이 나왔다면 이름의 주인공은 자리에서 일어나 친구들에게 인사하며 자신이 좋아하는 것 하나를 소개합니다. 친구들은 소개하는 친구의 얼굴을 쳐다보며 다정하게 친구의 이름을 3번 불러줍니다. 그림책과 게임으로 첫 만남 수업 활동을 진행하다 보면 어느새 낯선 분위기 속 다소 어색하고 쑥스러운 분위기가 친근하게, 즐겁고 신나게 바뀌어 있을 것입니다.

그림책 활용 수업 5단계

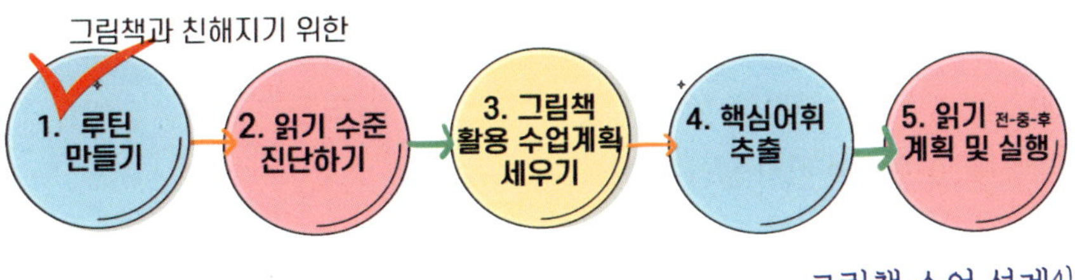

그림책 수업 설계[4]

4) 그림책 시리즈 4종(그림책으로 말해요, 읽어요, 만들어요, 통해요). 교육과학사.

일 년 수업 계획을 이끌어 갈 그림책 활용 수업 5단계를 차례대로 살펴 봅시다.

첫째, 그림책과 친해지기 위한 루틴 만들기

질문 하나 드려볼게요. 그림책 수업은 교육과정과는 별개로 이루어지는 이벤트적인, 혹은 별도로 계획을 세워서 진행해야 하는 프로젝트 수업일까요? 답은 '아니다'입니다. 그림책 활용 수업이라고 하면 마치 특별히 고안된 프로젝트 수업, 정규 교육과정 이외 시간에 따로 시간을 내어 운영해야 하는 수업처럼 거창하게 생각해서 시간의 부족으로, 혹은 계획할 엄두가 나지 않아 시도조차 해보지 않고 포기하는 교사들이 있는데요. 그림책 활용 수업은 교육과정을 속에서 이루어지는 정규 수업 시간에 다양한 교과의 수업을 진행하기 위해 사용하는 여러 매개체 중에 '그림책'을 활용하는 수업을 말합니다.

교과서, 학습지, 스마트기기, 노래, 그림책, 시 등 수업 시간에 활용할 수 있는 많고 많은 다양한 매개체 중에 그림책을 활용하는 것. 이렇게 쉽게 생각하고 접근해 보세요. 그리고 특정한 시간에는 무조건 아이들과 함께 그림책을 읽는 습관을 들이는 겁니다. <금요일 1교시에는 이현희 선생님과 그림책을 읽는다.> 이렇게 우리 교실의 그림책 읽기 루틴을 만들어 보는 거예요.

둘째, 읽기 수준 진단하기

그림책 수업 루틴이 만들어졌다면? 모든 교과 학습의 기초가 되는 문해력 향상을 위해 다음 단계로 넘어가 봅시다. 그냥 그림책만 읽는 것도 좋은 활동이지만 여기에 학생들의 수준을 진단하고 수준에 맞는 체계적인 맞춤형 학습 기회를 제공해 문해력까지 키울 수 있다면 금상첨화겠죠? 시중에 나와 있는 아이들의 읽기 수준을 진단할 수 있는 좋은 읽기 수행 수준 진단 도구가 많아요. 아이들 특성, 수준에 따라 활용해 봅시다.

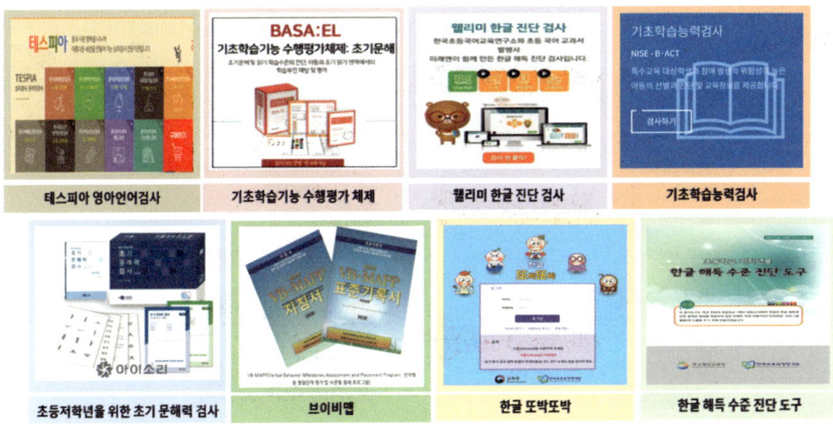

셋째, 그림책 활용 수업 계획 세우기

교육과정 재구성은 교수학습 설계의 기본입니다. 한 학기 혹은 일 년 동안 학생들에게 가르치고 싶은 내용을 주제 중심으로 재구성합니다.

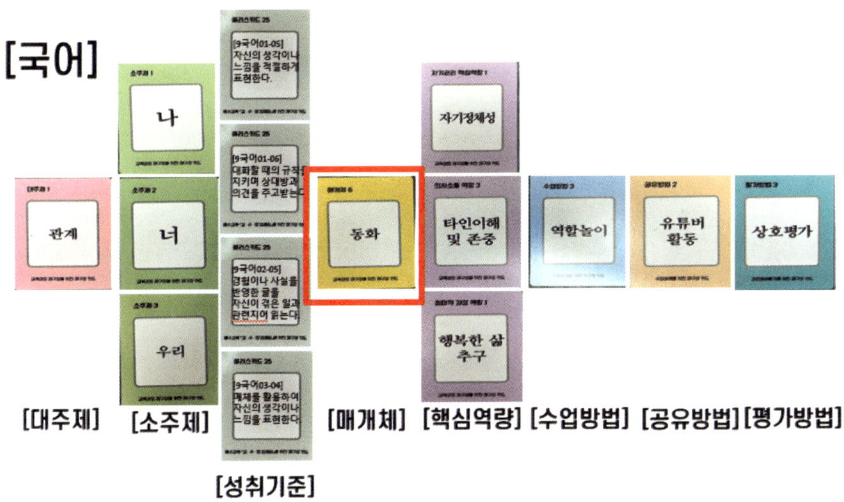

[그림책을 매개체로 활용한 [국어] 교과 1학기 수업 계획]

[국어]

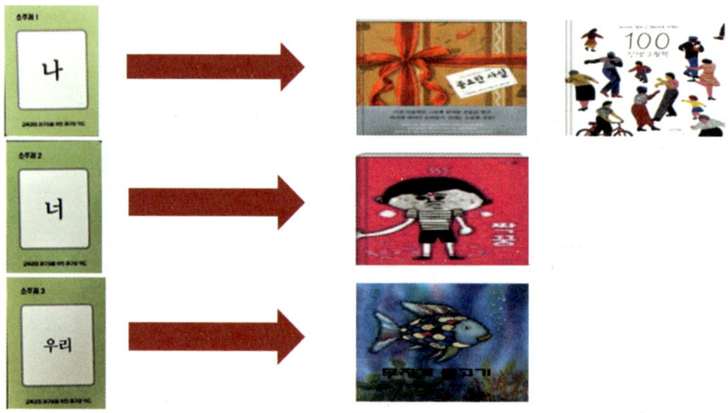

[소주제]에 따른 그림책 선정

> **[Tip]** 소주제별로 활용할 수 있는 그림책을 Chat GPT에게 추천받을 수 있어요!
>
> "국어 시간에 중학교 지적장애 학생과 함께 읽을 수 있는 '나'를 주제로 한 그림책을 추천해 줘!"

넷째, 핵심 어휘 추출하기

교육 계획을 세웠다면 핵심 어휘를 추출합니다. 아이들에게 가르쳐야 할 어휘 목록이라고 할 수 있겠죠? 사랑스러운 우리 아이들에게 가르쳐주고 싶은 어휘가 너무너무 많겠지만, 안타깝게도 우리 아이들의 학습 역량은 선생님의 욕심만큼 따라오지 못합니다. 그래서 핵심 어휘 추출 시 반드시 기억하셔야 합니다.

**"아이의 구어 속에 넣어서 사용할 수 없으면,
아이의 입장에서는 의미가 없다."**

어떤 것을 가르치고자 할 때 이 질문을 꼭 떠올려 보세요.

가르치고자 하는 이것이 우리 아이들이 세상을 살아가는 데 꼭 필요한 것인가?

이 질문 하나면 가르쳐야 할 것과 가르치지 않아도 될 것이 제법 쉽게 구분될 것입니다.

다섯째, 읽기 전-중-후 계획 및 실행하기

소주제별로 선정된 그림책을 중심으로 읽기 전-중-후 활동을 계획하고 실행합니다. 성취기준을 살펴보고 다양한 경험을 바탕으로 수업을 계획할 뿐만 아니라 평가와 연계하여 교육과정을 효과적으로 운영할 수 있는 가시적인 틀을 미리 작성해 놓으면 일 년 동안 "오늘 수업 뭐하지?"와 같은 고질적인 고민은 더 이상 하지 않아도 된답니다.

그림책 

핵심 어휘 아버지, 아빠

읽기 전	읽기 중	읽기 후
✓ 책 제목 맞히기 ✓ 영상동화 시청 ✓ 감정카드 고르기	✓ '아버지' 발문 ✓ 영상동화 제작 (부모님께 전송)	✓ 아빠 직업 알기 ✓ 아빠 얼굴 그리기 ✓ '아빠 힘내세요' 노래 부르기 ✓ 아빠 변신 놀이

다음은 읽기 전-중-후 활동 계획에 활용할 수 있는 다양한 활동인데요. 편의상 전-중-후로 나누어 놓았을 뿐, 바뀌어도 아무 문제 없답니다. 다양한 활동 예시를 참고해서 재미있는 그림책 수업을 설계해 보세요.

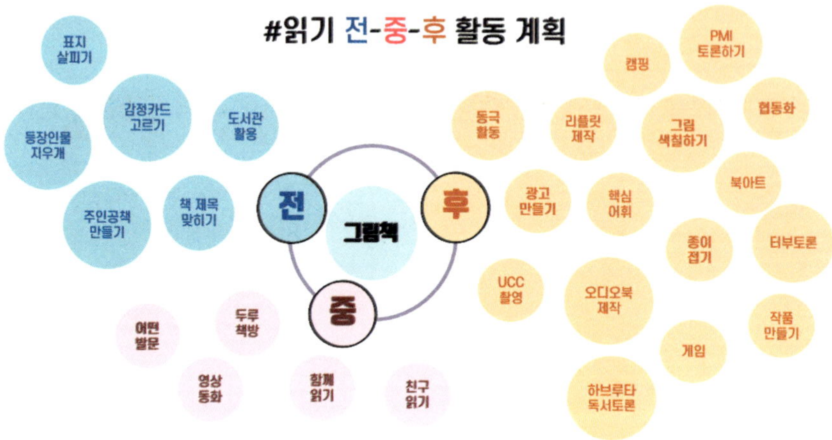

선생님이 가장 좋아하는 것은 무엇인가요? 선생님이 제일 잘할 수 있는 것은 무엇인가요? 교사가 즐거워야 아이들도 즐겁습니다. 교사가 좋아하지도, 잘하지도 않는데 교육이라는 명목 아래 잘 몰라도, 즐기지 않아도 대충 익혀서 흥미 없이 형식적으로 가르치는 수업, 아이들도 다 느낍니다.

아이들도 똑같이 즐길 수 없고, 흥미 없습니다. 지루한 수업이 되는 거죠. 교사가 좋아하고 잘할 수 있는 것을 교육 매개체로 활용해 보세요.

찾아보자, 내가 좋아하고 내가 제일 잘할 수 있는 것

노래를 활용한 학급경영, 시를 활용한 학급경영, 게임을 활용한 학급경영, 에듀테크 도구를 활용한 학급경영. 무엇이든 좋습니다. 나만의 스타일을 찾아 나만의 학급 운영을 실천해 봅시다!

Click 원격소통의 기본, 학급홈페이지를 활용하기

“소통도 좋지만, 학부모님이 늦은 시간에 SNS로 연락을 해서 제 일상을 침범당하는 경우를 종종 경험하게 됩니다. 답을 안 하기도 어렵고 어떻게 소통해야 할지 고민이에요.”

종종 구관이 명관입니다. 카톡에 밴드까지 최신 도구들에 가려져 교육청에서 제공하는 학급 홈페이지가 외면당하는 경우들이 있지만 잘 사용하면 수업의 도구와 소통의 큰 창으로 정말 쓸만합니다.

새로운 툴이 쏟아지는 요즘, 가만히 브레이크를 밟아볼까요.

우리 반은 오래전부터 이미 학급 홈페이지를 운영하고 있습니다.

하지만, 이 쓸만한 소통의 창구를 얼마나 일상적으로 활용하고 있었는지 돌이켜볼 필요가 있습니다. 우리는 언제나 바쁩니다. 부모님과 통화하며 여유롭게 소통할 수 있는 시간도 부족하죠. 이럴 때 학급 홈페이지를 통한 소통은 큰 도움이 됩니다.

짬내어 전화로 통화하다 준비되지 않은 답변으로 실수를 할 일도 줄일 수 있으며 시간을 두고 학생과 공감할 수 있는 기회로 확장하기에도 좋습니다.

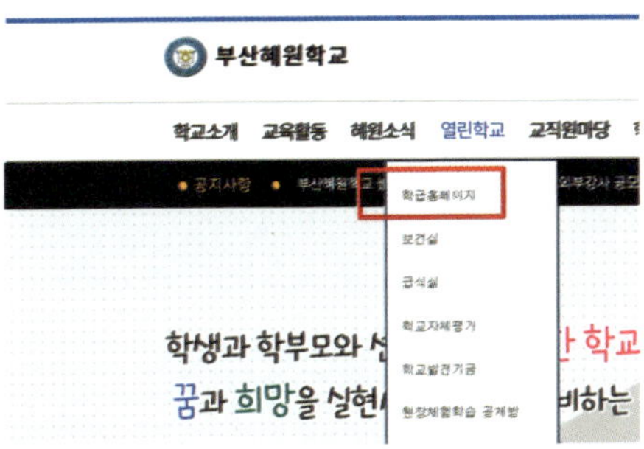

학부모님 중에는
학급 홈페이지가
어디에 있는지도
모르는 경우가 있습니다.

잠깐 생각해 볼까요.

원격소통의 기회로 내가 잘 알고 익숙한 홈페이지를 활용해 보는 것은 어떤가 하고.

홈페이지 운영을 정상 궤도에 올리는 건, 생각보다 준비가 필요합니다.

요즘에는 초상권 등 개인정보가 강조되고 있어서 홈페이지 관리 권한을 매해 업데이트하는 경우가 많습니다. 학교의 홈페이지 안에서도 진급 처리를 하지 않으면 기존 학부모나 학생 회원도 글을 보거나 쓰지 못하는 경우가 발생할 수 있습니다. '작년 우리 반이니까 당연히 되겠지'라는 식으로는 어려움에 부딪힐 수 있으니 반드시 홈페이지 담당자와 학부모에게 확인을 받는 것이 좋습니다.

학급 홈페이지를 늘 써오던 우리 반조차도 연초에 홈페이지 담당 선생님에게 요청해서 권한 배분과 진급 처리를 하고 학부모님에게 댓글 권한을 드리는데, 이 과정에서 적지 않은 문자와 전화 통화를 나눈 기억이 납니다.

"어머님, 이제 되시나요?"
"네, 댓글 쓰는 상자가 이제 보이네요."

홈페이지 댓글 창은 학생에게는 자랑의 시간이 되는 당근이 됩니다.

우선은 학부모님의 참여를 유도하는 것이 중요합니다.

조금만 유연하게 관리하면 학부모님과 교사에게는 신뢰의 원격소통 공간이 됩니다.

"○○이가 얘기 안 하던가요?, 오늘 사진 보시고
댓글 달아달라고?"
"아이고, 얘기 들었는데 제가 바빠서 깜빡했네요."
"◇◇이는 엄마가 댓글 달아줬다고 애들한테
자랑에 자랑을 했는데
어머님도 꼭 힘 실어주세요~."
"네, 선생님."

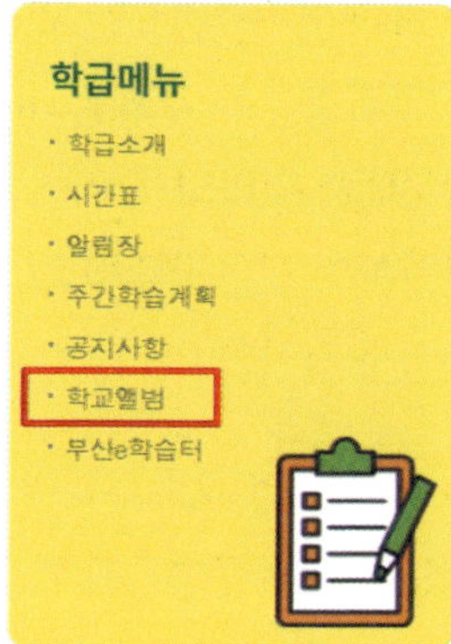

올해 들어 AI 선도학교가 2년 차에 들어섭니다.

다양한 AI 활동들을 교실에 적용하고 취업을 준비하는 조리수업, 원예수업, 공예수업, POS기를 활용하는 판매관리수업 등 다양한 활동들과 그 결과물을 홈페이지에 올리면서 졸업 후가 걱정인 고3인 부모님은 우리 아이의 학교생활에 어떤 변화가 있는지 궁금할 틈도 없이 자세한 사진과 소통을 통해 마음이 든든해집니다.

하나의 예를 사진으로 볼까요.

의외로 칼 잡아 본 경험이
한 번도 없는 학생이 조리수업 중
계란말이를 자르는 활동사진을
탑재한 홈페이지 장면

계란말이를 만드는 활동은 간단하지만, 학생들에게는 직접 해보는 즐거움을 주기에 충분한 주제입니다. 댓글을 통해 신기해하는 학부모님의 반응을 보면, 가정에서 얼마나 요리에 참여한 경험이 없었는지 쉽게 알 수 있습니다. 아무리 간단하고 작은 역할이라 해도 참여시키는 것이 중요합니다. 그렇게 자신의 사진이 올라가면 아이들은 최고의 홍보대사가 됩니다.

우리는 언제나 주객이 전도되는 상황을 피해야 합니다. 요리 설명과 중요한 지도활동을 젖혀두고 사진을 찍는 데 너무 공을 들이지도 말고 홈페이지에 글을 멋지게 쓰려고 고민하지도 말기를 바랍니다. 우리 반은 늘 바쁩니다. 그리고 학생들의 성격을 반영하여 설명하는 글을 두 줄 이상 적지 않는 편입니다. 학부모님이 사진만 딱 보면 알기도 하지만, 집에 가면 이미 다 자랑을 해 놓았을 것이기 때문입니다.

열심히 공부한 결과를 올렸으면 이제 당당하게 참여를 요구합니다.

제 경험으로 "여기서부터는 학부모님의 역할입니다."라는 담임교사의 당당한 요구를 거부할 학부모님은 없습니다. 학기 초 얼굴을 마주하고 상담하며 약속한 바를 기억하는 학부모님은 가정에서 댓글 한 줄도 안 달아주는 정성으로는 진로를 함께 고민할 수는 없다는 것을 이미 잘 알고 있기 때문입니다.

수많은 글 중에서 한두 사례를 소개해 봅니다. 댓글 창을 살펴보면 학부모님의 진심 어린 마음이 느껴집니다.

"집에서는 항상 어린아이처럼 위험한 것들을 안 시켰는데 조금씩 연습시켜 봐야겠어요. 항상 어린 줄만 알았는데 언제 이렇게 컸는지~."

-전○○ 母

"계란말이는 뒤집개로 하는 게 제일 중요하고 어려운 작업입니다. 3학년 2반 친구들 진짜 너무 잘했습니다.^_^"

-최○○ 母

"○섭이 요리사님 파이팅!"

-김○○ 母

"이제야 울 아들 작품 보게 되네요. 칼과 불을 직접 사용해서인지 아이들의 조심스러움도 보이고 집중력이 대단한 거 같아요.^^"

-조○○ 母

전체댓글수 총 4개 비밀댓글 사용유무

댓글달기

0 / 500 byte

최 2021.06.08 16:34:35 수정 삭제

고마워 애들아!!!우리집 냉장고에 카네이션 자석으로 꼭꼭 붙여났어요^^

전 2021.06.07 22:34:01 수정 삭제

이제서야 이 사진을 보게 되어 많이 미안해지네요 어버이날이라고 받은 편지와 카네이션 꽃받고 감동 받아서 눈물 날것 같았었는데..... 뒤 늦게 다시 한번 감동~~~~~ 사랑해 울아들 그리고 3학년2반 친구들♡

조 2021.06.07 20:42:09 수정 삭제

이날 울아들한테 편지받고 심쿵^^ 멋져부러~~~

윤 2021.06.07 12:03:30 수정 삭제

고등부 3학년 2반도 하트하트야 ♡♡♡

결과물을 항상 바로 올리지는 않습니다. 특별한 경우가 아니면 한 달 치 사진을 모아서 한꺼번에 올리는 편입니다. 과유불급! 우리는 기자가 아니니 여유롭게 생각하고 천천히 전달해도 좋습니다.

어버이날에 편지와 꽃을 보낸 활동을 6월에 모아 올렸음에도 학부모님의 응원이 식지 않는 것을 보면 그 신뢰의 깊이를 짐작할 수 있습니다.

"고마워, 얘들아!!! 우리 집 냉장고에 카네이션 자석으로 꼭꼭 붙여놨어요^^"

-최○○ 母

"이제서야 이 사진을 보게 되어 많이 미안해지네요. 어버이날이라고 받은 편지와 카네이션꽃 받고 감동받아서 눈물 날 것 같았는데, 뒤늦게 다시 한번 감동~~~ 사랑해 우리 아들 그리고 친구들♡"

-전○○ 母

"이 날 울 아들한테 편지 받고 심쿵^^ 멋져부러~"

-조○○ 母

"우리 반 하트하트야♡♡♡"

-김○○ 母

이 댓글 창은 학생들을 위한 것입니다. 교실에서는 짬이 나면 큰 전자칠판에 띄우고 이 댓글 창을 함께 읽습니다. 학생들은 선의의 경쟁처럼 나의 가족들이 올리는 댓글을 친구들과 함께 읽어 내려가며 더 힘을 내고 친구들과 격려를 나누게 됩니다. 그리고 학부모님 입장에서는 한 달에 한 번쯤 교실 소식이 사진으로 가득 담기는 홈페이지를 보며 백 마디 말보다 깊은 신뢰가 쌓이게 됩니다.

카톡의 사진과는 확실히 다른 PC 화면으로 큰 사진 앨범을 넘기다 보면 서로의 신뢰는 그렇게 다져지고, 깊어집니다.

큰 화면으로 공유할 수 있는 원격 소통의 전통적인 도구, 학급 홈페이지.

새로울 것도 없는 소통의 창구이지만, 이 시점에서 나는 어떻게 활용하고 있는지 한번 돌아보기를 권합니다.

- **특수학급에서의 학급경영 전략**
  - 학급 교육과정 설계하기
  - 해당 학년 교육과정 제대로 알기
  - 나만의 스타일로 학급 운영하기
  - 원격 소통의 기본, 학급 홈페이지 활용하기

STEP 3. 서로 다른 수준의 학생 지도를 위한 교사 교육과정 설계

"특수학교에는 의사소통이 어느 정도 되는 친구부터 아예 눈맞춤조차 어려운 친구까지 수준이 너무 다른 학생들이 한 학급에 함께 있어요. 이렇게 수준이 다른 친구들을 위해 어떻게 1차시 수업을 설계해야 할까요?"

장애 학생들을 가르치기 어려운 이유는 바로 장애의 종류와 특성, 수준이 너무나 다양하고 스펙트럼이 넓기 때문입니다. 교사와 비교적 원활하게 의사소통이 되고, 읽고 쓰기가 어느 정도 가능한 학생이 있는가 하면 의사소통은커녕 표현 수용 언어 모두 어렵고 학습이 전혀 되지 않는 장애가 심한 학생도 있는, 천차만별의 학생들이 한 교실의 구성원으로 모여있는 곳이 바로 특수학교입니다. 교육과정에 근거하여 학생들 개별 맞춤형 교육을 실행하기 위해서는 '중다수준 교육과정'을 운영해야 합니다. 중다수준 교육과정은 동일 교과 영역과 주제에서 학습자의 수준이나 특성에 맞게 학습목표(내용)를 수정하여 제공하는 것인데요. 학생 간의 차이가 큰 특수교육 대상 학생의 수업에 많이 활용되는 방법입니다.

중다수준 교육과정을 운영하기 위해서는 국가 교육과정의 성취기준을 학교 교육과정의 성취 기준별 성취수준으로 상세화하는 과정이 필요합니다. 특수교육 대상 학생들이 교과서의 내용을 학습하여 모두 교육과정의 성취기준에 도달할 수 있을까요? 아마 아닐 거예요. 학년군이 높아질수록 교과서의 내용을 학습하는 학생의 수는 점점 적어집니다. 이 문제를 풀기 위해 특수교사들에게 필요한 역량은 바로 <교육과정 재구성 역량>입니다. 상위 교육과정을 하위 교육과정으로 변환하는 과정에서, 특히 국가 교육과정을 학교·학생의 실정에 맞는 학교 교육과정으로 만드는 과정에서 교육과정 재구성은 반드시 필요한 절차인데요. 교과의 내용 요소에 따라 지도 내용과 성취 기준을 학년군별로 펼쳐 놓고 교육과정 편성 운영의 기준을 제시하는 국가 교육과정은 이를 토대로 학습자, 학교 환경을 고려한 학교 교육과정을 만들도록 제시하고 있습니다. 2022 개정 교육과정 총론에서 학교 교육과정 설계와 운영을 기존 3장에서 2장으로 순서를 바꿈으로써 그 중요성을 더욱 부각시킨 것으로 보여집니다. 학교 교육과정은 학교에서 일어나는 모든 교육활동의 근거가 되기 때문에 학교에서 이루어지는 모든 교육활동은 학교 교육에 담겨 있어야 합니다. 즉 국가 교육과정 내용 요소를 구체화하고, 실제 수업 활동에 적용할 수 있는 내용으로 학교 교육과정이 구성되어야 합니다.

교과별 연간지도 계획을 세우고 각 수업의 개별화된 목표에 따라 활동별 학생 수준에 맞는 수준의 학습지 등의 매개체를 선정하여 수업하는 것, 그것이 바로 교사 교육과정의 핵심이라고 할 수 있겠습니다.

학기가 시작되기 전 교사마다 담당 교과가 정해지면 해당 교과의 성취기준을 경험할 수 있는 연간지도 계획을 작성합니다.

2025학년도

[중]학교 [3]학년 [2]반 [진로와직업(NCS_국가직무능력표준]과 연간지도계획

울산혜인학교 지도 교사:

월	주	단원(소단원) * 제재	핵심성취기준	지도내용	유의점 및 준비물
3	1	(가)1. 나의 정보 *의사소통능력	[9진로01-01] 이름, 나이, 주소, 가족, 학교 등 자기의 기본 정보를 알고 기록한다. [9진로01-02] 자기의 소중함을 알고 장점과 단점을 파악하여 자신을 긍정적으로 소개한다.	* 자기소개하기(이름, 나이, 가족, 학교) - 학교 탐방, 자기소개	*그림책(이름책)
	2	(가)4. 배려·협동·봉사 (나)2. 인사 예절과 감정 표현 *의사소통능력 *대인관계능력	[9진로06-05] 상황에 맞는 인사와 적절한 감정 표현으로 원만한 대인 관계를 유지한다. [9진로01-06] 사회생활 속에서 자신의 생각과 감정을 조절하며 배려, 협동, 봉사를 실천한다.	* 감정 표현하기	*그림책(네 기분은 어떤 감정이니?) *영화(엘리멘탈)
	3	(나)1. 자기 관리 *자기개발능력 *대인관계능력	[9진로06-01] 용모, 건강, 금전, 시간 등에 대한 기본적인 자기 관리 능력을 기른다.	* 용모 관리하기(세안하기) - 세안 실습, 피부 관리하기(화장품, 팩, 메이크업 등)	*영상동화(예쁜얼굴 가꾸기)
	4	(나)1. 자기 관리 *자기개발능력 *대인관계능력	[9진로06-01] 용모, 건강, 금전, 시간 등에 대한 기본적인 자기 관리 능력을 기른다.	* 용모 관리하기(양치하기) - 치아 관리	*영상동화(충치괴물과 양치용사)
4	5	(나)1. 자기 관리 *자기개발능력 *대인관계능력	[9진로06-01] 용모, 건강, 금전, 시간 등에 대한 기본적인 자기 관리 능력을 기른다.	* 용모 관리하기(머리 감기) - 머리 감고 말리기 실습	*그림책(어떤 목욕탕이 좋아?)
	6	(나)1. 자기 관리 *자기개발능력	[9진로06-01] 용모, 건강, 금전, 시간 등에 대한 기본적인	* 용모 관리하기(손톱 정리)	*영상동화(네일아티스트)

2025학년도 [진로와 직업] 연간지도 계획

위와 같은 연간지도계획의 지도 내용이 작성되었다면, 동일 교과 영역과 주제에서 학습자의 수준이나 특성에 맞게 학습목표(내용)를 수정하여 제공하는 중다수준 교육과정을 적용하기 위한 개별 학습자료를 제작합니다.

3월 첫째 주 중학교 진로와 직업(가) 1. 나의 정보 *학교 탐방 수업

(가) 수준 학습지

(나) 수준 학습지

(다) 수준 학습지

가, 나, 다 수준의 학생 모두 <학교의 다양한 장소(특별실)>라는 주제로 학습하지만 학습 목표는 상이합니다.

수준별 학습 목표	
가	학교의 다양한 장소(특별실)의 이름을 알고, 언제 이용하는지 단어 수준으로 작성할 수 있다.
나	학교의 다양한 장소(특별실)의 이름과 언제 이용하는지를 그림의 힌트를 이용하여 단어 수준으로 따라 적을 수 있다.
다	읽어주는 말을 듣고 학교의 다양한 장소(특별실)의 그림과 언제 이용하는지 설명된 글을 알맞게 짝지어 연결할 수 있다.

학생 수준별로 수업 시간을 달리하여 개별 지도가 가능한 일반학교의 특수학급과는 달리 수준이 다른 학생들이 한 학급에 편성되어 모든 교과 시간에 같은 주제로 수업을 할 수밖에 없는 특수학교에서는 같은 주제로 수업을 진행하되 학생 개인별 맞춤형 수업을 진행하는 방법에 대한 고민이 필요합니다. 이는 결국 학습 목표, 학습 내용을 수준별로 달리하는 교사의 고민과 교육과정 재구성이 답입니다. 상중하 혹은 최소한 상하로 학습지의 내용 구분, 목표 나누기가 필요하지 않을까 생각됩니다.

- **중다수준 교육과정**
  - 동일 교과 영역과 주제에서 학습자의 수준이나 특성에 맞게 학습목표(내용)를 수정하여 제공하는 것
  - 학생 간의 차이가 큰 특수교육 대상 학생의 수업에 많이 활용되는 방법

STEP 4. 개별화교육계획 수립하기

"개별화교육계획과 교과평가계획은 동일한 건가요? 저희 학교에서는 개별화교육계획을 모든 교과를 대상으로 그 교과의 하위 영역별로 작성하고 있는데 목표가 너무 많아서 제대로 교육을 달성하지도, 평가하지도 못하는 것 같아 속상합니다."

특수학교에서는 학부모 상담 주간이 있는 3월 셋째 주쯤 개별화교육지원팀 협의회를 실시하게 됩니다. 개별화교육지원팀 협의회의 구성원은 학생의 개별 특성에 따라 조금씩 차이는 있지만 대부분 담임교사, 교과교사, 개별화교육지원팀장(해당 학년의 부장교사 혹은 교감 선생님 등), 학부모, 치료사 등으로 구성됩니다. 교육과정 문서 속 개별화교육은 다음과 같이 정의되어 있습니다.

> 2022 개정 특수교육 교육과정에서는 개별화교육계획을 교육 지원이 필요한 교과 또는 생활 지원이 필요한 영역(예: 의사소통, 사회적 기술, 행동 지원 등의 영역)을 중심으로 작성할 수 있도록 하였다. 이는 특수교육대상 학생의 교육적 요구에 따라 **교과 혹은 생활 지원**이 필요한 영역 중 한 영역을 선택하여 개별화교육계획을 작성할 수도 있고, 필요에 따라서는 **교과와 생활 지원**이 필요한 영역을 중심으로 개별화교육계획을 수립할 수 있음을 의미한다.
>
> [교육부 고시 제2022-354호 2022. 12. 22.]

간혹 개별화교육계획을 교육과정과 성취기준, 평가 과정에서의 교과학습발달사항과 동일하게 보고 각 교과별, 그리고 그 교과의 하위 영역별로 교육 계획을 수립하는 경우가 있습니다. 이렇게 되면 한 학기에 달성할 목표가 수십 개가 되어 실질적으로 학생이 목표를 달성할 수 없을 뿐만 아니라 학생의 개별화교육이 대체 무엇이었는지 기억하는 것조차 어렵게 됩니다.

적절한 평가 역시 이루어질 수 없겠죠. 이러한 방식은 지양되어야 합니다.

개별화교육계획은 특수교육대상학생이 꼭 필요로 하는 교육 지원이 필요한 교과 또는 생활 지원이 필요한 영역을 중심으로 작성하도록 되어 있습니다.

따라서 학생에 따라 교과를 선택하거나 생활 지원이 필요한 영역 중 한 영역을 선택할 수도, 교과와 생활 지원이 필요한 영역 모두를 작성할 수도 있는 것이죠. 단 이때도 역시 마찬가지로 너무 많은 교과 또는 생활 지원 영역을 선택하여 목표가 너무 많아 형식적으로 흘러가는 것은 금물입니다.

대체로 기본 교육과정을 운영하는 특수학교에서는 대상 학생에게 가장 필요한 한 가지를 선택해서 학생 현행 수준 파악, 학기별/월별 목표 선정, 과제 분석, 월별 목표를 설계함으로써 해당 학생이 실제로 달성할 수 있고, 해당 학생에게 꼭 필요한 개별화교육계획을 실행합니다.

자세한 내용은 part 1-2장-step 3을 참고하시기 바랍니다.

2022 개정 특수교육 교육과정에 신설된 일상생활 활동의 영역을 참고하여 개별화교육계획의 영역 및 목표를 설정할 수도 있습니다. 236페이지는 교육과정에 명시되어 있는 일상생활 활동 내용 요소 및 활동 내용입니다. 개별화계획이 필요한 영역을 선정하였다면 다음으로 학생의 현행수준 파악을 위해 대상 학생의 일상생활 기술 진단 및 평가 체크리스트를 활용하여 가정과 학교에서 동시에 학생의 일상생활 기술을 진단합니다. 기초 생활 기술, 사회성 관련 기술, 의사소통 역량 등 목표에 따라 모든 일상생활 기술을 진단할 수도, 특정 일상생활 기술을 진단할 수도 있습니다. 일상생활 기술 체크리스트[5]의 예시는 다음과 같습니다.

5) 출처: 실천하는 특수교사 행동연구회.

장기목표 Plan 기초 생활 기술 역량-삽입교수형					
영역	단계		평정척도		
			5번 시도 중 모두 성공	5번 시도 중 3번 이상 성공	5번 시도 중 1번 성공 또는 모두 실패
			○	△	×
	1	변기 밖으로 소변을 많이 흘리지 않고 용변을 볼 수 있다.			
	2	일정한 시간 간격에 맞추어 변기에 앉히면 2~3분 이상 앉아 있을 수 있다.			
	3	일정 시간 간격에 맞추어 변기에 앉히면, 대소변이 마려울 때 용변을 볼 수 있다.			
	4	부모님이나 선생님이 용변이 마려운지 물어보면 어떤 방식이든 의사 표현할 수 있다.			
	5	소변이나 대변이 마려우면 부모님이나 선생님에게 표정, 몸짓, 제스처 등으로 표현할 수 있다.			

기초 생활 기술 체크리스트

장기목표 Plan 사회성 관련 기술 체크리스트					
영역	단계	목표 기술	평정척도		
			5번 시도 중 모두 성공	5번 시도 중 3번 이상 성공	5번 시도 중 1번 성공 또는 모두 실패
			○	△	×
	1	다른 사람이 자신의 소중한 물건이나 몸을 만지려고 하면 거절 의사를 표현할 수 있다(예: 싫어요. 만지면 안 돼요. 등)			
	2	순서를 지켜야 할 때, 자신의 차례를 기다릴 수 있다.			
	3	사진을 찍는다고 말하면, 카메라를 의식하는 행동을 할 수 있다. (촬영에 응하고 싶지 않다면, 거절 의사를 표현할 수 있음)			
	4	실수하거나 잘못한 일이 있을 때 상대방에게 미안하다는 말 또는 표현을 할 수 있다.			
	5	자신의 실수나 잘못을 사과하고, 나름대로 이유를 밝힐 수 있다. (예. "정말 죄송합니다.", "늦잠을 잤어요." 등)			

사회성 관련 기술 체크리스트

장기목표 Plan 의사소통 역량 체크리스트					
영역	단계	의사소통 목표 기술	평정척도		
			5번 시도 중 모두 성공	5번 시도 중 3번 이상 성공	5번 시도 중 1번 성공 또는 모두 실패
			O	△	×
	1	소리를 구별하여 행동(눈짓, 몸짓, 표정 등)으로 반응할 수 있다.			
	2	물음을 듣고 자신의 의사를 "예" 또는 "아니요"로 대답할 수 있다.			
	3	여러 가지 감정표현(예 : 화나다")을 제시하였을 때, 해당하는 표정을 구별할 수 있다.			
	4	"이거 뭐지?"라는 질문을 듣고, 물건 이름을 표현할 수 있다.			
	5	2~3가지 이상의 지시를 차례대로 올바르게 수행할 수 있다. (예 : 철수야, ①책상에 가서 ②연필과 공책을 챙겨서 ③영희에게 줄래?			

의사소통 역량 체크리스트

학교와 가정에서 동시에 진단 후 결과에 차이가 나는 부분은 충분한 협의와 실제의 수행을 반복 체크하면서 조율합니다. 현행 일상생활 기술 수준이 진단되었다면 위의 체크리스트 항목 중 개별화교육지원팀 회의를 통해 학생에게 가장 필요한 일상생활 기술을 선정하고, 현행 수준을 작성합니다.

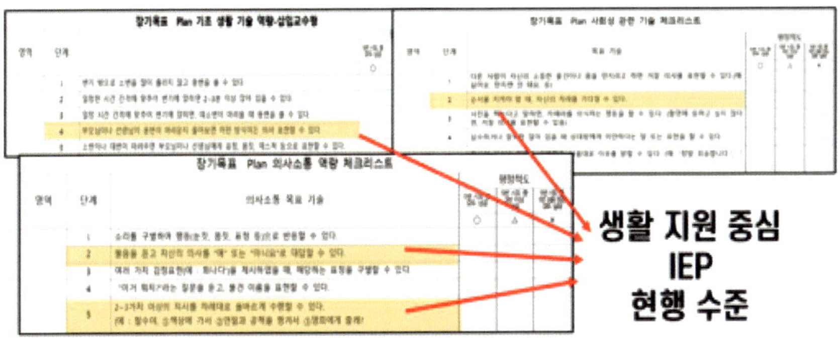

다음은 현행수준 및 학기목표의 실제 작성 예시입니다.

한 학기 동안 학생이 실제로 달성할 수 있는 교육 방향 및 내용을 바탕으로 구체적으로 제시되어야 합니다.

	의사소통	자립생활	신체활동	여가활동	생활적응		
					시각중복	청각중복	지체중복
내용 요소 및 활동 내용	의사소통의 기초	신변 자립	신체 인지와 움직임	개인 여가활동	감각 지각과 활용	수용과 표현	신체 긴장도 조절
	• 다양한 소리를 듣고 반응하기 • 상대방의 말을 듣고 반응하기 • 조음을 위한 호흡과 발성하기 • 간단한 말소리로 표현하기	• 식생활 기초 기능 익히기 • 의생활 기초 기능 익히기 • 올바른 용변 습관 형성하기	• 감각 정보를 활용해 움직이기 • 감각과 근육 협응하여 움직이기 • 사물 조작하기 • 신체 보호를 위해 움직이기	• 선호하는 여가활동 탐색하기 • 취미 활동 즐기기 • 안전하고 건전하게 여가활동 하기	• 자극 경험하기와 자극 유무 지각하기 • 다양한 자극 변별하기 • 감각 정보 조절하기 • 감각 단서를 기능적으로 적용하기	• 잔존 청력으로 지각하고 변별하기 • 시각과 촉각으로 지각하고 변별하기 • 간단한 몸짓과 기초 수어 익히기 • 보조공학 기기 활용하기	• 호흡과 발성 준비하기 • 볼, 입술, 턱, 구강 운동하기 • 여러 부위의 관절 조절하기
	보완대체의사소통의 탐색과 선택	자기 관리	신체 조절과 이동	공동체 여가활동	의사소통 방법의 선택과 적용	대인 관계 형성과 규범 실천	신체 동작 기초 기술
	• 다양한 실물·상징 탐색하기 • 실물·상징으로 요구하기 • 실물·상징으로 다양한 의사 표현하기 • 실물·상징으로 의사소통하기	• 개인위생 기초 기능 익히기 • 몸단장 기초 기능 익히기 • 건강한 생활 습관 기르기	• 힘 조절하기 • 균형 유지하기 • 이동하기 • 바른 자세로 신체 움직이기	• 함께 놀이하기 • 함께 여행하기 • 함께 친교 활동하기	• 신체로 의사소통하기 • 사물과 상징물로 의사소통하기	• 타인의 생각과 감정 파악하기 • 자기 생각과 감정 표현하기 • 생활 속에서 규범 실천하기	• 누운 자세와 엎드린 자세에서 운동하기 • 앉은 자세에서 운동하기 • 서기 기초 동작 수행하기 • 보조기기를 활용해 이동 동작 수행하기 • 소근육 조절하기와 사물 조작하기
	의사소통의 활용	안전한 생활	생활 속 체력 증진	지역사회 여가활동	신체 조절과 이동	공동체 및 지역사회 참여	의사소통 기초 기술
	• '나'를 표현하는 의사소통하기 • 가정에서 의사소통하기 • 학교에서 의사소통하기 • 지역사회에서 의사소통하기	• 생활 속 위험 인식하기 • 위험 상황 대처 기술 기르기 • 안전한 생활 습관 형성하기 **자기 결정과 상호 작용** • 자기 욕구 인식하기와 표현하기 • 자기 감정 인식하기와 관리하기 • 다른 사람의 감정과 상황을 고려하여 상호 작용하기	• 맨손으로 신체활동 하기 • 도구를 활용하여 신체활동 하기 • 기술 융합형 신체활동 하기 • 생활 속 신체활동 실천하기	• 실내 여가 시설 이용하기 • 실외 여가활동 즐기기 • 지역 문화 행사 즐기기	• 자신의 신체와 움직임 인식하기 • 이동 준비하기 • 안전하게 이동하기	• 가정생활 참여하기 • 학교생활 참여하기 • 지역사회 참여하기	• 표정과 몸짓으로 기초적인 표현하기 • 의사소통 판으로 기초적인 표현하기 • 스위치, 컴퓨터 보조기기를 이용하여 기초적인 표현하기

(출처: 2022 개정 특수교육 교육과정 [별책3] 기본 교육과정)

학기별 개별화교육계획

학년도 : 2025 학기: 1 학기

성명		과정/학년반	학교/ 학년/ 반	담임	
	현행수준		학기목표		담당교사
자율활동	<신변자립> -용변 의사 표현 시 대부분 "쉬쉬" 라고 말하며 가끔 "화장실" 또는 "화장실 가고 싶어요." 라고 빠르게 말함. -화장실 칸에 들어가 문을 잠그지 않고 볼일을 봄. -용변을 본 후 빠르게 스스로 뒤처리를 시도한 뒤 교사에게 "닦아줘." 라고 말하며 도움을 요청함. -용변 뒤처리 시 휴지를 과도하게 많이 뜯어 사용함. 문제행동: 없음 문제행동 중재전략: 없음		-적절한 방법으로 화장실을 이용할 수 있다. <평가계획> •평가방법: 관찰 및 누가기록 •평가초점 -적절한 방법으로 화장실을 이용할 수 있는가?		

<학기별 개별화교육계획의 예시>

학생의 현행수준 및 학기목표를 작성하였다면 다음으로는 월별목표를 작성합니다. 다음은 월별 개별화교육계획의 실제 작성 예시입니다.

월별 개별화교육계획

학년도 : 2025 학기: 1 학기

과목	자율활동	성명		학년반	학교/ 학년/ 반	담임	
	교육목표		교육내용		교육방법		담당교사
3 - 4	-수업 시간에 손을 들고 "화장실 가고 싶어요." 라고 말할 수 있다.		-수업 시간에는 손을 들고 용변 의사를 정중히 표현해야 함을 인지하기 -수업 시간 중 용변이 마려울 경우 손을 들고 "화장실 가고 싶어요." 라고 천천히 말하기 -용변 의사 표현 후 교사의 지시를 듣고 나서 자리에서 일어나 화장실로 향하기		-목표 행동과 관련된 시각적 활동표를 수시로 확인하도록 하여 올바른 화장실 이용 방법을 지도한다. -모델링 및 역할놀이를 통해 올바른 화장실 이용 방법을 지도한다. -목표 행동을 수행했을 경우 1차적 강화제 및 사회적 강화를 제공하여 수행 동기를 높인다.		
5	-화장실 칸에 들어가 문을 잠그고 용변을 볼 수 있다.		-화장실 칸의 문을 잠그고 용변을 봐야 함을 인지하기 -화장실 칸에 들어가 문을 잠근 뒤 용변 보기		-목표 행동과 관련된 시각적 활동표를 수시로 확인하도록 하여 올바른 화장실 이용 방법을 지도한다. -자연스러운 상황 또는 모델링 및 역할놀이를 통해 올바른 화장실 이용 방법을 지도한다. -목표 행동을 수행했을 경우 1차적 강화제 및 사회적 강화를 제공하여 수행 동기를 높인다.		

월	과목	평 가 계 획
3 - 4	자율활동	•평가방법: 관찰 및 누가기록 •평가초점 -수업 시간에 손을 들고 "화장실 가고 싶어요." 라고 말할 수 있는가?
5	자율활동	•평가방법: 관찰 및 누가기록 •평가초점 -화장실 칸에 들어가 문을 잠그고 용변을 볼 수 있는가?

<월별 개별화교육계획의 예시>

학생의 월별 목표를 작성하였다면 월별 평가를 작성해야겠죠? 다음은 월별 개별화교육평가의 실제 작성 예시입니다.

월별 개별화교육평가

학년도 : 2025 학기: 1 학기

과목	자율활동	성명		학년반	고등학교/ 학년/ 반	[illegible]	

	교육목표	교육내용	교육방법	평가	담당교사
3 - 4	-수업 시간에 손을 들고 "화장실 가고 싶어요." 라고 말할 수 있다.	-수업 시간에는 손을 들고 용변 의사를 정중히 표현해야 함을 인지하기 -수업 시간 중 용변이 마려울 경우 손을 들고 "화장실 가고 싶어요." 라고 천천히 말하기 -용변 의사 표현 후 교사의 지시를 듣고 나서 자리에서 일어나 화장실로 향하기	-목표 행동과 관련된 시각적 활동자료를 수시로 확인하도록 하여 올바른 화장실 이용 방법을 지도한다. -모델링 및 역할놀이를 통해 올바른 화장실 이용 방법을 지도한다. -목표 행동을 수행했을 경우 1차적 강화제 및 사회적 강화를 제공하여 수행 동기를 높인다.	-대부분 용변 의사를 "쉬쉬" 라고 표현하나, 교사의 모델링을 통해 손을 들고 "화장실 가고 싶어요." 라고 빠르게 말함.	
5	-화장실 칸에 들어가 문을 잠그고 용변을 볼 수 있다.	-화장실 칸의 문을 잠그고 용변을 봐야 함을 인지하기 -화장실 칸에 들어가 문을 잠근 뒤 용변 보기	-목표 행동과 관련된 시각적 활동자료를 수시로 확인하도록 하여 올바른 화장실 이용 방법을 지도한다. -자연스러운 상황 또는 모델링 및 역할놀이를 통해 올바른 화장실 이용 방법을 지도한다. -목표 행동을 수행했을 경우 1차적 강화제 및 사회적 강화를 제공하여 수행 동기를 높인다.		

월	과목	평 가 계 획
3 - 4	자율활동	•평가방법: 관찰 및 누가기록 •평가준거 -수업 시간에 손을 들고 "화장실 가고 싶어요." 라고 말할 수 있는가?
5	자율활동	•평가방법: 관찰 및 누가기록 •평가준거 -화장실 칸에 들어가 문을 잠그고 용변을 볼 수 있는가?

Click AI 활용 TIP

챗GPT는 이용자의 요구에 맞게 능동적으로 결과를 생성해 내는 생성형 인공지능(Generative AI) 중 가장 많이 알려진 생성형 인공지능입니다. 챗GPT는 방대한 데이터를 사전 학습하여 마치 사람이 쓴 것처럼 의미 있는 텍스트를 생성할 수 있는데요. 이를 활용하여 개별화교육계획을 보다 탄탄하고 내실 있게 작성할 수 있습니다. 예를 들어 정리되지 않은 학생의 현행 수준을 여러 문장 입력하며 매끄럽게 적절한 문장으로 구성해 달라고 요청하면 챗GPT는 교사의 요구에 따라 능동적으로 문장을 구성해 냅니다. 구성된 문장을 학생 실정에 보다 적합하게 재구조화하면 보다 나은 문장으로 학생 현행수준을 작성할 수 있습니다. 또 적합한 생활 지원 교육 목표 및 교육내용을 과제 분석할 때도 챗GPT를 활용할 수 있으며, 목표에 따른 다양한 교육방법 고안에도 챗GPT를 활용하여 학생의 흥미를 유발하는 창의적이고 생동감 있는 교수학습을 진행할 수 있습니다.

- **개별화교육계획 수립 방식 3가지**

① 교과 학습에 관한 요구가 우선인 경우

→ 교과 중심 IEP

② 교과 학습보다는 생활 기술 요구가 우선인 경우

→ 생활 지원 중심 IEP

③ 교과 학습, 생활 기술 요구가 모두 중요한 경우

→ 교과와 교과 + 생활 지원 중심 IEP

참고문헌

교육부(2025). 학교생활기록부 기재요령(고등학교).

국립특수교육원(2019). 개별화교육계획 운영 가이드북.

이선아, 이현희 외 1명 (2023). 그림책으로 읽어요. 교육과학사.

이수경, 김미연 외 3명 (2024). 그림책으로 통해요. 교육과학사.

이현희, 김미연 외 2명 (2023). 그림책으로 만들어요. 교육과학사.

정명철, 이현희 외 3명 (2022). 그림책으로 말해요. 교육과학사.

한경화, 김동인(2024). 하루에 한 장 뜯어 먹는 교육과정 기초 다지기. 교육과학사.

저자 소개

한 경 화

현) 경상남도교육청 특수교육원 교육연구사
현) 실천하는 특수교사 행동연구회 회장
현) 창원대학교 특수교육과 비전임 강사
전) 경상남도교육청 장학사
전) 2022 개정 특수교육 교육과정 각론조정위원
창원대학교 대학원 특수교육학과 지체・중복장애 전공(교육학 박사)

김 동 인

현) 나주교육지원청 특수교육지원센터 교사
현) 실천하는 특수교사 행동연구회 운영진
현) 조선대학교 특수교육과 비전임 강사
전) 전라남도교육청 특수교육지원센터 교사
전) 광주여자대학교 중등특수교육과 겸임교수

정 명 철

현) 부산혜원학교 교사
현) 실천하는 특수교사 행동연구회 부회장
현) 한국장애인평생교육연구소 선임연구원
현) 티처빌원격교육연수원 '특수교육 수업레시피' 연수 강사
전) 국립공주대학교 특수교육종합연수원 직무연수 강사
전) 인제대학교 특수교육과 외래교수
창원대학교 대학원 특수교육학과 지체・중복장애 전공(교육학 박사)

이 현 희

현) 울산혜인학교 교사
현) 실천하는 특수교사 행동연구회 운영진
현) 국립공주대학교 특수교육종합연수원 직무연수 강사
현) 티처빌원격교육연수원 직무연수 강사
전) 창원대학교 특수교육과 비전임 강사
대구대학교 일반대학원 특수교육학과 지체・중복장애 전공(박사 수료)

이 선 아

현) 제주서중학교 교사
현) 실천하는 특수교사 행동연구회 운영진
전) 국립공주대학교 특수교육종합연수원 직무연수 강사
조선대학교 교육대학원 교육학 석사(특수교육)

김 미 연

현) 현경초등학교 교사
현) 실천하는 특수교사 행동연구회 운영진
전남대학교 대학원 교육학(상담심리 전공) 석사

실천하는 특수교사 행동연구회 공동 저서

베스트셀러 그림책으로 한글 떼기 모음편, 자음(상)편, 자음(하)편(공저: 교육과학사, 2024)
개념 기반 교사교육과정 실천편(공저: 교육과학사, 2023)
교사 수업을 요리하다 매체편(공저: 교육과학사, 2023)
특수교육 교・수・평 일체화를 위한 재구성카드 2판(교육과학사, 2023)
그림책으로 말해요, 그림책으로 읽어요(공저: 교육과학사, 2022)
특수교사 수업을 요리하다 학급경영편(공저: 교육과학사, 2021)
특수교사 수업을 요리하다 평가편(공저: 교육과학사, 2020)
특수교사 수업을 요리하다 방법편, 설계편(공저: 교육과학사, 2019) 외 다수

교사 주도 AI활용

특수교사 학급경영

2025년 6월 25일 1판 1쇄 인쇄
2025년 6월 28일 1판 1쇄 발행

저 자 : 한경화, 김동인, 정명철
이현희, 이선아, 김미연
발행인 : 한 정 주
발행처 : 교 육 과 학 사

저자와의
협의하에
인지생략

경기도 파주시 광인사길 71
전화 (031)955-6956~8 / 팩스 (031)955-6037
Home-page : www.kyoyookbook.co.kr
E-mail : kyoyookbook@daum.net
등록 : 1970년 5월 18일 제2-73호

낙장 · 파본은 교환해 드립니다.
Printed in Korea.

정가 19,000원
ISBN 978-89-254-1919-0